Le Chat et le Renard

Du même auteur

La République abîmée, avec Jacques Santamaria, Éditions de l'Observatoire, 2019 ; Pocket, 2020.

Les Jours d'après, avec Jacques Santamaria, Éditions de l'Observatoire, 2017 ; Pocket, 2019.

L'Élysée. Histoire, secrets, mystères, avec Jacques Santamaria, nouvelle édition mise à jour, enrichie et illustrée, avec Jacques Santamaria, Plon, 2017 ; 2018.

Jamais sans elles, avec Jacques Santamaria, Plon, 2015 ; Pocket, 2017.

Les Flingueurs. Anthologie des cruautés politiques, avec Jacques Santamaria, Plon, 2014 ; Pocket, 2015.

L'Élysée. Coulisses et secrets d'un palais, avec Jacques Santamaria, Plon, 2012 ; Pocket,

Cartes sur tables. Entretiens avec Renaud Revel, avec Alain Duhamel, Plon, 2010 ; 2013.

Patrice Duhamel

Le Chat et le Renard

Présidents et Premiers ministres :
deux ou trois choses
que je sais d'eux...

Éditions de
L'Observatoire

ISBN : 979-10-329-2456-3
Dépôt légal : 2024, janvier

170 *bis*, boulevard du Montparnasse, 75014 Paris

À Nathalie, évidemment...
À mes cinq fils, bien sûr...

En mémoire de mon ami Aymeric Simon-Lorière, ancien député du Var.

« Si j'étais prince ou législateur, je ne perdrais pas mon temps à dire ce qu'il faut faire ; je le ferais, ou je me tairais ».

Jean-Jacques Rousseau,
Du contrat social, 1762.

« Former un couple, c'est n'être qu'un ; mais lequel ? »

Proverbe anglais

« En politique comme en amour, il n'y a point de traités de paix, ce ne sont que des trêves. »

Duc de Lévis-Mirepoix

« Dans un couple, l'un au moins doit être fidèle, de préférence l'autre. »

Marcel Achard

Avant-propos

Le Chat et le Renard comme beaux petits saints,
S'en allaient en pèlerinage...
Le chemin était long, et partant ennuyeux,
Pour l'accourcir ils disputèrent.
La dispute est d'un grand secours ;
Sans elle, on dormirait toujours...

Jean de La Fontaine, *Fables*,
« Le Chat et le Renard », IX, XIX.

Huit présidents, vingt-quatre Premiers ministres. À l'exception de Charles de Gaulle, je les ai presque toutes et tous connus. De près ou de loin. Journaliste politique, rédacteur en chef, directeur de l'information, directeur général de Radio France, puis de France Télévisions, je les ai vus et entendus dans toutes les circonstances. Reporter de terrain, je les ai écoutés dans leurs meetings, accompagnés dans leurs voyages. J'ai déjeuné ou dîné avec eux, seul ou avec des confrères. Responsable de médias publics, j'ai négocié avec eux, parfois avec plaisir, souvent pied à pied. Ce qui amusait les présidents ? Égratigner, ou critiquer, leur chef de gouvernement. Ce qui obsédait les Premiers ministres ? Leur relation avec le chef de l'État. J'ai vu souvent, entre le président et le Premier ministre, selon les cas et les circonstances, la défiance, le mépris, l'ironie, la brutalité, la cruauté, la colère, la jalousie, la rancœur, la fureur et même la haine. Plus rarement, la confiance, la bienveillance, l'indulgence, la générosité et l'harmonie. En réalité, depuis 1959, connus de tous ou cachés, notoires ou feutrés, leurs désaccords et leurs divergences rythment régulièrement notre vie publique. Bien sûr, tout dépend des caractères, des personnalités, des circonstances, des crises, et beaucoup des entourages. Mais les rapports sont toujours complexes, souvent soupçonneux, parfois réellement explosifs. Et pourtant, la Constitution semble claire. Le président préside. Dirigé par le Premier ministre, le gouvernement gouverne. Aussi simple que cela. Mais cette règle du jeu n'a jamais été vraiment respectée, cohabitation ou pas. Une histoire d'hommes et de femmes en réalité. Des histoires que j'avais, depuis longtemps, envie de raconter pour les avoir vécues, parfois intensément, au jour le jour...

Lorsque j'ai entendu, en juin 2021, l'irrésistible dialogue, drôle, profond et enlevé, entre Emmanuel Macron et Fabrice Lucchini à l'occasion du quatre centième anniversaire de Jean de La Fontaine, lorsque je les ai écoutés évoquer certaines de ces fables éternelles, une évidence s'est immédiatement imposée à moi. J'ai tout de suite pensé à notre vie politique, et donc cherché, pour chacun des plus antagonistes, des plus étranges, des plus singuliers de ces couples présidents Premiers ministres, une fable correspondant à leur relation politique et personnelle. Et pour le titre du livre, une fable illustrant au plus près l'idée que l'on peut se faire de ces duos qui nous gouvernent. « Le chat et le renard ». Chez tous ces présidents, chez tous ces Premiers et Premières ministres, il y a quelque chose du Chat et du Renard. Un mélange d'agilité, de douceur, de séduction, de souplesse, de fidélité et de jeu côté chat, un mix de ruse, de finesse, de rouerie, de fourberie, de flatterie et de perfidie côté renard. Plus généralement d'ailleurs, le monde politique ressemble à un bestiaire. Les grands leaders sont des fauves, les anciens dirigeants socialistes des éléphants, les ambitieux de jeunes loups, les prétentieux de jeunes coqs, les plus âgés de vieux singes ou de vieux crabes... Partout, sur l'échiquier politique, on retrouve, comme dans les fables, des qualités et des défauts, des atouts et des handicaps. On observe des drames et des comédies, de vraies ou fausses amitiés et des détestations. Tout ce qui fait et défait les rapports humains dans ce qu'ils ont de meilleur et de pire. Chaque tandem président-Premier ministre (PR et PM, dit-on à l'Élysée, à Matignon et dans les rédactions) a donc son histoire, souvent tumultueuse, ses secrets et ses mystères. Chacune et chacun se reconnaîtra, ou pas, dans la fable choisie pour le résumer, le décrire et le définir.

Comment et pourquoi avoir opéré une sélection parmi ces duos qui ont présidé et gouverné la France depuis 1959 ? En réalité, rares sont les couples exécutifs qui ont vraiment échappé à une sorte de fatalité, voire de malédiction liée à la nature humaine, au jeu politique et à certaines des ambiguïtés de la Constitution. Le plus souvent, les duettistes sont devenus des duellistes. C'est d'abord l'histoire de ces couples, de ces présidents et de ces Premiers ministres, que j'ai voulu raconter, en y mêlant nombre de souvenirs personnels lorsqu'ils avaient une dimension ou une signification politiques. Il y eut le désamour de Gaulle-Pompidou, l'incompréhension entre Pompidou et Chaban-Delmas, la rupture presque immédiate entre Giscard et Chirac, le crève-cœur entre Mitterrand et Mauroy, le choc brutal Mitterrand-Chirac, l'aversion entre Mitterrand et Rocard, la désillusion entre Mitterrand et Cresson, le désaccord élégant mais sans concession entre Mitterrand et Balladur, le conflit frontal mais courtois entre Chirac et Jospin, l'inimitié entre Sarkozy et Fillon, la déception entre Hollande et Valls, l'exaspération entre Macron et Philippe, la froideur entre Macron et Borne... Seuls les couples de Gaulle-Couve de Murville, Pompidou-Messmer, Chirac-Juppé, Chirac-Raffarin et Macron-Castex semblent n'avoir rencontré aucune difficulté majeure. Avec eux, on était loin des drames permanents ou des conflits ouverts qui ont bien souvent opposé les deux têtes de l'exécutif... Autant de duos, presque autant d'histoires politiques, personnelles et terriblement romanesques...

De Gaulle-Debré en 1959. Macron-Borne en 2022. Depuis la naissance de la Ve République, la France a connu à ce jour vingt-cinq couples exécutifs. Vingt-deux que l'on imagine au départ cohérents, harmonieux et homogènes, lorsque la majorité parlementaire, absolue ou relative, coïncide peu ou prou avec la majorité présidentielle. Et trois potentiellement ingérables, conflictuels et antagonistes, les trois couples en cohabitation, Mitterrand-Chirac de 1986 à 1988, Mitterrand-Balladur de 1993 à 1995 et Chirac-Jospin de 1995 à 2002. Mais bien sûr, l'histoire politique contemporaine est beaucoup plus compliquée. La cohabitation n'a pas toujours été un champ de bataille permanent, et les Français, plus ou moins sincèrement adeptes de l'union nationale, l'ont plutôt appréciée. Et des binômes réputés solides et complémentaires au départ, Pompidou-Chaban, Giscard-Chirac, Sarkozy-Fillon ou Macron-Philippe, ont connu plus ou moins vite le venin de la discorde ou de la confusion.

Article 20 de la Constitution : « Le gouvernement détermine et conduit la politique de la nation. Il dispose de l'administration et de la force armée... » Un étrange article car cette disposition constitutionnelle ne correspond pas, et n'a jamais vraiment correspondu, à la réalité. Quand le président et le Premier ministre sont dans le même camp, c'est d'abord à l'Élysée que s'exerce le pouvoir et que se rendent les principaux arbitrages. Et même pendant les neuf années de cohabitation, les trois Premiers ministres, Jacques Chirac, Édouard Balladur et Lionel Jospin, devaient, malgré leur majorité parlementaire, composer avec le chef de l'État. Bien sûr, il y avait toujours le domaine réservé – la défense et la politique étrangère, plus récemment l'éducation –, géré à l'Élysée. Mais le président continuait également de suivre, et de surveiller, les grandes décisions économiques et sociales. Et en 1986 et 1993 notamment, François Mitterrand n'a pas laissé totalement carte blanche à Jacques Chirac et Édouard Balladur pour la formation du gouvernement. Il est intervenu en particulier dans la nomination des ministres régaliens. Inéluctablement, et quelles que soient les circonstances, la non-application de cet article 20, un principe fondateur de la Ve République, ne peut que provoquer des frictions, nourrir des malentendus et déclencher des contestations et des désaccords sans fin. C'est tout le débat, politiquement et intellectuellement passionnant, alimenté récemment par Édouard Philippe, entre « présider » et « gouverner ».

Il y a donc, évidemment, le choc des personnalités, le poids des ambitions, parfois le conflit des générations. Il y a aussi, sans réelle surprise, la rupture brutale provoquée depuis 2000 par le quinquennat. D'un coup, et même si cette rupture est beaucoup plus visible, voire plus spectaculaire, avec Nicolas Sarkozy en 2007 qu'avec Jacques Chirac en 2002, tout change, ou presque, dans la gestion des affaires publiques. Le rythme s'accélère, au point que, pour les réformes lourdes et stratégiques, ce qui n'est pas engagé dans les premiers mois est difficile à réaliser par la suite. Dès la mi-mandat, soit deux ans et demi à peine après l'élection, le regard des citoyens et des observateurs se tourne déjà vers l'élection suivante. Et que dire - on l'a constaté dès la rentrée 2022, à peine plus de cent jours après la réélection d'Emmanuel Macron - de la gestion du second quinquennat quand le président réélu n'est pas constitutionnellement renouvelable.

À l'initiative de Raymond Barre, nommé Premier ministre par Giscard en août 1976, et qui inaugure cette tradition en 1979, chaque nouveau locataire de Matignon plante un arbre de son choix dans le magnifique parc de cet hôtel particulier du XVIIIe siècle. Depuis, seul Jacques Chirac, Premier ministre de François Mitterrand, ne s'est jamais inscrit dans cette tradition. Sans doute devait-il préférer, et donc attendre, par superstition ou par orgueil, les somptueux jardins de l'Élysée. Le choix de l'arbre, on le verra, est parfois révélateur du caractère du chef de gouvernement en fonction. Le jour où le Premier ministre plante son arbre, une courte cérémonie est organisée. Un moment de calme qui contraste avec l'ambiance fiévreuse qui règne à Matignon. Un moment rare aussi car si, sous le poids de l'histoire et du protocole républicain, on murmure, on chuchote dans les couloirs du palais de l'Élysée, c'est plutôt l'inverse de l'autre côté de la Seine. Matignon est une ruche, une véritable lessiveuse. On y prend des dizaines de décisions chaque jour. On y rend des arbitrages douloureux entre ministres. On veille à réagir en permanence dès que l'actualité le commande. Le calme à l'Élysée, la fébrilité à Matignon. Cette différence d'ambiance explique aussi bien souvent les non-dits entre les présidents et leurs Premiers ministres...

Derrière cette histoire tourmentée des relations entre les présidents et leurs Premiers ministres, c'est aussi le problème de l'équilibre des institutions de la Ve République, avec ses forces et ses faiblesses, qui est posé. Et surtout, le récit de ces duels au couteau le montrera, il est bien difficile de partager le pouvoir lorsque, à l'Élysée comme à Matignon, on a déjà atteint le sommet, ou presque. Il y a une dimension dramatique dans ces batailles, souvent homériques, où aucun coup ne semble interdit. De chaque côté de la Seine, rive gauche, au 57, rue de Varenne, à l'hôtel de Matignon, et rive droite, au 55, rue du Faubourg-Saint-Honoré, au palais de l'Élysée, il y a trop souvent, d'expérience, une large dose d'ambiguïté et d'incompréhension. Et entre les deux têtes de l'exécutif, les règles ne sont pas assez claires et ne l'ont jamais vraiment été. La preuve ? En dehors des périodes de cohabitation, où les négociations préalables entre les deux camps opposés sont impératives, le président et le Premier ministre qu'il a nommé ont rarement pris le temps d'évoquer dans le détail, de manière apaisée et approfondie, la répartition des rôles. D'où ces innombrables malentendus qui créent, parfois très vite, un climat de suspicion généralisée. Il faut alors avoir, d'un côté l'habile intelligence du chat, et de l'autre la malicieuse ruse du renard, pour que le couple exécutif, chahuté par les entourages, réussisse à gouverner sans trop de heurts. Au final, pour chacun de ces tandems, c'est toujours une véritable pièce de théâtre qui se joue, face à l'opinion. Une pièce en trois, quatre ou cinq actes, en fonction de la durée de vie de ces duos. Des drames et des comédies. Selon les circonstances, au gré des crises, c'est Shakespeare ou Marivaux, Hugo ou Labiche, Anouilh ou Courteline. À vous de choisir...

1

Charles de Gaulle et Georges Pompidou

Le Monarque prudent et sage
De ses moindres sujets sait tirer quelque usage,
Et connaît les divers talents :
Il n'est rien d'inutile aux personnes de sens.

« Le lion s'en allant en guerre » V, XIX.

Et soudain, de Gaulle disparut. À 11 h 24, ce mercredi 29 mai 1968, la DS du président de la République quitte l'Élysée discrètement, par la porte qui donne, à droite au fond du parc, sur l'avenue de Marigny. Direction, l'héliport d'Issy-les-Moulineaux, sans passer devant les usines occupées, notamment les usines Citroën, où flottent les drapeaux rouges avec des slogans appelant au durcissement de la grève. Seuls Philippe de Gaulle, le fils du Général, et François Flohic, le fidèle aide de camp qui accompagne le couple présidentiel, sont informés de ce départ précipité et de la destination, Baden-Baden, le commandement en chef des FFA, les forces françaises en Allemagne dirigées par le général Massu, un gaulliste historique, un grognard de la première heure. À Matignon, où se prépare activement la réception organisée le lendemain pour le mariage d'Alain, le fils du Premier ministre, comme à l'Élysée, on pense que de Gaulle est parti pour Colombey-les-Deux-Églises. Et pourtant, le Premier ministre s'inquiète et s'interroge. Car, avant de quitter Paris, en fin de matinée, de Gaulle a téléphoné à Pompidou pour lui confirmer que le Conseil des ministres était renvoyé au lendemain et qu'il avait « absolument besoin de se refaire par vingt-quatre heures de solitude et de campagne[1] ». Mais surtout, épisode totalement inédit et hors norme quand on connaît le Général, de Gaulle termine ainsi cet échange téléphonique relaté par son Premier ministre : « Je suis vieux, vous êtes jeune, c'est vous qui êtes l'avenir. » « Et il raccrochait en me disant : "Au revoir, je vous embrasse"[2] », raconte Pompidou. « Je vous embrasse » ! Jamais de Gaulle n'avait prononcé de tels mots. Le Premier ministre est d'autant plus ému, et ébranlé, qu'il apprend un peu plus tard que l'on a perdu la trace de l'hélicoptère qui transporte le chef de l'État et son épouse. Panique générale dans les rangs gaullistes. À Matignon, après la stupéfaction, c'est une colère froide. Cet épisode historique et mystérieux m'ayant toujours passionné, j'en ai parlé à plusieurs reprises avec des témoins privilégiés, notamment Jacques Chaban-Delmas et Olivier Guichard. Tous deux sont dans le bureau du Premier ministre lorsqu'il attend fébrilement des nouvelles du président soudainement disparu. Georges Pompidou téléphone tous azimuts. Il enchaîne cigarette sur cigarette. Il tourne en rond. Il est à la fois désemparé et furieux, fou d'inquiétude

1. Georges Pompidou, *Pour rétablir une vérité*, Flammarion, 1982.
2. *Ibid.*

et ne comprenant pas comment le Général a pu lui dissimuler sa destination, le laissant seul, sans informations ni instructions. En fin d'après-midi, lorsqu'il apprend que l'Alouette III du Général de Gaulle a décollé de Baden-Baden pour rejoindre Colombey, Pompidou respire. Il est environ 18 h 30 lorsque le Général rappelle son Premier ministre depuis la Boisserie et lui confirme que le Conseil des ministres aura bien lieu le lendemain 30 mai. Mais au-delà du soulagement immédiat, Georges Pompidou ne peut cacher son irritation. Il vit cet épisode comme une sorte de rupture de confiance : « Je ne savais pas l'objet de son voyage à Baden-Baden. Mais je trouvais peu admissible que le chef de l'État, non seulement se déplaçât, mais quittât le territoire national sans en informer le Premier ministre[1]. » Plus tard, il évoquera sans détour, et sans fioritures, cet extraordinaire épisode du 29 mai : « Le Général avait eu une crise de découragement. Croyant la partie perdue, il avait choisi le retrait. C'est le général Massu qui, par son courage, sa liberté d'expression, son rappel du passé, l'assurance de la fidélité de l'armée, réussit à modifier la détermination du Général, puis à la retourner complètement. La France, de ce jour, doit beaucoup au général Massu[2]. » Après ces quelques heures de sidération, ces heures qui durent des jours, Georges Pompidou dira à plusieurs de ses très proches : « Si les événements avaient mal tourné ce jour-là, comment aurais-je pu tenir[3] ? » Terrible aveu de la

1. Georges Pompidou, *Pour rétablir une vérité*, ouvr. cité.
2. *Ibid*.
3. Philippe Alexandre, *L'Élysée en péril*, Fayard, 1969.

part d'un homme qui avait, au-delà de leurs nombreuses divergences, une telle admiration pour le Général. « Pour la première fois de ma vie, j'ai eu une défaillance. Je ne suis pas fier de moi[1] », lui confiera de Gaulle quelques semaines après cette disparition. « Le 29 mai, dira d'ailleurs le Général à la télévision le 7 juin, j'ai eu la tentation de me retirer, et puis, en même temps, j'ai pensé que si je partais, la subversion menaçante allait déferler et emporter la République. Alors, une fois de plus, je me suis résolu. » Depuis plus de cinquante ans, des versions assez différentes continuent de circuler sur cette disparition en forme de coup de théâtre et de coup de poker, sur ce « mystère intime[2] » que constitue cet épisode de Baden-Baden. Peut-être d'ailleurs ne connaîtra-t-on jamais la vérité historique, si toutefois elle émerge. Reste une réalité peu contestable. Cette équipée à Baden-Baden aura largement contribué à la dégradation des rapports entre le président et son Premier ministre.

« Au moment où le dénouement de la crise nationale ne peut dépendre que de vos décisions, il importe que vous ayez toutes les clefs en main. C'est pourquoi je crois en mon devoir de vous remettre ma démission des fonctions auxquelles vous m'avez fait l'honneur de me maintenir durant six années. » C'est avec cette lettre de démission dans la poche que Pompidou s'en va donc rencontrer le président le 30 mai en début d'après-midi. Le dialogue est tendu. De Gaulle semble rasséréné, sûr de lui, satisfait de l'impact de l'impromptu de Baden-Baden. « "Vous

1. Georges Pompidou, *Pour rétablir une vérité*, ouvr. cité.
2. Philippe Alexandre, *L'Élysée en péril*, Fayard, 1969.

restez, dit le Général à Pompidou. Je parle au pays. Voilà ce que je lui dis." Et il me lut son projet d'allocution[1] », se rappelle Pompidou. Le Général explique alors qu'il veut rendre hommage au Premier ministre, qu'il refuse de dissoudre l'Assemblée et que, s'il ne peut matériellement organiser un référendum sur une réforme profonde de l'économie et de l'université, il est prêt à « prendre, conformément à la Constitution, d'autres voies que le scrutin immédiat du pays pour maintenir la République » alors que la France « est menacée de dictature ». Le Premier ministre exprime son désaccord, plaide pour la dissolution et, point d'orgue de ce tête-à-tête dramatique qui se transforme en face-à-face, ne parvenant pas à le convaincre, finit par lui lancer : « Mon Général, vous me demandez de rester. Je vous demande la dissolution[2]. » L'homme du 18 Juin accepte et modifie en conséquence le texte de l'allocution qu'il prononcera dans l'après-midi à la radio. Cet échange marquera-t-il un nouveau tournant dans les relations entre les deux hommes ? Sans doute. La suite est connue : un million de personnes défilant avenue des Champs-Élysées, un raz-de-marée bleu horizon aux élections législatives anticipées de juin et une étrange et poignante valse-hésitation début juillet entre l'Élysée et Matignon. Les nombreux et vrais désaccords apparus pendant les événements de mai ont laissé des traces. Dès le lendemain du premier tour, le chef de l'État et son Premier ministre se retrouvent dans le Salon

1. Georges Pompidou, *Pour rétablir une vérité*, ouvr. cité.
2. *Ibid.*

doré. « Pompidou, comment expliquez-vous qu'après une telle victoire, nous soyons l'un et l'autre désenchantés[1] ? » dit le Général. Et déjà, le chef du gouvernement évoque une forme de découragement et fait allusion à son départ. « Plus encore que la fatigue, mon père ressent un immense désenchantement[2] », écrira son fils Alain Pompidou. À la suite du triomphe électoral qui lui est largement attribué, Pompidou explique donc au président qu'il souhaite se retirer... avant de changer d'avis quelques jours plus tard sous la pression de nombre de ses amis politiques. Mais lorsqu'il fait savoir au secrétaire général de l'Élysée, Bernard Tricot, qu'il est finalement prêt à poursuivre sa tâche, il apprend que de Gaulle a déjà choisi son successeur en la personne de Maurice Couve de Murville, ministre des Affaires étrangères durant près de dix ans et ministre de l'Économie et des Finances depuis le remaniement du 31 mai. Ainsi, le très long passage de Pompidou à Matignon se termine sur un énorme malentendu avec le président. Le Premier ministre est amer : « Je me sentis tout à coup blessé. Quelque chose en moi était ébranlé. Nos rapports étaient donc des rapports de fonctions et de circonstances et non pas des rapports privilégiés entre un grand homme et quelqu'un qui lui était tout dévoué et mettait à son service toutes ses capacités et sa fidélité[3]. » Dès lors, plus rien ne sera comme avant entre de Gaulle et Pompidou.

1. Philippe Alexandre, *L'Élysée en péril*, ouvr. cité.
2. Georges Pompidou, *Lettres, notes et portraits*, Robert Laffont, 2012.
3. Georges Pompidou, *Pour rétablir une vérité*, ouvr. cité.

On passe d'une fêlure à une véritable cassure. Plusieurs incidents notables avaient déjà créé un vrai malaise.

23 mai 1962. Georges Pompidou est Premier ministre depuis trente-neuf jours. À peine plus d'un mois à Matignon, et déjà un premier accroc sérieux. Ce 23 mai, le haut tribunal militaire décide de condamner le général Salan, le chef des putschistes d'Alger en avril 1961, à la détention criminelle à perpétuité. Or le 13 avril précédent, le général Jouhaud, l'un des lieutenants de Salan, avait, lui, été condamné à mort par ce même haut tribunal. Tous les témoignages des barons gaullistes concordent : de Gaulle fulmine. Pendant plusieurs jours, il ne décolère pas et se sent presque humilié. Il estime qu'avec cette décision sur Salan, le haut tribunal encourage la subversion et s'en prend personnellement à lui, le fondateur de la Ve République. « Je rejetterai le recours en grâce. Il faut fusiller Jouhaud[1] », répète en boucle le président devant ses interlocuteurs. Comme d'autres membres du gouvernement, notamment le garde des Sceaux Jean Foyer, Georges Pompidou est en désaccord avec de Gaulle. Le récit de cet échange poignant par le tout nouveau Premier ministre est un morceau d'anthologie :

À la suite de la condamnation de Salan à une peine de prison, je trouvai le Général des mauvais jours, le teint gris, l'œil féroce. Sa proie lui échappait. Il lui fallait une victoire de substitution... Finalement, le Général... me dit :

1. Raymond Tournoux, *La Tragédie du Général*, Plon/Paris Match, 1967.

– Je vais faire exécuter Jouhaud.
– Mon Général, je ne puis m'y associer et je ne signerai pas le décret.
– Dans ce cas, il faudra me remettre votre démission.
– Bien, mon Général.
Notre dialogue s'arrêta là. Mais, à la stupeur du Général devant ma réponse, je compris que j'avais gagné. Il devait me dire plus tard : « Entre deux inconvénients, votre démission et la grâce de Jouhaud, j'ai choisi le moindre[1]...

D'après tous les témoignages, les deux hommes ont été très marqués par ce dialogue de quelques minutes. De Gaulle, car il ne pensait pas que son Premier ministre s'opposerait ainsi à lui. Pompidou, car il n'imaginait pas que le Général céderait aussi vite et aussi facilement. Sans doute de Gaulle a-t-il été impressionné par le caractère, et même le courage de son Premier ministre. Qui d'autre aurait osé, en 1962, affronter Charles de Gaulle sur un tel sujet, le placer ainsi au pied du mur, le contraindre à se dédire ? Ce jour-là, Pompidou s'affirme. Mais, en même temps, il confiera à ses proches avoir eu conscience du danger politique et personnel. Politique, car sa démission aurait sans doute interrompu brutalement sa carrière. Personnel, car si de Gaulle pouvait apprécier le caractère de celles et ceux qui disent non, s'il ironisait avec férocité en évoquant les innombrables zélateurs qui l'entouraient, il détestait devoir reculer devant un obstacle. Et ce jour-là, son Premier ministre l'a réellement déstabilisé. Connaissant le caractère du fondateur de la

1. Georges Pompidou, *Lettres, notes et portraits*, ouvr. cité.

Ve République, son futur successeur a pris un vrai risque. « Soyez dur », a conseillé plusieurs fois de Gaulle à son Premier ministre. Mais sans doute ne faisait-il pas référence à la dureté et à la fermeté de Georges Pompidou ce jour-là, dans cet étonnant huis clos...

Automne 1965. Grisaille et morosité dans le pays et dans la majorité gaulliste. Le 29 octobre, l'opposant marocain et leader tiers-mondiste Mehdi Ben Barka est enlevé en plein Paris, devant la brasserie Lipp. Scandale diplomatique international et grosses secousses politico-policières en France. Le Général, qui n'était au courant de rien, est courroucé. Il s'inquiète légitimement pour l'image de la France dans le monde. Un parfum de barbouzerie flotte dans l'atmosphère alors que l'élection présidentielle approche, le scrutin ayant lieu les 5 et 19 décembre. Or, de Gaulle se tait. Il laisse planer le doute sur sa candidature pour un nouveau mandat. Il va bientôt avoir soixante-quinze ans. Tous les scénarios sont sur la table, y compris, bien sûr, une candidature de Georges Pompidou si le président ne se représente pas. « En 1965, avant de se présenter à l'élection présidentielle, le Général m'avait dit sa lassitude et son désir de départ et, à bien des reprises depuis 1962, m'avait dit et répété que je devais être, après lui, président de la République[1] », révélera Pompidou. Mais en ce début d'hiver 1965, le Premier ministre n'est pas associé à la réflexion présidentielle. Même s'il devine que la candidature du président est quasi certaine, il devra attendre le 4 novembre,

1. Georges Pompidou, *Pour rétablir une vérité*, ouvr. cité.

un mois avant le premier tour, pour l'apprendre formellement. Il en gardera une réelle amertume...

Mars 1967. Georges Pompidou est Premier ministre depuis près de cinq ans. Record de longévité déjà battu, et pour longtemps. Mais quelque chose a changé dans les relations entre le président et son chef de gouvernement. La confiance est toujours là, mais émoussée. Le duo exécutif est resté le même après la réélection du président. Le soir du premier tour, le 5 décembre, de Gaulle a vacillé, profondément touché par sa mise en ballottage par Mitterrand, candidat unique de la gauche, et le centriste Lecanuet. Pompidou, ainsi que quelques autres grands barons gaullistes, a dû batailler ferme au téléphone avec un président amer qui, dans un premier temps, à chaud, envisage toutes les hypothèses. « Une vague de tristesse a failli m'entraîner au loin », concédera-t-il lors de la célèbre interview télévisée du 7 juin 1968. De Gaulle de retour à Paris, finalement décidé à se battre alors qu'il avait quasiment fait une non-campagne avant le premier tour, Pompidou prend la campagne en main, et ne ménage pas ses efforts. Avec 54,5 % des suffrages, le Général est réélu face à François Mitterrand. Largement, mais pas triomphalement. Il confirme sans surprise le Premier ministre dans ses fonctions. Plus surprenante est la décision, en janvier 1966, de sortir Valéry Giscard d'Estaing du gouvernement. Choix du président ? Demande du Premier ministre ? Souhait de Michel Debré de revenir au ministère des Finances et des Affaires économiques où régnait VGE depuis 1962 ?

Sans doute un peu de ces trois explications. Giscard, qui refuse sans surprise un modeste lot de consolation, le portefeuille de l'Équipement et de l'Énergie, sera mortifié, blessé par ce limogeage, et se sentira même humilié. Plus tard, en 1969, il se réconciliera avec Pompidou et soutiendra activement sa candidature après la démission du Général. En revanche, et même si de Gaulle lui écrit pour lui exprimer sa « haute considération » et sa « sincère amitié », et bien que Giscard, en réponse, affirme lui garder « sa loyauté, sa fidélité... et son affection », ce départ forcé va peser sur la politique française et créer un vrai fossé entre de Gaulle et VGE. Le « oui mais » à de Gaulle un an plus tard, en janvier 1967, la dénonciation de « l'exercice solitaire du pouvoir » après le très gaullien « Vive le Québec libre », jusqu'au refus d'approuver le référendum d'avril 1969 : ces différents épisodes ponctués de petites phrases, les célèbres « cactus » giscardiens, qui suivront le départ du gouvernement de VGE auraient-ils existé sans cette sanction vécue douloureusement par le futur président ? Sans doute pas. Un peu plus d'une année plus tard, en mars 1967, les élections législatives se déroulent dans un curieux climat. Le Tout-Paris politique murmure que de Gaulle envisage sérieusement de remplacer Georges Pompidou à Matignon après cinq ans de bons et loyaux services. Le successeur serait Maurice Couve de Murville, patron du Quai d'Orsay depuis 1969. Ce diplomate discret, austère, froid, et même glacial, mais beaucoup plus ambitieux qu'on ne l'imagine, se présente dans une circonscription *a priori* imperdable, le VIIe arrondissement de Paris. Mais « Couve » n'est pas un tracteur électoral. Pendant sa campagne, il ennuie et il déçoit. Il est battu à la surprise générale par un candidat indépendant, surnommé par la presse « le député des concierges », Édouard Frédéric-Dupont. Totalement impossible, dès lors, de nommer le perdant Premier ministre. Pompidou reste chef du gouvernement. Mais le lien avec de Gaulle continue de se distendre. La tornade de Mai 68 achèvera de les éloigner l'un de l'autre.

11 mai 1968. La France s'embrase. À Paris, la Sorbonne a été occupée avant d'être évacuée de façon plutôt musclée. Les étudiants commencent à dresser des barricades. Peu à peu, dans le désordre, les syndicats ouvriers rejoignent le mouvement de protestation et s'apprêtent à décréter la grève générale. À l'Élysée, de Gaulle, surpris et bousculé par les événements, ne cesse d'appeler le gouvernement à la fermeté. En même temps, il cherche à comprendre. « Finalement, vous, les jeunes, que voulez-vous[1] ? » demandera-t-il à ses petits-fils qu'il convie à déjeuner pour essayer de comprendre ce qui se passe dans le pays. Pompidou, lui, est en voyage officiel en Afghanistan. Ce matin du 11 mai, devant l'extrême gravité des événements, il décide d'abréger son voyage et de rentrer à Paris. Les heures qui suivent son retour seront décisives. Mais elles acteront aussi un désaccord majeur avec de Gaulle sur l'analyse de la crise et la manière d'y faire face. « Ma décision est prise[2] », dit Pompidou aux

1. Yves de Gaulle, *Un autre regard sur mon grand-père*, Plon, 2016.
2. Georges Pompidou, *Pour rétablir une vérité*, ouvr. cité.

quelques ministres qu'il réunit dès son retour à Matignon et auxquels il annonce son intention de rouvrir la Sorbonne et, plus généralement, de jouer la carte de l'apaisement et de la main tendue aux étudiants. Et il se rend immédiatement à l'Élysée. Un rendez-vous étrange. « Notre conversation fut brève. J'obtins immédiatement l'accord du président de la République sur mon dispositif[1] », écrira Pompidou. « [Le Premier ministre] ne m'a pas laissé le choix, il a mis son mandat dans la balance. Si je n'acceptais pas son plan, c'était une crise de régime... C'est le soir où Pompidou a rouvert la Sorbonne que l'autorité de l'État s'est effondrée[2] », s'exclamera de Gaulle en privé trois semaines après ce rendez-vous. Il ira encore plus loin lors d'un entretien au cœur des événements avec le ministre de l'Intérieur, Christian Fouchet, un fidèle parmi les fidèles : « J'ai eu tort de laisser rouvrir la Sorbonne... C'est une faute majeure que j'ai commise, et j'ai eu tort de la commettre. J'ai eu d'autant plus tort que j'ai senti immédiatement que c'était une faute[3]. » Des mois plus tard, fin février 1969, toujours devant Christian Fouchet, la rancœur du Général apparaîtra plus nettement encore, et d'une manière particulièrement polémique : « Ce qui me fait le plus de peine là-dedans - oui, j'avoue que cela me fait de la peine -, c'est que la réouverture de la Sorbonne, ce n'était pas du de Gaulle, c'était du

1. Georges Pompidou, *Pour rétablir une vérité*, ouvr. cité.
2. Alain Peyrefitte, *C'était de Gaulle*, t. III, Éditions de Fallois/Fayard, 2000.
3. Christian Fouchet, *Les lauriers sont coupés*, Plon, 1973.

Pétain[1]. » Ce soir du 11 mai, c'est donc un lien politique et affectif qui se rompt. À 23 h 15, en direct à la télévision, Pompidou s'exprime, le visage grave. Les phrases sont courtes, les mots brefs, le message clair. Le chef du gouvernement parle en patron, comme si le pouvoir était désormais à Matignon. Sa conclusion est un nouvel appel au calme. « Je demande à tous, et en particulier aux responsables des organisations représentatives d'étudiants, de rejeter les provocations de quelques agitateurs professionnels et de coopérer à un apaisement rapide et total. Cet apaisement, j'y suis pour ma part prêt. Puisse chacun entendre mon appel. » Au Palais, on le sait clairement aujourd'hui, de Gaulle est en désaccord total avec le fond de ce discours. Pendant plus de deux semaines encore, jusqu'au 30 mai, le duo exécutif ne sera absolument plus sur la même longueur d'onde. Allocution présidentielle du 24 mai, dont de Gaulle reconnaîtra qu'elle était ratée, à côté de la plaque ; négociations de Grenelle ; disparition à Baden-Baden ; débat sur la porte de sortie de la crise le lendemain 30 mai : les deux hommes sont en désaccord sur presque tous les sujets essentiels. Rien de vraiment étonnant, donc, que le président change de Premier ministre. Mais la façon dont s'est déroulé le départ de Pompidou laissera des traces profondes que rien ne pourra vraiment effacer.

Et pourtant, en mars 1962, quand de Gaulle propose à Georges Pompidou de remplacer Michel Debré à Matignon, tout se présente dans les meilleures conditions.

1. Christian Fouchet, *Les lauriers sont coupés*, ouvr. cité.

Le président a une confiance totale dans celui qui fut son collaborateur pendant des années et dont il connaît l'intelligence et la rapidité d'exécution dans l'action. La relation est fluide, sans ombre aucune. Preuve de l'estime que lui porte le Général, Georges Pompidou est, depuis 1946, trésorier de la Fondation Anne-de-Gaulle créée par le couple de Gaulle en hommage à leur fille handicapée, dont Charles et Yvonne n'accepteront jamais la dramatique disparition en 1948, à l'âge de vingt ans. Les deux hommes ont l'habitude de travailler ensemble. Le futur Premier ministre a pour l'homme du 18 Juin une admiration sans bornes. Lorsque le Général lui propose Matignon, il n'hésite donc pas longtemps, malgré les fortes réserves de sa femme...

Ce soir de mars 1962, l'appartement du quai de Béthune est le théâtre d'une scène étrange. « Quel n'est pas mon étonnement... de voir ma mère effondrée et sans voix ; mon père, le visage tendu, arpente le salon sans rien dire, comme pour mieux s'imprégner des paroles du Général[1]. » Ce témoignage d'Alain Pompidou, le fils unique du couple Pompidou, alors âgé de vingt ans, est limpide. Si la proposition de Charles de Gaulle, qui n'est d'ailleurs pas une vraie surprise, est évidemment accueillie favorablement par Georges Pompidou, elle déstabilise sérieusement son épouse, Claude. La femme du futur président se méfie déjà du monde politique et redoute le poids et les contraintes du protocole. Elle s'inquiète des atteintes

1. Georges Pompidou, *Lettres, notes et portraits*, ouvr. cité.

permanentes à la vie privée. Elle préfère, et de loin, l'univers de la banque, son mari étant alors directeur général de la banque Rothschild. « Les photographes, les caméras seraient sans cesse présents, traquant le moindre geste, le moindre mot, et bien sûr, si cela leur était possible, la moindre parole ou le pas de trop. Je craignais pour notre liberté, en particulier pour celle de notre vie de famille[1]. » Ce soir-là, donc, dans l'appartement familial de l'île Saint-Louis, Alain Pompidou vit un moment singulier : « Au bout de longues minutes d'attente qui me paraissent des siècles, mon père dévisage ma mère fixement, mais avec l'infinie tendresse de celui qui est malheureux de devoir décider, contre toutes les espérances de l'être aimé. "Un tel poste ne se refuse pas, et encore moins au Général." Ma mère sort de son mutisme, mobilisée par la deuxième partie de la phrase : "S'il le faut", répond-elle. Mais elle ajoute aussitôt : "Nous resterons quai de Béthune." La cause est entendue. De part et d'autre, le sens du devoir l'emporte en faveur du Général et donc pour le pays[2]. » Une sorte de pacte familial est donc scellé. Georges Pompidou accepte le poste de Premier ministre, mais s'engage à garantir, et même à sanctuariser l'essentiel de sa vie privée, notamment les week-ends à Orvilliers, près de Paris, dans la tranquille maison de campagne familiale, un ancien relais de poste dénommé « La Maison blanche » par les propriétaires précédents. Et Claude Pompidou se résout à accepter les

1. Claude Pompidou, *L'Élan du cœur*, Plon, 1997.
2. Georges Pompidou, *Lettres, notes et portraits*, ouvr. cité.

lourdes obligations d'une épouse de Premier ministre. Mais jamais elle ne participera, de près ou de loin, aux activités strictement politiques de son mari. À Matignon, comme plus tard à l'Élysée, elle fréquentera le moins possible cette classe politique où elle ne voit que « jalousies et mensonges, petites intrigues et querelles d'intérêts personnels[1] ». Ainsi débutera le parcours politique de Georges Pompidou. On connaît la suite. Plus de six années à Matignon avec, au Palais, un président légendaire et visionnaire. Mais aussi, on l'a mesuré, tout au long de ces six années, nombre d'épreuves, de dissensions, de divergences et une vraie fracture pendant les événements historiques de Mai 68.

Que s'est-il réellement passé entre la statue du commandeur qu'est de Gaulle et ce brillant et fidèle Premier ministre qu'est Pompidou ? Au départ, la complémentarité entre les deux têtes de l'exécutif est telle que l'opinion approuve très largement l'ambition de ce tandem exceptionnel. En avril 1962, après la nomination du nouveau chef du gouvernement, 68 % des Français approuvent l'action du Général[2]. Georges Pompidou est alors très peu connu, mais les Français vont vite découvrir ce bourreau de travail rapide, brillant et intuitif. Le vieux monarque républicain, toujours en quête d'un combat à mener, d'une bataille à remporter, sait qu'il peut compter sur la loyauté et le savoir-faire de Pompidou. Avec le recul d'une soixantaine d'années, on peut affirmer sans grand risque

1. Georges Pompidou, *Lettres, notes, portraits*, ouvr. cité.
2. Sondage IFOP, avril 1962.

de se tromper que le duo de Gaulle-Pompidou est, à ce jour, le plus talentueux de l'histoire de la Ve République. Et pourtant, quelque chose va se gripper. Question de caractère, avec un président ombrageux et un Premier ministre en quête de reconnaissance de la part d'un homme qu'il vénère ? Affaire d'ambition, avec un chef de gouvernement qui, à la question « Quand avez-vous pensé à l'Élysée pour la première fois », répond « Dès que j'ai monté les marches de Matignon » théorisant ainsi une forme de principe de continuité, voire d'évidence, entre la nomination à Matignon et la conquête de l'Élysée ? Problème de vision politique, avec un président qui tutoie l'Histoire en permanence, ne mène des batailles qu'au sommet, et s'intéresse peu à cette célèbre « intendance » qu'il est censé observer de très haut, et un Premier ministre qui avale les dossiers techniques, règle avec rapidité les sujets quotidiens les plus divers et gère la majorité parlementaire avec habileté ? Différence profonde de tempérament, avec un chef de l'État qui ne cesse de conseiller la fermeté à son Premier ministre et un chef de gouvernement qui reconnaît que ses propres méthodes, plus pragmatiques, moins flamboyantes, sont éloignées de celles du Général ? Il y a sans doute un peu de tout cela dans la dégradation progressive des relations personnelles et politiques entre les deux hommes d'avril 1962 à juillet 1968. Dans *Mémoires d'espoir*, écrit après sa démission de 1969, de Gaulle brosse un portrait nuancé de Pompidou : « Bien que son intelligence et sa culture le mettent à la hauteur de toutes les idées, il est porté, par nature, à considérer surtout le côté pratique des choses. Tout en révérant l'éclat dans l'action, le risque dans l'entreprise, l'audace dans l'autorité, il incline vers les attitudes prudentes et les démarches réservées, excellant d'ailleurs dans chaque cas à en embrasser les données et à dégager une issue[1]. » « Jusqu'en juin 1968, nos rapports furent extrêmement confiants. Je savais qu'il m'estimait, il savait que je lui étais tout dévoué[2] », écrira quant à lui début 1973 Pompidou. Pourtant, on l'a mesuré, les deux hommes se sont peu à peu éloignés l'un de l'autre. Au fond, cette succession de malentendus puis de vrais et profonds désaccords, en mai 1968 notamment, n'a-t-elle pas simplement pour origine cette différence de caractère et de personnalité décrite par le Général dans ses mémoires ? De Gaulle a bénéficié de l'intelligence fulgurante que même les adversaires du Premier ministre lui reconnaissent, et de son indéniable talent politique, à la fois prospectif et pragmatique. Mais progressivement, le Général observe sans plaisir l'irrésistible ascension de son futur successeur. De Gaulle estime d'ailleurs, davantage encore que la plupart des présidents de la Ve, qu'il ne peut avoir de successeur. Moins de quatre mois après son départ de Matignon, l'invraisemblable et insupportable affaire Marković, avec cette mise en cause immonde de Claude Pompidou à partir de photos truquées et de témoignages mensongers fabriqués par des barbouzes minables proches de certains milieux gaullistes, va sonner le glas des relations amicales, voire affectueuses, entre les deux

1. Charles de Gaulle, *Mémoires d'espoir*, Plon, 1970.
2. Georges Pompidou, *Lettres, notes et portraits*, ouvr. cité.

hommes. Bien entendu, de Gaulle ne croit pas un mot des calomnies visant Claude Pompidou et, par ricochet, son mari. Il a bien compris que ceux qui veulent affaiblir Pompidou sont à la manœuvre. Mais il n'entend pas descendre de son piédestal, et refuse d'intervenir publiquement. Tous les témoignages de ses proches concordent : Georges Pompidou en souffrira infiniment. Vis-à-vis du Général, il y aura sans l'ombre d'un doute un « avant » et un « après » l'affaire Marković. Ses déclarations début 1969 le confirmeront. La déclaration de Rome (« Ce n'est un mystère pour personne que, s'il y a une élection présidentielle, je serai candidat ») puis une interview à la télévision suisse (« Je ne crois pas avoir ce qu'on appelle un avenir politique. J'aurai peut-être, si Dieu le veut, un destin national ») clarifient la situation mais vont fortement mécontenter le « vieux lion ». L'homme du 18 Juin a-t-il livré en 1969 le combat de trop ? Son dauphin présumé le pense et ne s'en cache pas en privé. Estimant qu'au-delà des divergences et des déceptions, il a servi loyalement le chef de l'État jusqu'au bout, considérant en privé que le fondateur de la Ve République ne peut rien lui reprocher, bien au contraire, Georges Pompidou prend résolument son envol. Il espère même sincèrement pouvoir compter sur son soutien. Mais après la démission du Général qui suit son échec au référendum d'avril 1969, de Gaulle et son successeur ne se reverront plus jamais...

2

Georges Pompidou et Jacques Chaban-Delmas

Petits princes, videz vos débats entre vous.
De recourir aux rois vous seriez de grands fous.
Il ne les faut jamais engager dans vos guerres,
Ni les faire entrer sur vos terres

« Le jardinier et son seigneur », IV, IV.

« Si ça continue, je reprends ma raquette de tennis. » En cette fin de journée ensoleillée de fin septembre 1969, dans le Salon doré de l'Élysée, le bureau présidentiel, le Premier ministre Jacques Chaban-Delmas explose, ce qui est chez lui, généralement calme et enjoué, le signe d'une vraie exaspération. Cet ancien sportif de très haut niveau, international de rugby, excellent tennisman et talentueux golfeur, apprécie aussi la haute compétition sur le terrain politique. En me racontant cette scène longtemps après, il m'avouera avoir été, ce jour-là, face au président de la République, réellement décontenancé. L'objet du débat, ou plutôt d'une véritable divergence, c'est ce discours de politique générale qu'il a prononcé quelques jours plus tôt devant l'Assemblée nationale. Nommé Premier ministre le 20 juin, le jour même de l'investiture de Pompidou, il a travaillé tout l'été avec son cabinet, une équipe de grande qualité, avec des personnalités comme Jacques Delors, le futur ministre de Mitterrand, Simon Nora, un brillant haut fonctionnaire et Pierre Hunt, un diplomate de haut vol. Et le 16 septembre, devant les députés élus en juin 1968, il a fait grand bruit avec cette « nouvelle société » dont il se fait l'ardent initiateur. Mais à l'Élysée, on ne partage pas, loin de là, l'enthousiasme d'une grande partie de la majorité, et même de plusieurs élus de l'opposition, sans compter l'ensemble des médias. Le président est à l'Élysée depuis près de cent jours. Les six années passées à Matignon avec de Gaulle à l'Élysée lui ont appris que l'autorité présidentielle est essentielle pour le bon fonctionnement des institutions. Il entend garder la main, tracer les grandes perspectives, fixer le cap. Ses priorités sont connues, en particulier une ambitieuse et prometteuse politique industrielle. Pour Georges Pompidou, le Premier ministre occupe bien entendu, comme il l'a lui-même vécu, une place centrale. Mais il ne doit ni empiéter sur le terrain du chef de l'État, ni occulter le programme présidentiel, ni disposer d'une trop large autonomie, ni, bien entendu, s'immiscer dans le « domaine réservé ». Or Jacques Chaban-Delmas ne semble pas totalement sur cette ligne. Il estime avoir « carte blanche pour exprimer sa pensée et ses projets[1] ». Premier, et lourd, malentendu. Deuxième source de grosses difficultés, de nature politique et psychologique : Chaban a oublié, conformément à l'usage lancé sous

1. Jacques Chaban-Delmas, *L'Ardeur*, Stock, 1975.

de Gaulle, de transmettre au président un exemplaire du discours avant qu'il soit prononcé. « Cet oubli, fâcheux, mais innocent, admettra-t-il, fut à coup sûr présenté comme le signe d'une désinvolture inquiétante[1]. » Mais le troisième motif d'irritation au Palais est sans doute le plus important : le président Pompidou ne partage pas la philosophie de ce discours. C'est ce qui explique la grande tension de ce rendez-vous très « sportif ». Dès ce moment, trois mois après l'investiture de Pompidou et la nomination de Chaban, l'orage gronde déjà...

Qu'y a-t-il donc dans cette déclaration de politique générale susceptible de provoquer de telles divergences au sein de l'exécutif ? Un constat et un projet qui seront jugés sévèrement par le chef de l'État et, davantage encore, par son entourage politique, le duo Marie-France Garaud-Pierre Juillet, qui, dès le début, juge le Premier ministre beaucoup trop progressiste. « Le malaise que notre mutation accélérée suscite tient, pour une large part, au fait que nous vivons dans une société bloquée », déclare d'entrée le nouveau Premier ministre. « Une société bloquée » ? Le président Pompidou ne le pense certes pas, qui, pendant sa campagne, n'a eu de cesse d'évoquer, les Trente Glorieuses à l'appui, un pays prospère et heureux de vivre, avec une vision positive de l'avenir, une croissance forte, une industrie puissante, une culture rayonnante, une France influente. Bref, à des années-lumière d'une société bloquée. La différence est de taille, le désaccord visible par tous. D'autant que Chaban pointe, à l'origine de cette

1. Jacques Chaban-Delmas, *L'Ardeur*, ouvr. cité.

société bloquée, « la fragilité de l'économie, le fonctionnement souvent défectueux de l'État... l'archaïsme et le conservatisme des structures sociales ». Et il propose cette « nouvelle société », une expression qui deviendra culte et qui reste, plus de cinquante années plus tard, une véritable référence. De Michel Rocard à Nicolas Sarkozy, ils seront nombreux à se reconnaître dans ce discours ou à en souligner la dimension. « Jacques Chaban-Delmas avait compris que la société française, secouée jusque dans son tréfonds par les événements de 1968, avait besoin de rupture et que cette rupture devait se faire dans une certaine continuité si la France voulait éviter la violence et le chaos[1] », notera ainsi l'ancien chef de l'État. La conclusion du discours-programme de Chaban résume son ambition : « C'est la transformation de notre pays que nous recherchons, c'est la construction de la nouvelle société, fondée sur la générosité et la liberté. » Aussitôt, cette déclaration de politique générale suscite des réactions aussi innombrables que tranchées. La majorité, élue en juin 1968, d'abord enthousiaste, est ensuite gênée par la réaction de l'Élysée. L'opposition socialiste approuve en privé et exprime de timides réserves en public. Les médias applaudissent. Et tous les regards se tournent vers le Palais. Georges Pompidou organise quelques jours plus tard, le 22 septembre, une conférence de presse marquée par la remarquable et émouvante évocation, à travers un

1. Discours de Nicolas Sarkozy lors du colloque du 16 septembre 2019 à l'occasion du cinquantenaire du discours sur la nouvelle société.

sublime poème de Paul Éluard, du drame de Gabrielle Russier, cette jeune enseignante condamnée par la justice parce qu'elle entretient une liaison amoureuse avec l'un de ses élèves mineur, puis emprisonnée, et qui se suicidera peu après. Dans cette conférence de presse, le président évite de répondre trop franchement au discours de son Premier ministre. Mais en privé, il ne cache pas son désaccord. « Ah cette nouvelle société ! J'ai déjà bien du mal avec l'ancienne », répond ainsi fin 1969 le président à un petit groupe de journalistes du *Monde* qui, à l'issue d'une manifestation à l'Élysée, lui demandent en off (et, à cette période, le off est scrupuleusement respecté par la presse) ce qu'il pense sincèrement de ce discours. Présent au Palais ce jour-là pour « couvrir » cette manifestation, j'entends d'une oreille indiscrète cet échange révélateur. Et je demande quelque temps plus tard à Chaban, que je connais bien pour fréquenter les mêmes courts de tennis, ce qu'il en pense. Le Premier ministre, qui, certes, connaît déjà les réticences élyséennes sur le fond et la forme de ce discours, me semble étonné que Georges Pompidou s'en ouvre aussi clairement devant des journalistes. Il en aura une confirmation éclatante un an plus tard, lors d'un tête-à-tête avec le chef de l'État. « Laissez donc tranquille votre nouvelle société, personne n'y croit ; vous rasez tout le monde[1] », lui lance Georges Pompidou. Dès lors, les nuages s'amoncellent. Et le duo Pierre Juillet-Marie-France Garaud, très et trop influent auprès du président, ne cesse de pilonner le chef du gouvernement, et ne s'en

1. Jacques Chaban-Delmas, *L'Ardeur*, ouvr. cité.

cache pas auprès des membres de la majorité. Témoin de cette opposition frontale, une conversation particulièrement cash avec Juillet.

> Certes, vous êtes gaulliste, lui lance l'éminence grise de Pompidou. Je n'en disconviens pas. Vous l'êtes. Mais vous êtes aussi l'homme qui amène le socialisme en France. Un communiste, un socialiste, on sait ce que c'est. On peut s'en garder. Vous, on ignore qui vous êtes... Votre politique en toutes choses avantage des gens qui ne sont pas nos électeurs et qui ne vous en sauront aucun gré, tandis que notre clientèle traditionnelle se détourne : que nous restera-t-il si vous persévérez[1] ?

À la lecture de ce récit, on peut même s'étonner que Chaban-Delmas soit resté trois ans Premier ministre. Pourtant, après l'élection de 1969, Georges Pompidou, assez largement élu contre le centriste et président du Sénat Alain Poher, la nomination de Chaban apparaît aussi évidente que porteuse d'espoir... « Cette pièce vous plaît-elle ? Ce serait souhaitable, car je l'ai installée pour vous[2]. » Ainsi s'amuse Georges Pompidou en 1967 devant Chaban dans la bibliothèque de Matignon. Pompidou est Premier ministre depuis avril 1962, Chaban inamovible président de l'Assemblée depuis décembre 1958. Ils se connaissent très bien, semblent s'apprécier et figurent tous deux au premier rang des fidèles du Général. Fin 1968, dans l'affaire Marković, une invraisemblable machination uniquement destinée à affaiblir Pompidou

1. Jacques Chaban-Delmas, *L'Ardeur*, ouvr. cité.
2. *Ibid.*

en salissant l'image de sa femme, Chaban s'est montré impeccable, solidaire et amical. Les deux hommes se voient régulièrement, dans l'exercice de leurs fonctions, mais aussi en privé. Ils devinent que leur avenir sera commun, lorsque de Gaulle se sera retiré à Colombey. Pendant les événements de Mai 68, ils sont souvent sur la même ligne, une fermeté tempérée, une ouverture réaliste face aux étudiants. Et en juin 1968, quand Pompidou quitte Matignon, Chaban affirmera plus tard en privé avoir alors refusé la proposition du Général de le remplacer « par amitié pour Georges ».

Au lendemain de l'élection de Pompidou, le lundi 16 juin 1969, lorsqu'il vient voir le nouveau président dans son bureau du boulevard de La Tour-Maubourg, là où il a accompli sa très courte traversée du désert, Chaban n'est donc pas surpris des premiers mots de son hôte. « Je présume que vous savez pourquoi je vous ai fait venir. Il n'y a pas d'autre solution. Je pense que vous acceptez[1]. » Une résistance héroïque, une expérience hors norme au perchoir de l'Assemblée comme sur le terrain, dans sa bonne et belle ville de Bordeaux, un souci affiché d'ouverture politique : la nomination de Chaban-Delmas à Matignon s'impose. « Archi-naturel », a dû se dire le Général, qui aimait vraiment beaucoup Chaban. Dans la foulée, le gouvernement est formé sans trop de difficultés, avec notamment le retour de Giscard à l'Économie et aux Finances, la nomination de Guichard, un grand réformateur très proche du Général, à l'Éducation nationale et l'arrivée

1. Jacques Chaban-Delmas, *L'Ardeur*, ouvr. cité.

au Quai d'Orsay de Maurice Schumann, un Européen convaincu qui avait rejoint de Gaulle en juin 1940 à Londres, où il fut porte-parole de la France libre. Pompidou et Chaban définissent en même temps, mais sans approfondir, une méthode de travail et une répartition des rôles. Le président se réserve le droit de travailler en direct avec les ministres, mais ses instructions devront passer par Matignon. Et le cabinet présidentiel doit s'abstenir d'intervenir auprès des ministères. Autour du chef de l'État, Michel Jobert et Édouard Balladur, un ancien conseiller à Matignon très apprécié par le nouveau président, garantiront ce fonctionnement. En cet été 1969, tout semble donc sur les rails, et le tandem Pompidou-Chaban-Delmas jouit d'une popularité très encourageante, au-dessus de 50 %[1]. Las, dès l'automne, le conflit sur la nouvelle société va sérieusement dérégler cette séduisante mécanique. Et un événement, très différent, va encore alourdir le climat politique et la discorde au sein de l'exécutif...

Ah, la télévision ! Depuis sa création, elle est objet de polémiques et de débats interminables. Et chaque président de la Ve République, quoi qu'on en dise, a surveillé de près, plus rarement de loin, la situation et l'évolution des médias, notamment des médias du service public. En 1969, Jacques Chaban-Delmas, dès sa nomination, entreprend, dans la foulée du président qui avait évoqué ce thème pendant sa campagne, de libéraliser l'ORTF, qui regroupe la télévision

1. Sondage IFOP/*JDD*, juin-juillet 1969.

et la radio publique. Première étape, particulièrement rapide, dès la rentrée de 1969 : la nomination de nouveaux responsables de l'information télévisée. Parmi eux, Pierre Desgraupes, un journaliste talentueux, connu pour son indépendance d'esprit et sa défense permanente de la liberté d'expression. Ce choix provoque aussitôt un tollé dans une bonne partie de la majorité. Pierre Juillet et Marie-France Garaud s'en prennent ouvertement au Premier ministre. « Vous avez livré la télévision à nos pires adversaires[1] », ira jusqu'à dire Juillet au Premier ministre. « Ah non, pas Desgraupes, c'est impossible[2] ! » a d'abord lancé le président Pompidou. La position du nouveau chef de l'État est certes plus nuancée que celle de Pierre Juillet, son conseiller, très conservateur, notamment sur le terrain de l'information. Pompidou semble avoir tiré les leçons des très graves excès de Mai 68, avec une véritable « charrette » de licenciements à la suite d'une grève, très suivie, des journalistes légitimement soucieux de travailler beaucoup plus librement. Mais il n'est pas pour autant sur la même longueur d'onde que son Premier ministre. Dans une conférence de presse, le 2 juillet 1970, il précisera sa pensée, évoquera un ORTF « voix de la France » et soulignera la nécessaire « hauteur de vue » des journalistes du service public. Lorsque son Premier ministre lui parle de la nomination de Desgraupes, il commence donc par s'y opposer. Peu à peu, conscient de l'impact politique et intellectuel de cette position, il finira cependant par donner son accord. Mais cette

1. Jacques Chaban-Delmas, *L'Ardeur*, ouvr. cité.
2. *Ibid.*

affaire ne sera pas terminée pour autant. Une grande partie de l'exécutif et de la majorité continue de contester avec force cette nomination symbolique. Engagé à l'automne 1969 à l'ORTF, je peux mesurer l'ampleur des pressions exercées sur les rédactions. Malgré l'arrivée de nouveaux reporters et présentateurs venant des radios privées et de la presse écrite, le poids des journalistes indéfectiblement gaullistes reste majoritaire. Les plus anciens rappellent fréquemment aux nouveaux venus, dont je fais partie, qu'entre sa démission en 1946 et son retour en 1958, et même aux grandes heures du RPF, le Général était *persona non grata* sur les ondes. Sous-entendu, le retour de balancier était légitime... Certes, nous ne sommes plus au début des années 1960, quand le ministre de l'Information présentait lui-même la réforme du journal télévisé, quand de Gaulle expliquait : « La presse est contre moi, la télévision est à moi[1]. » Mais la chape de plomb, bien que moins lourde, pèse toujours. Et en 1972, quand Chaban quittera ses fonctions, Desgraupes devra quitter les siennes. Le désaccord majeur entre le président et son Premier ministre sur ce sujet ultra-sensible de l'information télévisée aura singulièrement alourdi le contentieux.

C'est en février 1972 que le président Pompidou décide d'organiser un référendum sur l'élargissement de l'Europe à quatre nouveaux pays dont, évidemment, le Royaume-Uni. L'idée est séduisante. Elle est dangereuse aussi, car le

1. Alain Peyrefitte, *C'était de Gaulle*, ouvr. cité.

risque d'abstention est immédiatement pointé. François Mitterrand, conscient du piège politique qui lui est tendu, recommande le vote blanc ou nul ou l'abstention. Il est, en effet, en pleine négociation sur le programme commun de gouvernement avec un Parti communiste qui, lui, appelle à voter non. Lorsque le chef de l'État, qui veut saisir cette occasion pour diviser la gauche, lui parle de son projet pour la première fois, Chaban, européen convaincu depuis longtemps, approuve l'ambition stratégique. Mais, en petit comité, il s'interroge sur les risques politiques en cas d'abstention importante. Pompidou mène une campagne active, mais l'opinion paraît peu mobilisée. Le 23 avril, les chiffres tombent. 68,3 % de oui, mais, surtout, près de 40 % d'abstention. « Au mieux, c'était pour Georges Pompidou un demi-succès. Au pis, un demi-échec. Il le prit comme un échec complet, ce qui lui porta un coup terrible[1] », se souviendra Chaban. Du coup, le climat politique se dégrade. L'opposition relève la tête, après une longue période de léthargie. La majorité pléthorique élue en juin 1968 donne des signes de faiblesse. Le moment semble venu, à moins d'un an des législatives, de prendre une initiative. Ce sera, pour le duo Pompidou-Chaban, l'heure de vérité...

Début mai 1972, quelques jours après ce référendum décevant, Chaban suggère au président d'organiser un débat de politique générale suivi d'un vote de confiance pour tenter de redynamiser l'action gouvernementale et de consolider sa position. C'est à ce moment précis que commence l'ultime conflit au sommet de l'État.

1. Jacques Chaban-Delmas, *L'Ardeur*, ouvr. cité.

« Pourquoi pas[1] ? » répond d'abord Pompidou quand Chaban propose cette idée. A-t-il compris, à tort, que cette réaction présidentielle à chaud équivalait à un feu vert ? A-t-il surinterprété cette réponse ? Et que pense vraiment le président ? Veut-il ménager son chef de gouvernement ? Une mécanique infernale se met en marche. Dans les jours qui suivent, le processus se poursuit. Mais le matin du Conseil des ministres qui doit autoriser le Premier ministre à engager la responsabilité du gouvernement devant l'Assemblée, lors du traditionnel tête-à-tête entre les deux chefs de l'exécutif, Pompidou durcit le ton : « Nous nous apprêtons à ruiner l'action du général de Gaulle et à revenir à la IVe République avec votre idée de vote à l'Assemblée[2] », lance-t-il à Chaban. Le tour de table organisé pendant le Conseil est confus. Chacun exprime sa position. Et à l'arrivée, le feu vert est donné à Chaban. Le Premier ministre obtient une large majorité à l'Assemblée. Mais le mal est fait. Pompidou considère que le Premier ministre lui a forcé la main. Ce dernier estime que son ennemi Pierre Juillet est à l'origine de cette situation conflictuelle. Les non-dits se multiplient. Chacun en est conscient, à l'Élysée, à Matignon et au gouvernement. Le *statu quo* semble impossible. Il faut trancher...

« Et finalement, je pense qu'il vaut peut-être mieux tout changer[3]. » Fin juin 1972, un rendez-vous décisif donne au président l'occasion de mettre un terme à ce psychodrame.

1. *Ibid.*
2. Jacques Chaban-Delmas, *L'Ardeur*, ouvr. cité.
3. *Ibid.*

Après avoir, au cours de cette conversation, semblé peser le pour et le contre, le président affiche donc clairement sa détermination. Malgré le vote de confiance, Chaban doit quitter Matignon. Il me confiera plus tard que cette décision l'a certes surpris, mais aussi soulagé. Il ne supportait plus l'entourage présidentiel. « Si je n'avais pas voulu l'humilier en l'empêchant de demander un vote de confiance à l'Assemblée nationale, j'étais bien décidé à changer de Premier ministre aussitôt après la fin de la session[1]... » écrira Georges Pompidou quelques mois plus tard, début 1973. Ainsi, dans le secret du Palais, tout était prêt pour passer à une nouvelle étape du mandat. Trop de malentendus et de vrais désaccords s'étaient accumulés...

Au-delà de ces épisodes politiques, il y a eu très vite, comme on l'a observé pour d'autres duos exécutifs, un problème de confiance entre les deux hommes. Ils se connaissaient bien, sans toutefois avoir travaillé réellement ensemble au sein d'un même gouvernement. Ils avaient *a priori* organisé une méthode de travail et une répartition des tâches. Mais presque aussi vite, alimentée en coulisse par le tandem Juillet-Garaud, la méfiance présidentielle s'est installée. Une réalité singulièrement aggravée par un véritable choc de caractères...

Il travaille peu, ne lit pas de papiers, en écrit encore moins, préférant discuter avec ses collaborateurs, et s'en remet essentiellement à eux qu'il choisit bien, pour ce qui est des affaires

1. Georges Pompidou, *Lettres, notes et portraits*, ouvr. cité.

publiques s'entend. Politiquement, il meurt de peur d'être classé à droite, il veut néanmoins plaire à tout le monde et être aimé... Comme Premier ministre, il se méfiait de moi et ne prenait pas d'initiative hasardeuse, sauf, et en demi-secret, dans quelques domaines où il avait des attaches. Il me laissait le soin de tout décider, plus que je n'aurais voulu, se contentant de soigner son « image de marque » par quelques beaux discours que lui écrivaient Cannac[1] et Delors et par une cour permanente faite aux journalistes de tout bord[2].

Ce portrait au vitriol, c'est le président Georges Pompidou qui l'écrit début 1973. Un texte surprenant, étonnamment et injustement cruel, qui pointe lourdement les défauts de son ancien ministre. On savait que le chef de l'État n'avait pas apprécié le discours sur la « nouvelle société », qu'il n'avait accepté que du bout des lèvres la réforme de l'information télévisée. Par ailleurs, Chaban-Delmas avait été affaibli par des attaques personnelles, notamment, fin 1971, la publication par *Le Canard enchaîné* de sa feuille d'impôts et la révélation, attribuée par la presse à Giscard, que le Premier ministre, bénéficiant en particulier du système de l'avoir fiscal, n'avait payé, selon les années, que peu ou pas d'impôts. Mais, au moment où il quitte Matignon, Chaban est toujours populaire, avec 46 % de Français satisfaits de son action[3]. Et il ne fait pas d'ombre au chef de l'État, plus populaire encore que son chef de gouvernement avec 58 %

1. Yves Cannac, normalien et major de l'ENA, conseiller de Chaban puis, plus tard, de Giscard.
2. Georges Pompidou, *Lettres, notes et portraits*, ouvr. cité.
3. Sondage IFOP/*JDD*, juin 1972.

de satisfaits[1]. Au total, le Tout-Paris politique n'ignorait pas que le tandem président-Premier ministre connaissait quelques hauts et beaucoup de bas. Mais on ne mesurait pas à ce point la grave détérioration de leurs relations telle qu'elle apparaît dans ce texte. Peut-être faut-il alors rechercher l'origine de cette acrimonie dans l'entourage politique de Georges Pompidou. Le duo Pierre Juillet-Marie-France Garaud ne supporte ni la personnalité ni la politique de Chaban-Delmas. Ces deux conseillers de l'ombre, aussi féroces que tout-puissants, ont décidé, dès la nomination de Chaban à Matignon, de combattre par tous les moyens le maire de Bordeaux. Aucune de ses décisions, sauf celles inspirées directement par l'Élysée, ne trouve grâce à leurs yeux. Ils n'auront de cesse, sans même s'en cacher, de le critiquer dans tous les lieux de pouvoir, à l'Élysée bien sûr, à l'Assemblée nationale, où ils font et défont les carrières dans la coulisse, et dans le parti gaulliste, où ils font la pluie et le beau temps. Chaban a, de son côté, ses soutiens et ses amis, notamment les barons gaullistes. Mais le pilonnage incessant de ce tandem de conseillers ultra-conservateurs, aura, mois après mois, de lourdes conséquences. Peu à peu, Georges Pompidou sera convaincu. Et le choix du successeur de Chaban, le fidèle grognard Pierre Messmer, confirmera ce virage. Malgré la maladie du président, aussi grave que paralysante, le pouvoir sera désormais à l'Élysée, et nulle part ailleurs. Efficace et loyal secrétaire général de la présidence, Édouard Balladur pilotera et mettra en œuvre les grands choix de

1. *Ibid.*

Georges Pompidou, en lien direct, jusqu'au bout, avec le chef de l'État. Et le duo Garaud-Juillet, de plus en plus autonome, sera plus que jamais à la manœuvre sur le terrain de la politique politicienne.

Le divorce Pompidou-Chaban est le symbole des occasions manquées. Ils n'ont pas su – ou pas voulu – préciser, jusque dans les détails, le fonctionnement de l'exécutif. Ils n'ont pas parlé, sur le fond, de cette « nouvelle société » qui apparaissait séduisante aux yeux des Français après le tumulte de Mai 68. Ils n'ont apparemment pas su non plus évoquer sereinement leurs désaccords et ont, ainsi, de chaque côté de la Seine, multiplié les non-dits. Avec le recul, on a le sentiment qu'ils ont curieusement préféré privilégier leurs divergences. Et ils ont soigneusement évité de soulever directement, sans intermédiaires, le problème des entourages, en particulier des conseillers politiques élyséens, en guerre permanente avec Matignon. S'il avait crevé cet abcès dès les premiers mois, Chaban aurait peut-être échappé à cette véritable campagne de dénigrement organisée par Pierre Juillet et Marie-France Garaud. Par ailleurs, s'il avait fait en sorte d'être encouragé par le président, le « seigneur » de la fable, s'il l'avait associé à ses réflexions, s'il avait tenté de le convaincre des bienfaits de la « nouvelle société », Chaban aurait peut-être accepté et assumé, à sa place de Premier ministre, d'être un simple « jardinier » pour le compte de Pompidou. Les circonstances, les personnalités, les tempéraments, les ambitions et surtout les conseillers de l'ombre, bien décidés à abattre par tous les moyens le Premier ministre, en ont décidé autrement...

3

Valéry Giscard d'Estaing et Jacques Chirac

La discorde a toujours régné dans l'univers ;
Notre monde en fournit mille exemples divers...
On ne voit sous les cieux
Nul animal, nul être, aucune créature
Qui n'ait son opposé ; c'est la loi de nature.
D'en chercher la raison, ce sont soins superflus.

« La querelle des chiens et des chats,
et celle des chats et des souris », XII, VIII.

Le soleil est radieux sur le fort de Brégançon en ce week-end de Pentecôte, début juin 1976. Autour de la table dressée à l'extérieur, le couple Giscard et le couple Chirac sont souriants et détendus. Un petit film tourné ce jour-là les montre hilares et particulièrement décontractés. Le Premier ministre fait un signe amical au caméraman amateur. La bonne humeur règne dans cette résidence présidentielle que Valéry et Anne-Aymone Giscard d'Estaing apprécient. La France sommeille et se repose. Elle ignore qu'à ce moment précis se déroule à Brégançon un épisode politique majeur qui marquera définitivement une rupture lourde de conséquences entre le chef de l'État et son chef de gouvernement. Et qui provoquera à droite et au centre un séisme durable...

Quelques jours plus tôt, le 31 mai, Jacques Chirac a saisi l'occasion d'un tête-à-tête avec le président pour brosser un tableau très sombre de la situation politique à moins de deux ans des élections législatives de mars 1978. Et pour remettre au chef de l'État une longue note manuscrite comportant notamment une série impressionnante de recommandations politiques : démission du gouvernement ; formation d'une nouvelle équipe « ramassée, solidaire et pugnace » ; affirmation « clairement renouvelée » que le Premier ministre est chargé de « coordonner et d'animer, en votre nom et sous votre contrôle, l'action du gouvernement et celle de la majorité » ; dissolution de l'Assemblée nationale « afin de provoquer des élections législatives à l'automne de 1976 ». « [Le chef de l'État] m'indique qu'il prendra le temps d'y réfléchir... Nous aurons l'occasion, me dit-il, d'en reparler à Brégançon[1] », écrira Jacques Chirac dans ses Mémoires. Comme la plupart de ses prédécesseurs et de ses successeurs, Giscard n'aime pas réagir à chaud, sous la pression. Il préfère se donner quelque temps de réflexion. Mais il est, par principe et par inclination personnelle, convaincu que, sauf événement exceptionnel, il ne faut pas bousculer le calendrier électoral. C'est pour cette raison, parce qu'il en avait pris l'engagement pendant la courte campagne de 1974, qu'il n'avait pas dissous l'Assemblée après son élection. Et, j'en serai témoin à de très nombreuses reprises, il ne cessera

1. Jacques Chirac, *Chaque pas doit être un but*, Nil, 2009.

d'ailleurs de le regretter. Dès l'issue de ce tête-à-tête du 31 mai 1976 entre le président et le Premier ministre, toutes les conditions d'un clash puissance dix sont donc réunies. Les deux hommes le savent parfaitement. Leurs entourages préparent dans l'ombre ce divorce annoncé. Il y a déjà longtemps que giscardiens et chiraquiens ont compris que leur entente électorale du printemps 1974 était éphémère, que l'ambition du Premier ministre était incompatible avec la conception présidentielle de l'exercice du pouvoir et du partage des rôles entre les deux têtes de l'exécutif, que rien ne permettait d'éviter une guerre ouverte qui durera au total plus de vingt longues années. En réalité, dès les premiers jours de juin 1974, très vite après l'arrivée de Chirac à Matignon, le 27 mai, on peut percevoir à bas bruit les premières crispations, les premiers agacements, les premières escarmouches. Pourtant, dans les premiers jours, tout semble fonctionner harmonieusement...

Dimanche 19 mai 1974, 13 heures, Hôtel Radio, Chamalières. Depuis 8 heures du matin, les Français votent pour choisir le successeur de Georges Pompidou, qui s'est éteint un mois et demi plus tôt. Les derniers sondages donnent Giscard et Mitterrand au coude-à-coude. Ce scrutin reste aujourd'hui encore le plus serré de l'histoire des élections présidentielles de la Ve République. Giscard, qui a convié à déjeuner quelques journalistes, dont je fais partie, celles et ceux qui ont suivi sa campagne, se montre serein et confiant. Et, dans l'hypothèse de sa victoire, dont il est convaincu après le face-à-face réussi neuf jours plus tôt contre

Mitterrand, il brosse le portrait-robot de son futur Premier ministre. Jeune, loyal, compétent et expérimenté. Pas de doute. Aucun nom n'est prononcé, mais le message est clair : ce sera Jacques Chirac. À quarante et un ans, ce dernier a déjà un solide parcours ministériel : secrétaire d'État à l'Emploi puis à l'Économie et aux Finances auprès de... VGE ; ministre délégué chargé des relations avec le Parlement ; ministre de l'Agriculture et, depuis février 1974, ministre de l'Intérieur dans le gouvernement de Pierre Messmer. « J'avais été réellement impressionné par la qualité de sa fidélité à l'égard du président Pompidou[1] », expliquera Valéry Giscard d'Estaing. Mais plusieurs de ses fidèles l'avaient mis en garde, pointant notamment l'ambition personnelle de Chirac. C'est le cas, en particulier, de son ami Michel Poniatowski, cheville ouvrière de sa campagne. VGE ne changera pas d'avis. Il a apprécié le renfort de Chirac au début de sa campagne, lorsque le futur maire de Paris a apporté le soutien de quarante-trois élus gaullistes sous couvert d'un appel à l'unité de candidature ayant pour seul et unique objectif de torpiller la candidature de Chaban-Delmas. Et entre les deux tours, Chirac n'a pas ménagé ses efforts en faveur du futur président face à François Mitterrand, candidat de toute la gauche. Malgré les nombreux non-dits, un pacte solide semble donc scellé entre les deux hommes. Dès lors, tout ira très vite...

1. Valéry Giscard d'Estaing, *Le Pouvoir et la Vie*, Compagnie 12, 2004.

« Désormais, je suis seul », me confie le nouveau président à l'issue de la cérémonie d'investiture, le 27 mai. À son initiative, j'ai pu suivre, à quelques mètres de lui, et commenter ainsi en direct pour la télévision, sa remontée à pied des Champs-Élysées. Impressionnant. Soleil de plomb. Une foule chaleureuse. Une ambiance bon enfant. Giscard est ravi. À l'inverse d'une partie de son entourage, il croit dur comme fer à la loyauté de son Premier ministre, nommé le jour même, et à la solidité de l'attelage. Mais quand il me fait cette confidence, quand il insiste sur cette solitude présidentielle, je le trouve déjà changé. Il y a chez lui comme une sorte de gravité. Dans son regard, un mélange de distance et de retenue. Et un voile de fatigue car, depuis le soir de son élection, huit jours plus tôt, il a déjà mis au point activement, sans perdre de temps, le calendrier de ses cent premiers jours. Et, bien sûr, acté le choix de son Premier ministre...

Le mardi 21 mai, pour des raisons de discrétion, c'est au domicile privé de Michel Poniatowski, au rez-de-chaussée d'un immeuble moderne de Neuilly, que le nouveau chef de l'État fait venir Chirac et lui propose formellement d'être son Premier ministre. « Vous pourrez compter sur moi, monsieur le président. Je ferai tout pour vous aider à réussir. Mais je sais que vous n'avez pas besoin de moi pour le faire[1] », c'est ainsi que VGE se rappelle l'entrevue. Les souvenirs de Chirac sont radicalement différents. Des années plus tard, dans ses Mémoires, l'ancien Premier ministre affirme, lui, qu'il a accueilli cette

1. Valéry Giscard d'Estaing, *Le Pouvoir et la Vie*, ouvr. cité.

proposition « sans enthousiasme[1] », qu'il a demandé un délai de réflexion et qu'il a consulté « longuement » son conseiller Pierre Juillet avant d'accepter d'être chef du gouvernement. Première divergence entre le nouveau chef de l'État et son Premier ministre. Dans l'euphorie de la victoire, avec un duo exécutif jeune et plébiscité par l'opinion, des questions essentielles sont occultées. Ainsi, le partage des rôles entre l'Élysée et Matignon n'est pas évoqué. Le malentendu est donc quasi immédiat. Comme de Gaulle et Pompidou, mais chacun dans son style, Giscard estime que l'impulsion ne peut venir que du président alors que Chirac souhaiterait disposer d'une assez large autonomie. La divergence est profonde. Et la formation du gouvernement va se dérouler dans un climat détestable...

La tradition est immuable sous la Vᵉ République. C'est le chef de l'État qui fixe la feuille de route, détermine l'architecture gouvernementale et choisit les principaux ministres, à commencer par celles et ceux qui occupent les fonctions régaliennes. Les décisions de Giscard seront, sur ce point, acceptées par un Premier ministre qui jugera cependant en privé le gouvernement trop giscardien. Mais, pour le reste, la discussion sera vive. Si Chirac accepte du bout des lèvres la nomination du bouillonnant et imaginatif JJSS, Jean-Jacques Servan-Schreiber, le créateur de *L'Express*, dont il se méfie, au tout nouveau ministère des Réformes, il s'oppose résolument à l'entrée de la journaliste Françoise Giroud, une journaliste

1. Jacques Chirac, *Chaque pas doit être un but*, ouvr. cité.

brillante, féroce, et féministe avant l'heure, à la tête d'un secrétariat d'État à la Condition féminine. En réalité, on le verra, cette nomination ne sera simplement reportée que de quelques semaines. Par ailleurs, Giscard accepte la proposition de Chirac de faire entrer Simone Veil au gouvernement comme ministre de la Santé. Après cet épisode tendu, la méfiance s'installe entre les deux têtes de l'exécutif et davantage encore dans leurs entourages. Et les escarmouches se multiplient, dans la coulisse comme sur la scène politique publique. Le 9 juin, douze jours après la formation de ce gouvernement, JJSS, que Chirac surnommera le « turlupin », est limogé après s'être élevé contre les essais nucléaires. Quelque temps plus tard, dans le secret du bureau présidentiel, un vif incident oppose le président et son Premier ministre. Giscard est réservé sur la poursuite de la construction du centre Beaubourg, dédié à l'art moderne et imaginé par son prédécesseur, Georges Pompidou. Chirac réagit en menaçant de démissionner si les travaux de cet héritage pompidolien devaient s'interrompre. Soucieux d'éviter une crise ouverte, Giscard calme le jeu. Mais le signal politique est clair. C'est un rapport de force permanent qui s'installe, en même temps qu'un climat de méfiance qui s'étend progressivement à la vie gouvernementale et à une majorité présidentielle traversée par deux grands courants peu à peu antagonistes, les giscardiens et les chiraquiens. Certes, il y a des trêves entre l'Élysée et Matignon, comme pendant ce débat éruptif de novembre sur la libéralisation de l'IVG. Giscard, qui me confie avant les vacances d'été vouloir absolument accélérer les réformes, a choisi, avec l'accord de Simone Veil, d'aller le plus vite possible sur la libéralisation de l'IVG pour éviter que les passions se déchaînent hors de l'hémicycle, où, chacun le sait, toutes les bornes de l'hystérie et de l'indécence seront franchies, notamment chez les plus conservateurs au sein d'une majorité divisée. Même s'il juge que cette réforme essentielle n'est pas urgente, Chirac est réaliste. À l'Assemblée, il soutient donc activement la ministre de la Santé et obtient que la majorité, dont un seul petit tiers votera le texte, ne se fracture pas trop face à une opposition qui permettra à cette réforme d'être adoptée. Mais peu à peu, au gré de courtes accalmies et de batailles politiciennes, avec un président qui s'agace puis s'exaspère de l'ambition à peine cachée de son Premier ministre et un chef de gouvernement dont l'appétit devient de plus en plus visible, cette méfiance fera place à la défiance puis à une véritable guérilla...

Décembre 1974. Tandis que Giscard reçoit Gerald Ford et son puissant conseiller Henry Kissinger en Martinique pour un sommet diplomatique franco-américain, à Paris, Chirac lance une opération commando fulgurante qui surprend totalement des barons gaullistes pourtant chevronnés. Avec l'aide de ses plus proches, Charles Pasqua, Pierre Juillet et Marie-France Garaud, il réussit en quelques heures à mettre la main sur l'UDR, le mouvement gaulliste. Informé, le président réagit plutôt favorablement. J'en suis témoin. Sur place, alors qu'au petit matin, passant devant son bungalow au bord d'une plage ensoleillée, je l'interroge sur ce hold-up chiraquien, il n'émet pas spontanément de réserve majeure, mais s'étonne simplement de ne pas avoir été plus précisément informé préalablement, ni même réellement consulté par un Premier ministre qui n'a évoqué devant lui que la nécessité de mieux organiser la majorité. « Monsieur le président, je vous apporte l'UDR sur un plateau. Naturellement, ce n'est pas pour que vous lui coupiez la tête. Je vous l'apporte pour que l'UDR occupe toute sa place, avec ses droits et ses devoirs, au sein de votre majorité[1] », lui expliquera Chirac dès son retour des Antilles. Le malentendu est total. Dans un premier temps, et même si les relations personnelles et politiques entre les deux hommes se sont déjà dégradées, Giscard pense que cette opération peut lui être utile, que le chef du gouvernement ne prendra pas le risque de mettre cette nouvelle fonction de patron de l'UDR au service de sa seule ambition personnelle. Habilement, Chirac le confortera dans cette conviction durant l'année 1975. Mais son entourage ne s'en cache pas. L'UDR sera évidemment un sérieux tremplin pour celui qui rêve, tôt ou tard, de prendre ses distances avec l'Élysée. Chez les amis du chef de l'État, certains, et d'abord ses amis Michel Poniatowski et Michel d'Ornano, jugent l'opération chiraquienne dangereuse et, en privé, s'inquiètent de la « naïveté » de Giscard.

La bataille Giscard-Chirac, c'est aussi une très étrange et malsaine situation dans les médias publics. Depuis le retour du général de Gaulle, les gaullistes dirigent l'ORTF. La crise de Mai 68, avec la grève de nombreux journalistes, dont la plupart seront licenciés, exacerbe

1. Jacques Chirac, *Chaque pas doit être un but*, ouvr. cité.

cette situation. La réforme portée par Chaban-Delmas a représenté une véritable avancée. Mais après l'élection de Giscard, la tension est palpable dans les rédactions du service public. Le nouveau président fait voter dès août 1974, pendant ses « cent jours », une loi qui fait éclater l'ORTF en plusieurs structures autonomes. Début 1975, dans la nuit du 5 au 6 janvier, les journalistes sont répartis entre les trois chaînes publiques. Pour ma part, je passe de la deuxième à la première chaîne, baptisée TF1. Dès les premières difficultés entre le chef de l'État et son Premier ministre, une sourde compétition apparaît, qui s'amplifiera jusqu'à devenir franchement conflictuelle. Tous les dirigeants des médias et tous les journalistes politiques sont considérés à l'Élysée et surtout à Matignon comme des amis ou des adversaires. Nous sommes plusieurs à recevoir des balles perdues, otages d'un conflit politique qui choisit trop souvent la télévision comme terrain de jeu. Chacun porte son étiquette comme un fardeau. Personnellement, je suis donc étiqueté giscardien, comme d'ailleurs, dans une moindre mesure, mon frère aîné Alain. « J'ai fait un cauchemar. J'ai rêvé qu'il y avait un troisième frère Duhamel[1] », aurait confié en privé Jacques Chirac. Vraie confidence ou, comme on nous l'a dit, petite phrase sortie de l'imagination débordante de notre amie Catherine Nay, talentueuse et experte en bons mots ? Le propos fit florès et amusa beaucoup.

1. Ce troisième frère existait. C'était un brillant professeur de médecine, qui sera membre de l'Académie de médecine.

Il illustrait parfaitement la détestation que je suscitais dans la chiraquie. Certes, comme nombre de journalistes politiques, y compris dans la presse de gauche, j'ai été bluffé par les premières années du septennat de VGE, par les nombreuses mesures que beaucoup attendaient depuis des années (droit de vote à dix-huit ans, libéralisation de l'IVG, réforme du divorce, création du Conseil européen et du G5...). Mais je pensais faire mon métier avec honnêteté. L'opposition de gauche critiquait, de bonne guerre, les médias publics. Mais les coups les plus rudes venaient du camp chiraquien qui faisait de moi une cible quasi permanente. Jacques Chirac lui-même ne s'en cachait pas. Il multipliait les attaques personnelles et, parfois, les menaces et les avertissements sans frais. Un soir, alors que je remontais en régie après un éditorial sur le conflit entre le président et son Premier ministre, le patron de la régie de TF1 me passa un appel. « C'est le Premier ministre », me dit-il, goguenard. C'était bien Chirac, furieux de mon papier. « Monsieur Duhamel, ça commence à bien faire. Vos interventions ne sont pas convenables. Si ça continue, j'en parlerai à vos patrons. » Il ne le fit jamais, renonça à alerter les dirigeants de TF1. « Ça ne m'étonne pas. Il veut tout décider, tout contrôler... » me confiera Giscard, plutôt amusé par ce récit, quand je lui racontai cet épisode quelque temps après. Souvenir presque cocasse, mais qui permet de mieux comprendre le climat politique et médiatique exécrable de l'époque...

Au début de l'année 1976, le divorce entre Giscard et Chirac semble donc inéluctable. Jusque-là, si le Tout-Paris politique bruisse de rumeurs de désaccords, si la tension entre le chef de l'État et son Premier ministre est palpable dans le huis clos des Conseils des ministres, si le gouvernement est clairement divisé entre giscardiens et chiraquiens, si les médias servent donc souvent de punching-ball entre l'Élysée et Matignon, l'opinion publique ne mesure pas le fossé qui sépare les deux têtes de l'exécutif. Le week-end à Brégançon sera le révélateur. Car dans les jours qui suivent ce week-end raté qui se voulait amical, la rupture au sommet de l'État devient un sujet central de conversation dans le milieu politique, les rédactions et, peu à peu, chez les Français. Que s'est-il donc passé à Brégançon durant ce week-end, alors que les images, chaleureuses, n'évoquent pas précisément un climat étouffant ? Un nouveau malentendu ou, plutôt, le point d'orgue d'un conflit latent qui ne pouvait qu'éclater au grand jour tant les contentieux s'accumulaient ? Avec le temps, et à la lumière des souvenirs des deux acteurs de ce drame politique, on comprend que le clash était devenu inéluctable. Ce qui est réellement saisissant dans ces deux versions, c'est l'incroyable différence entre les deux témoignages. Comme si Giscard et Chirac n'avaient pas vécu le même épisode. Comme s'ils ne s'étaient pas trouvés dans le même lieu au même moment. « L'épisode de Brégançon me confortera dans l'idée que je n'ai plus grand-chose en commun avec ce président[1] », écrira

1. Jacques Chirac, *Chaque pas doit être un but*, ouvr. cité.

Chirac qui évoque pêle-mêle « de simples chaises pour s'asseoir quand le couple présidentiel occupe deux fauteuils… une désinvolture de monarque… un président si imbu de ses prérogatives ». Giscard, lui, se souviendra, détails d'ambiance à l'appui, « d'un dîner sympathique[1] » et se félicitera de cette invitation qui, à l'origine, avait été imaginée par Anne-Aymone Giscard d'Estaing. Et plus tard, il récusera fermement, dans des livres et des documentaires, les affirmations que son ancien Premier ministre a précisé dans ses Mémoires. Seul point commun dans ces deux témoignages : la présence au dîner du moniteur de ski de VGE et de sa femme, une initiative jugée naturelle par le président mais très peu appréciée par le couple Chirac qui se sent humilié. Les deux hommes se quittent sans avoir réellement évoqué l'ensemble des propositions émises par Chirac dans sa lettre du 31 mai. Giscard fait quand même comprendre à son chef de gouvernement que, décidément, il ne partage pas l'idée d'une dissolution de l'Assemblée nationale. À partir de là, en quelques semaines, tout va s'accélérer. Et se détériorer. S'il en était besoin, quelques scènes publiques ou privés, notoires ou confidentielles, vont le confirmer.

11 juillet 1976, au large de Nice. Trois jours avant la fête du 14 Juillet, le président assiste à une grande revue navale depuis le porte-avions *Clemenceau*. À ses côtés, le Premier ministre. À l'occasion de cet événement, organisé pour mettre en valeur et en lumière la marine nationale,

1. Valéry Giscard d'Estaing, *Le Pouvoir et la Vie*, ouvr. cité.

j'interroge Giscard en direct sur TF1 en présence de Chirac. Dès leur arrivée, le climat est étonnamment glacial entre le chef des armées et son Premier ministre. Alors qu'ils empruntent un petit escalier pour rejoindre la passerelle de commandement, j'entends déjà, sans en percevoir le contenu, des éclats de voix. Et pendant cette interview, notamment lorsque Giscard souligne le « malaise » existant dans l'armée à son arrivée, en 1974, Chirac, qui n'a jamais supporté que l'on puisse mettre en cause, de près ou de loin, l'héritage de Pompidou, serre les dents. Durant plusieurs minutes, le spectacle est saisissant. « L'opinion publique, me dit-on, est frappée par la grande tension et la nervosité de Chirac[1] », écrira Valéry Giscard d'Estaing. Doux euphémisme. En réalité, Chirac bout littéralement. Son agacement est tel que, manipulant en permanence les jumelles qui lui permettent en principe de suivre le plus attentivement possible cette revue navale, il les utilise parfois... à l'envers. Cette fois, les millions de téléspectateurs sont autant de témoins.

De retour sur terre, les journalistes présents sur ce déplacement m'assaillent de questions. Cet incident était donc très visible. La crise au sommet de l'État est désormais évidente, connue du grand public.

15 juillet, salon Murat. La tension est extrême autour de la table du Conseil des ministres. Giscard a souhaité, avant les vacances, organiser un tour de table informel sur le sujet sensible de l'élection du Parlement européen au suffrage universel. Le Premier ministre est

1. Valéry Giscard d'Estaing, *Le Pouvoir et la Vie*, ouvr. cité.

furieux, presque hors de lui. « Je m'étonne de la "procédure insolite et inhabituelle" qui consiste désormais à ne même plus me tenir informé de l'ordre du jour des réunions gouvernementales[1] », écrira-t-il. Les membres du gouvernement, qui assistent, stupéfaits, à l'échange glacial entre le président et son Premier ministre, l'ont compris. Chaque épisode le confirme : le compte à rebours de la rupture est vraiment déclenché.

19 juillet, bureau présidentiel. Lors de ce rendez-vous hebdomadaire traditionnel de fin d'après-midi, Chirac fait part au chef de l'État de son souhait de quitter ses fonctions. « Je souhaite que vous restiez à votre poste. Si vous confirmez votre désir de partir, je ne m'y opposerai pas. Je vous demande de prendre votre temps, et de m'en reparler à la rentrée[2] », lui répond le président. Le secret sera bien gardé. Seuls quelques très proches des deux hommes seront dans la confidence.

26 juillet. Chirac veut accélérer le rythme. Il présente officiellement sa démission au chef de l'État qui l'accepte, mais lui demande d'en différer l'annonce pour éviter une crise politique en plein cœur de l'été. Rendez-vous est pris pour le mercredi 25 août, date du Conseil des ministres de rentrée. Dès le lendemain matin, le Premier ministre fait porter à l'Élysée une lettre formalisant sa décision.

25 août, 9 h 30. À titre exceptionnel, Giscard a accepté que Chirac, qui le lui a demandé lors d'un déjeuner polaire, courant août, s'adresse personnellement, en

1. Jacques Chirac, *Chaque pas doit être un but*, ouvr. cité.
2. Valéry Giscard d'Estaing, *Le Pouvoir et la Vie*, ouvr. cité.

l'absence du chef de l'État, aux membres du gouvernement avant le début du Conseil des ministres. L'ambiance est lourde. Chacun, autour de la table, perçoit déjà la dureté des combats qui vont opposer giscardiens et chiraquiens pendant les années à venir. « Je n'ai pas obtenu les moyens de gouvernement que je demandais, ni la liberté de mener la bataille politique comme je le souhaitais », explique le Premier ministre démissionnaire. « Certains d'entre vous, ajoute-t-il, ont compliqué ma tâche en affaiblissant, par des initiatives diverses ou des prises de position publiques, la cohésion gouvernementale. » Allusion transparente aux ministres giscardiens, et notamment à Michel Poniatowski, le tout-puissant ministre de l'Intérieur, avec lequel les relations sont exécrables. La tension monte encore d'un cran lorsque Giscard rejoint le gouvernement dans le salon Murat où a lieu ce Conseil des ministres. « Lorsque quelqu'un souhaite partir, il faut l'accepter… Le comportement des partis politiques a pesé d'un poids excessif sur l'action du gouvernement, en particulier dans les derniers temps de la session parlementaire », note le chef de l'État. Le duel au sommet a commencé. Une page politique se tourne…

Le même jour, 11 heures. Le Conseil des ministres terminé, les deux hommes se retrouvent pour un dernier tête-à-tête. Comme ce fut le cas pour le week-end de Brégançon, les souvenirs de Giscard et de Chirac sont aux antipodes. « Nous échangeons quelques mots sur un ton presque détendu avant que je me rende à Matignon où m'attendent les caméras de télévision[1] », se contentera d'écrire Chirac dans ses Mémoires. Le récit de Giscard est bien différent. Notamment à propos de phrases étonnantes selon lui prononcées par Chirac : « Il y a trop longtemps que je suis dans la vie politique... J'ai envie de faire autre chose... Je ne sais pas encore ce que je vais faire. J'hésite entre plusieurs possibilités. L'une serait d'ouvrir une galerie de peinture. Je me suis toujours beaucoup intéressé à la peinture... En tout cas, une chose est sûre, vous n'entendrez plus parler de moi ! Je compte quitter Paris, et rester absent plusieurs mois. Je souhaite n'avoir plus aucun contact avec le milieu politique[2] »...

Le même jour, 15 heures. « Je ne dispose pas des moyens nécessaires pour assumer efficacement les fonctions de Premier ministre. Et dans ces conditions, j'ai décidé d'y mettre fin. » Chirac a le visage fermé et les mâchoires serrées. Il sait parfaitement qu'au-delà du texte lui-même, le ton de sa déclaration sera déterminant. Choix tactique ? Manifestation d'émotion ? Ou les deux à la fois ? Ce jour-là, Chirac apparaît dur, revanchard, vengeur. Les quelques phrases sont courtes, nerveuses, saccadées. Comme une déclaration de guerre. Stupéfaction à l'Élysée, où Giscard ne s'attendait pas à une telle tonalité. Suivant cette intervention en compagnie de deux proches, il tombe des nues, incrédule, sonné. « Ce n'était pas du tout ce qui était prévu. Chirac m'avait dit qu'il veillerait à ne pas polémiquer », me dira un VGE encore exaspéré

1. Jacques Chirac, *Chaque pas doit être un but*, ouvr. cité.
2. Valéry Giscard d'Estaing, *Le Pouvoir et la Vie*, ouvr. cité.

quelques semaines plus tard. À gauche, c'est la divine surprise. Mitterrand et Marchais n'espéraient pas un tel clash en cette rentrée. Étonnement chez les Français tout juste rentrés de vacances. Ont-ils compris que cette journée du 25 août 1976 marquerait l'histoire de la Ve République ? Qu'elle apparaîtrait plus tard comme le point de départ d'une très longue bataille intestine entre des leaders en conflit ouvert ? Chirac-Barre, Chirac-Balladur, Juppé-Séguin, Chirac-Sarkozy, Sarkozy-Villepin, Fillon-Copé, Sarkozy-Juppé-Fillon... Et demain ? Philippe-Darmanin ? Philippe-Le Maire ? Wauquiez-Bertrand ? Depuis près de cinquante ans, de rebondissement en rebondissement, de haine en haine, la droite et le centre se divisent, se disputent, se déchirent. Nous sommes assez loin de l'analyse des compétitions idéologiques entre les trois droites, orléanistes, légitimistes et bonapartistes, théorisée par le politologue et historien René Rémond. Le plus souvent, c'est la lutte pour le pouvoir qui emporte tout. Et la référence historique, c'est le 25 août 1976, cette démission fracassante de Chirac, puis sa candidature en 1981, un geste inédit contre un président qui l'avait nommé et qu'il avait servi et cette longue, si longue, interminable, guerre politique et personnelle entre les deux hommes.

Giscard-Chirac, c'est d'abord un choc d'ambitions. Le premier a atteint son objectif à 47 ans. En 1974, il est le plus jeune président depuis Louis-Napoléon Bonaparte. Plus tard, VGE s'interrogera tout haut dans un cercle privé. N'a-t-il pas été élu trop tôt ? D'autant, on l'a vu, qu'il choisit sans l'ombre d'un vrai doute, un

Premier ministre de 41 ans, dont l'appétit politique est notoire. Ses deux conseillers, Pierre Juillet et Marie-France Garaud n'avaient-ils pas, sans succès, tenté de convaincre Georges Pompidou de « faire un coup », de rajeunir l'équipe gouvernementale en nommant Chirac Premier ministre lors du remaniement du 1er mars 1974, un mois avant sa disparition ? Trop tôt, trop jeune, avait tranché Pompidou qui, pourtant, avait pour ce jeune loup une réelle affection. Et Chirac avait été nommé ministre de l'Intérieur, une fonction qui lui sera vraiment utile, au service de Giscard, pendant la campagne présidentielle du printemps suivant. Une fonction au service d'une ambition assumée, légitime, presque naturelle, mais dont VGE n'avait pas mesuré l'intensité. La leçon vaut pour tous les couples exécutifs de la Ve République. Le choc de deux ambitions, à l'Élysée et à Matignon, débouche presque mécaniquement, à court ou moyen terme, sur un conflit plus ou moins rapide, plus ou moins violent, plus ou moins visible. Et ce conflit est d'autant plus brutal lorsqu'il oppose deux personnalités d'une même génération. L'affrontement Giscard-Chirac, c'est aussi, comme souvent depuis 1958, le poids des non-dits. Les deux hommes n'ont eu ni l'envie, ni le besoin, ni le temps, ni l'occasion d'évoquer entre l'élection de Giscard, le 19 mai, et la nomination officielle de Chirac, le 27 mai, le sujet pourtant essentiel de la répartition des rôles. La collaboration Élysée-Matignon, déjà compliquée par le lourd contentieux entre les giscardiens et certains gaullistes, a ainsi débuté sur des bases ambiguës. Dès la fin du printemps et le début de l'été 1974, un grand malentendu s'installe, alimenté par les entourages, très vite dramatisé aussi par la plupart des médias.

Dans la foulée du général de Gaulle et de Georges Pompidou, qui avaient acté un domaine réservé progressivement élargi, ajoutant à la défense et à la politique étrangère la stratégie économique, financière et sociale et les grands problèmes de société, Giscard estimait que l'impulsion devait venir du sommet, du « château », là où s'exerçait la légitimité du suffrage universel direct. Chirac, quant à lui, ambitionnait de pouvoir réellement diriger, en vrai patron du gouvernement et de la majorité. Et d'arbitrer au quotidien, sans en rendre compte au président et à son cabinet. « Double méprise[1] », écrira très justement Catherine Nay. Pouvait-il en être autrement ? Les deux personnalités étaient trop différentes, presque antagonistes, les caractères trop antinomiques, les profils trop inconciliables même si les deux hommes sortaient du même moule de l'ENA. À partir du début 1975, en privé, et j'en suis témoin, VGE évoque fréquemment Chirac en parlant de « l'agité ». Les plus proches des deux hommes, à l'Élysée, à Matignon et dans les fonctions stratégiques de l'État, se sont très vite, après une courte période d'harmonie et d'état de grâce, posé cette question centrale : comment gouverner ensemble durablement lorsqu'il existe une telle incompatibilité d'humeur entre le numéro un et le numéro deux de l'exécutif ? La réponse est dans la question...

1. Catherine Nay, *La Double Méprise*, Grasset, 1980.

4
François Mitterrand et Pierre Mauroy

L'arbre tient bon ; le roseau plie :
Le vent redouble ses efforts,
Et fait si bien qu'il déracine
Celui de qui la tête au ciel était voisine,
Et dont les pieds touchaient à l'empire des morts.

« Le Chêne et le Roseau », I, XXII.

Ce ne pouvait être que lui. Lui, Pierre Mauroy, qui avait permis à François Mitterrand de prendre d'assaut le Parti socialiste à Épinay, en juin 1971. Lui, le maire de Lille, dont le soutien sera déterminant dans la campagne victorieuse de 1981. Comme Michel Debré en 1959, comme Jacques Chaban-Delmas en 1969, comme Jacques Chirac en 1974, le nouveau président nomme donc à Matignon la personnalité dont le concours a été réellement décisif pour la victoire. Une jurisprudence politique courante sous la Ve. En l'occurrence, Pierre Mauroy apporte à François Mitterrand ce qui lui manque, notamment la fibre ouvrière et l'ancrage dans une grande ville de ce nord de la France qui symbolise cette gauche populaire dont les bataillons de militants se battront ardemment pour le patron du PS. François Mitterrand n'a jamais hésité. Dès le début, il savait que Mauroy lui serait indispensable, qu'il avait besoin de cette figure socialiste pour entraîner et réunir la gauche, rassurer les communistes et maîtriser la fougue et l'ambition de la jeune génération qui l'accompagnera dans sa conquête du pouvoir. Mitterrand et Mauroy avaient scellé un pacte. Ils gouverneront ensemble, malgré de vraies divergences, tactiques et stratégiques, sur le contenu du programme commun et sur le rythme des réformes. Ils gouverneront ensemble jusqu'à ce rendez-vous inéluctable de 1983, le tournant de la rigueur, le mur de la réalité économique et financière puis, en 1984, l'affrontement avec une opinion hostile à la loi Savary, cette quatre-vingt-dixième proposition du programme commun qui bouscule l'équilibre ancestral entre l'enseignement public et l'enseignement privé...

Tout était prévu depuis des mois, depuis le tout début de la campagne. L'accord tacite entre les deux hommes n'a jamais été remis en cause. « Le jour où François Mitterrand accède à l'Élysée, je sais que je gagne Matignon. Il m'en a fait la promesse, des mois avant la présidentielle, et nous l'avons tenue secrète jusqu'à l'annonce officielle[1]. » Ces deux fortes personnalités s'apprécient réellement tant elles sont différentes. Peut-être l'un des couples politiques parfaitement complémentaires de la Ve République. À l'Élysée s'installe un président sûr de lui, expérimenté, habile, autoritaire, tacticien hors pair, soucieux de laisser sa marque dans l'histoire. À Matignon arrive un Premier ministre ancré depuis toujours dans son

1. Pierre Mauroy, *Ce jour-là*, Michel Lafon, 2012.

territoire lillois, solide dans ses convictions socialistes, d'une intelligence très fine, sans ambition élyséenne, proche de ce peuple de gauche qu'il affectionne et qui lui ressemble. Il a la solidité de ces chênes qu'il apprécie tant, au point d'en choisir un, le chêne de Hongrie, rustique et vigoureux, pour enrichir le parc de Matignon. Ils ont, le chef de l'État et son chef de gouvernement, deux points communs incontournables : leur attachement sincère à la construction européenne et leur méfiance à l'égard d'un Parti communiste qu'ils vont s'efforcer d'affaiblir et de marginaliser durablement. « Je suis prêt à me battre à vos côtés, dit Mauroy à Mitterrand dès octobre 1965. Je suis d'accord pour une alliance avec les communistes à condition que les socialistes soient toujours en tête de la gauche. C'est nécessaire selon moi... Vous ne serez jamais élu tant que le PCF dominera le Parti socialiste. Il faut donc se mettre au travail pour inverser le rapport de force[1]. » Objectif largement atteint dès le premier tour de la présidentielle de 1981, avec un Georges Marchais à 15,35 %, un score qui ferait rêver aujourd'hui les dirigeants communistes, mais loin des 21,27 % obtenus en 1969 par le candidat PCF Jacques Duclos. Un échec réel pour Georges Marchais qui ne pourra, ensuite, lors des législatives de juin 1981, empêcher la razzia d'un PS qui obtient seul la majorité absolue à l'Assemblée nationale. Cette conversation de 1965 entre Mitterrand et Mauroy, seize ans avant la conquête du pouvoir, est donc fondatrice. Dès lors, ces deux hommes chemineront ensemble...

1. Pierre Mauroy, *Ce jour-là*, ouvr. cité.

Les échecs de mai 1974, à l'élection présidentielle, et de mars 1978, aux élections législatives, ont laissé des traces chez les socialistes, qui en tireront les leçons en s'efforçant de mobiliser dans la durée le peuple de gauche. Les conséquences des événements du printemps 1968 ont également été soigneusement analysées, notamment l'erreur tactique de François Mitterrand qui, trop seul, trop déconnecté, sans recul, et d'ailleurs sans grande conviction, avait pris le risque, étonnant pour ce Machiavel de la politique, de tenter le 28 mai, entre la fin des négociations de Grenelle et le mystérieux départ du général de Gaulle à Baden-Baden, une sorte de coup de force. Comme si le pouvoir était à ramasser, il évoque alors dans une conférence de presse très médiatisée sa candidature à une hypothétique élection présidentielle, à laquelle il serait bien sûr candidat, et la formation d'un gouvernement de transition que Pierre Mendès France pourrait diriger. Tout cela tombe totalement à plat. À quelques rares exceptions, la presse est féroce, et l'opinion totalement indifférente. Pierre Mauroy est lucide. Il prend acte de cette erreur, et s'emploiera dès lors à rendre plus collectives les réflexions, les analyses et les initiatives politiques des socialistes. Le pacte de 1965 est respecté. Le maire de Lille poursuit sa route avec le futur président.

« J'ai été séduit et même fasciné par ce personnage dont j'entrevoyais déjà les multiples visages[1] », écrit le Lillois. Jusqu'au bout, au-delà des aléas, des divergences et des

1. Pierre Mauroy, *Ce jour-là*, ouvr. cité.

périodes de crise, Mauroy restera proche de Mitterrand. Leur complicité est visible, palpable. Ils ne seront jamais des amis intimes, mais Mauroy connaît parfaitement les qualités et les défauts de Mitterrand, ses atouts et ses faiblesses, parfois coupables. Ainsi, plus tard, quand il apprendra les liens étranges et choquants qui unissent Mitterrand et René Bousquet, l'ancien secrétaire général de la police de Vichy, le maire de Lille évoquera « un réflexe de recul et même de rejet[1] ». Néanmoins, bien que personnellement, et légitimement, très choqué, il restera fidèle. Lucide, mais loyal malgré tout. Dans les années qui précèdent 1981, alors que le climat au sein du PS se dégrade, alors que son ami Michel Rocard, porté par des sondages flatteurs, se pose en concurrent déterminé face à Mitterrand, le maire de Lille, qui anime un courant minoritaire au PS, maintient un contact aussi discret qu'étroit avec Mitterrand. Certes, fin mars 1980, alors que la candidature de Mitterrand est encore indécise, il apporte son soutien à Rocard en cas de primaires au PS, provoquant ainsi de forts remous internes. Mais, sept mois plus tard, en octobre 1980, quand Rocard annonce sa candidature dans sa mairie de Conflans-Sainte-Honorine, c'est, pour éviter toute ambiguïté, par un communiqué à l'Agence France-Presse que Mauroy affiche son désaccord et, de fait, réaffirme son soutien à Mitterrand. « Ainsi, tout est clair[2]. » Le 10 mai 1981, après une campagne durant laquelle le maire de Lille s'est dépensé activement,

1. Pierre Mauroy, *Ce jour-là*, ouvr. cité.
2. *Ibid.*

Mitterrand est élu président de la République. Mauroy est clairvoyant. Il sait que les électeurs communistes ont largement voté pour Mitterrand, mais que leurs dirigeants n'ont pas sablé le champagne. L'union restera un combat...

Le nouveau Premier ministre a parfaitement compris que François Mitterrand entend utiliser à fond, comme son vieil ennemi de Gaulle, les institutions, l'esprit et la lettre de cette Constitution qu'il n'a cessé de combattre depuis 1958. *Le Coup d'État permanent*, ce pamphlet à la fois brillant et totalement excessif, passe aux oubliettes. Le pouvoir est à l'Élysée, comme sous de Gaulle, Pompidou et Giscard. Et peut-être même davantage encore. Dès la formation du gouvernement, c'est évidemment, et comme toujours, le chef de l'État qui est à la manœuvre. Mais les deux hommes ont déjà, et à plusieurs reprises avant et durant la campagne présidentielle, évoqué le sujet. Il n'y a donc pas de grande surprise. Et pas de désaccord. Delors à l'Économie et aux Finances, Defferre à l'Intérieur, Rocard au Plan et à l'Aménagement du territoire, Édith Cresson à l'Agriculture, Hernu à la Défense, Savary à l'Éducation nationale, Joxe à l'Industrie, Lang à la Culture, Fabius au Budget. Un équilibre entre les nouveaux, ces jeunes espoirs qui piaffent à la porte du pouvoir, et les anciens, à deux exceptions près, malgré l'insistance de Mauroy, le mitterrandiste Claude Estier, qui pilote *L'Unité*, l'hebdomadaire du Parti socialiste, et le vieil ami du président, Roland Dumas, l'un de ceux qui connaissent les arcanes du mitterrandisme et quelques secrets toujours bien gardés, et qui rejoindra le gouvernement deux ans et demi plus tard, en décembre 1983.

Par ailleurs, comme le président et son Premier ministre l'avaient anticipé, la discussion est rude avec Jean-Pierre Chevènement. Le député de Belfort est un cas à part. Séduisant, attachant, travailleur, orateur de choix, parfois ombrageux, soucieux et fier de son indépendance. Il impressionne et agace le chef de l'État. Il refuse, dans un premier temps, le poste de ministre de la Recherche et de la Technologie. Mais lorsque le Premier ministre lui explique que sa proposition est à prendre ou à laisser, il accepte sans trop rechigner. Ce premier gouvernement formé, place aux premières décisions, celles qui donnent le ton de ce début de septennat, celles qui marquent ces fameux « cent jours », concept que le président américain Roosevelt a popularisé en 1933. Dès le deuxième Conseil des ministres, le mercredi 3 juin, des mesures sociales emblématiques sont adoptées : augmentation du SMIC, du minimum vieillesse, des allocations familiales... De quoi relancer la consommation de manière très substantielle, et tenir tout de suite les promesses du candidat Mitterrand. Pierre Mauroy est heureux d'engager aussi vite ces premières décisions très symboliques. Heureux aussi du large succès des socialistes aux élections législatives de juin. Tout baigne entre Matignon et l'Élysée, où le secrétaire général Pierre Bérégovoy occupe déjà une place essentielle dans le dispositif d'un exécutif où règne une ambiance euphorique. Parfois, Pierre Mauroy explique quand même en petit comité qu'il faut veiller à ne pas aller trop vite, à envisager, si besoin, de ralentir le rythme des réformes...

Après le triomphe des législatives, et bien que les socialistes aient obtenu la majorité absolue à eux seuls, le Premier ministre est chargé par le président de négocier le nombre et la place des ministres communistes. La stratégie de Mitterrand va être parfaitement mise en musique par le maire de Lille. Le président ne veut pas de Georges Marchais dans l'équipe gouvernementale. Le patron du PC n'a pas les moyens, ni d'ailleurs l'envie, d'insister. Dès le lundi 22 juin, au lendemain du second tour des législatives, après une réunion au sommet au siège du PC, c'est donc un Georges Marchais affaibli et conciliant qui appelle le Premier ministre. Il espère obtenir six ou sept portefeuilles dans le gouvernement. Il n'en aura que quatre, un chiffre qui correspond aux scores respectifs des socialistes et des communistes aux législatives : les Transports, la Santé, la Fonction publique et la Formation professionnelle. Mitterrand lui-même, pourtant peu suspect de bienveillance vis-à-vis des communistes, saluera la qualité et les résultats de ces quatre ministres, notamment le bilan flatteur d'un ministre que le président apprécie tout particulièrement, le maire d'Aubervilliers Jack Ralite. Parallèlement, le chef de l'État expliquera aux dirigeants occidentaux, en particulier au vice-président américain George Bush fin juin 1981, qu'il n'y a rien à craindre avec ces ministres communistes, qu'ils n'ont aucune fonction régalienne et qu'ils n'auront accès à aucune information confidentielle sur la défense et la politique étrangère. Bref, en ce début d'été, rien ne vient troubler le climat presque extatique qui règne à l'Élysée et à Matignon. Aucun nuage entre le chef de l'État et son Premier ministre. Et pourtant, en tout petit comité, Pierre Mauroy s'inquiète. Il juge trop euphorique cette ambiance symbolisée par le fâcheux et célébrissime « On est passé de l'ombre à la lumière » de Jack Lang. Et il juge la majorité excessivement agressive à l'égard des opposants et de certains journalistes.

Très vite en effet, les mitterrandistes prennent directement en main le dossier des médias. Sans même attendre l'investiture officielle du nouveau chef de l'État, l'entourage de François Mitterrand transmet à des médias publics, voire privés, réellement tétanisés, les premières instructions présidentielles. André Rousselet, directeur de cabinet de son ami intime François Mitterrand, est à la manœuvre. À Matignon, on suit ce feuilleton politico-médiatique d'assez loin. Et en privé, notamment avec une poignée de journalistes qu'il connaît depuis longtemps, et en qui il a confiance, le Premier ministre regarde cette opération sectaire et revancharde avec beaucoup de scepticisme. Il réagit comme il le fera fin octobre 1981, en assistant avec tristesse au Congrès de Valence où quelques socialistes rivalisent de violence verbale, le sommet étant atteint par un Paul Quilès déchaîné qui lance aux militants : « il ne suffit pas d'annoncer que des têtes vont tomber, il faut dire lesquelles et le dire rapidement ». Sur Valence, Mitterrand lui-même regrettera la virulence de certains socialistes, et leur fera savoir. Mais sur les médias, il restera sur sa ligne. C'est le début d'une étrange « chasse aux sorcières ». J'en serai l'une des nombreuses victimes. Tout va très vite. Dès 20 heures le 10 mai, alors que j'anime sur TF1 aux côtés de Jean-Marie Cavada la soirée électorale, nous sommes, avec mon frère aîné Alain, pourtant moins ciblé que moi dans les polémiques médiatiques, conspués sur la place de la Bastille. Et vers minuit, dans le foyer de Radio France, à la fin de la soirée électorale, l'un des jeunes espoirs du PS me lance devant un groupe de journalistes et d'amis politiques, « Vous, je vais vous faire sauter comme un bouchon de champagne ! » Tout est dit. Rapidement, je suis relevé de mes fonctions de rédacteur en chef des journaux télévisés de TF1. « Je ne souhaite la mort de personne. Mais enfin, on ne peut pas attendre de Michel Bassi ou de Patrice Duhamel qu'ils se fassent les pédagogues de notre entreprise[1] ! » glissera le nouveau président à Jean-Noël Jeanneney, futur patron de Radio France. L'étiquette de journaliste giscardien me colle en effet à la peau. Cette période électorale a été trop fortement idéologisée, notamment dans les rédactions, et en particulier dans le service public. La victoire de François Mitterrand attise les ambitions, les convoitises et les rancœurs. Les quelques journalistes sincèrement proches des idées socialistes vont être promus et réagiront le plus souvent, à quelques exceptions près, avec mesure et sens des responsabilités. Beaucoup d'autres, légitimistes et opportunistes avant tout, se conduisent moins bien. Ce sont les traditionnels convertis de la dernière heure, les plus zélés, les plus empressés, notamment les vieux journalistes gaullistes, ceux qui, parfois, combattaient ardemment les manifestants de Mai 68, jugeaient sévèrement les journalistes grévistes et qui, d'un coup, dans la nuit du

1. Jean-Noël Jeanneney, *Le Rocher de Sustën*, Seuil, 2020.

10 au 11 mai, découvrent avec la foi et l'enthousiasme des nouveaux convertis les qualités du mitterrandisme, le charisme et l'autorité de leur nouveau chef, le président élu, pourtant adversaire féroce, et sans nuances, du général de Gaulle. Ces excès ne serviront d'ailleurs pas ces journalistes qui, pour la plupart, seront plus ou moins rapidement mis à l'écart. Quant à moi, après m'être vu proposer un placard doré et, si j'accepte de n'exercer aucune responsabilité, un grand bureau avec une porte capitonnée, je quitterai TF1 en septembre 1981, après deux ultimes et savoureux épisodes. « Les Français ont voté contre vous ! » me lancera d'abord, et sans rire, le nouveau président de TF1 pour justifier mon licenciement. Quelques semaines plus tard, au moment de signer la transaction de départ, le responsable de TF1 chargé de cette affaire me fait savoir que François Mitterrand, qui entretient des relations amicales avec mon frère Alain, et qui s'inquiète de l'ampleur médiatique et politique que prend cette chasse aux sorcières, souhaiterait trouver un « arrangement ». Sachant que j'ai été, une quinzaine d'années plus tôt, en tête de seconde série au tennis, TF1 me propose de devenir... commentateur du tennis sur cette première chaîne, qui retransmet notamment les Internationaux de Roland-Garros. Bien entendu, je refuse, et je quitte TF1. Pierre Mauroy me fera discrètement savoir qu'il juge cette décision injuste et inutilement arbitraire. Au même moment, désigné par son parti pour s'occuper de ce dossier, Pierre Juquin, membre du bureau politique du PC, un homme sympathique, affable, indépendant et cultivé, fait entrer sur cette chaîne quelques journalistes communistes, dont

certains ne le resteront d'ailleurs pas longtemps. C'était un engagement personnel du nouveau président auprès de Georges Marchais. Mais à Matignon, Pierre Mauroy voit tout cela avec une certaine circonspection. Même si, publiquement, dans toutes ses interventions, il partage la stratégie présidentielle, il ne cache pas, en privé, son inquiétude sur le jusqu'au-boutisme coupable des dirigeants socialistes et de certains conseillers élyséens...

Durant l'été et l'automne 1981, tout va toujours aussi vite. Le rythme est effréné. Pour l'abolition de la peine de mort, qui fait l'objet d'une session extraordinaire, c'est Robert Badinter qui, avec raison, convainc sans trop de difficultés Mitterrand et Mauroy d'accélérer. Le Premier ministre est ému en écoutant le discours du garde des Sceaux, le 16 septembre. C'est un grand moment pour la gauche au pouvoir, peut-être le plus fort, le plus intense. Décentralisation, retraite à soixante ans, création d'emplois publics, instauration de l'impôt sur la fortune, réduction du temps de travail... le programme commun de gouvernement est activement mis en œuvre. Les sondages sont positifs : en juin 1981, 53 % d'opinions favorables pour le président, 54 % pour le Premier ministre[1]. L'électorat de gauche est aux anges, celui de droite inquiet, chauffé à blanc par les chiraquiens et le patronat. Dans le huis clos de Matignon, en fin d'après-midi, à l'heure où se rendent les arbitrages, Pierre Mauroy dialogue souvent avec Jacques Delors et Michel Rocard. Il est heureux que les inégalités reculent. Mais il s'inquiète de

1. IFOP/*JDD*, juin 1981.

l'ampleur des dépenses non financées, sauf par l'impôt. Ne s'exclamait-il pas en privé, six mois plus tôt, avant le vote des cent dix propositions du candidat Mitterrand au congrès de Créteil : « Le projet socialiste et les cent dix propositions, c'est un festival d'âneries de débilités. Avec la promesse des cinquante mille embauches de fonctionnaires la première année, on touche le fond ! Ces gens là sont tombés sur la tête. Des pitres ! Des dangers publics ! ... À croire qu'ils ont recopié un mémorandum du Soviet suprême... Si par malheur nous étions élus, ça ne pourra jamais marcher. Je l'ai dit à Mitterrand[1] » ? Peut-être ces mots sont-ils liés au choix du futur président de confier à son aile gauche la préparation de son programme. Peut-être aussi le maire de Lille, qui sait déjà qu'il serait Premier ministre en cas de victoire, anticipe-t-il les lourdes difficultés à venir. Bien évidemment, lorsque le chef du gouvernement s'interroge et s'inquiète en cet été 1981, Delors et Rocard approuvent, et argumentent. Déjà, malgré l'euphorie ambiante, ils estiment inéluctable la perspective d'une pause à venir. Mais ils se gardent de l'évoquer publiquement, sachant que l'Élysée veille et n'accepte aucun discours en ce sens. Rue de Rivoli, où cohabitent Delors et Fabius, le jeune ministre du Budget rédige lui aussi quelques notes très confidentielles alertant le chef de l'État. Le dossier ultra-sensible des nationalisations va, dès la fin de l'été, jeter une lumière crue sur ce débat entre les socialistes orthodoxes et les pragmatiques. Mauroy est du côté des réalistes, mais il

1. Franz-Olivier Giesbert, *La Belle Époque*, Gallimard, 2022.

sait que le chef de l'État arbitrera dans un premier temps en faveur des tenants de la stricte application du programme. Il s'efforce donc de piloter au mieux entre ces écueils, de rechercher cette synthèse si précieuse et si nécessaire chez les socialistes. Entre début juillet et fin septembre, quatre Conseils des ministres traiteront du projet de nationalisation des grandes banques et de puissants groupes industriels. C'est le 2 septembre, lors d'un Conseil des ministres convoqué à Rambouillet, que la discussion se noue et se dénoue. À l'issue d'un débat nerveux, le chef de l'État fera savoir au Premier ministre qu'il retient la nationalisation à 100 %, et non à 51 % comme le souhaitaient en particulier Jacques Delors et Michel Rocard bien sûr, mais aussi Robert Badinter, très proche de François Mitterrand. Les orthodoxes l'ont emporté. Mais provisoirement...

1983. Le bateau socialiste commence sérieusement à tanguer, même si l'Élysée et Matignon s'efforcent de tenir bon et de faire bonne figure, officiellement unis et solidaires. Sur le terrain strictement politique, le premier avertissement sans frais est intervenu le 17 janvier 1982. Quatre élections législatives partielles, quatre victoires de l'opposition dès le premier tour. Carton plein. L'opinion commence à douter des résultats de la stratégie économique et sociale de l'exécutif. Mauroy, qui regarde toujours avec attention la carte électorale, s'inquiète davantage encore que Mitterrand. Deux mois plus tard, l'avertissement se transforme en sanction sans appel lors des élections cantonales. Malgré la mobilisation de la gauche, l'opposition amplifie même son succès entre les deux tours, en raison notamment d'un médiocre report de voix entre les socialistes et les communistes. La droite et le centre contrôlent désormais 64 départements, la gauche, 36. L'échec est clair et net. Le PC va alors prendre peu à peu ses distances et regretter haut et fort que le gouvernement n'aille pas plus loin et plus vite encore en direction des plus défavorisés. Chez les socialistes, la décision très personnelle de Mitterrand d'amnistier les généraux putschistes d'avril 1961 en Algérie crée des remous que l'Élysée sous-estime. Mauroy assume, sans toutefois en partager toutes les raisons. Les divergences dans la majorité vont aussi se creuser lorsque s'amplifie, à partir du printemps 1982, le grand débat public sur la rigueur et l'Europe. En évoquant publiquement fin novembre 1981 « une pause dans l'annonce des réformes », Jacques Delors tire le premier, au grand dam de l'Élysée. Fin juin 1982, après un réaménagement monétaire qui suit la dévaluation d'octobre 1981, Pierre Mauroy, soutenu par le seul Jacques Delors face aux « orthodoxes », obtient du président un arbitrage décisif. C'est une date essentielle dans l'histoire tumultueuse de la gauche au pouvoir. Le Premier ministre est en effet autorisé à bloquer les prix et les salaires. Mieux, alors qu'il demande que cette mesure s'applique sur une durée de trois mois, le chef de l'État lui en accorde quatre. Dans la foulée, le gouvernement engage une nouvelle politique, ce fameux « tournant de la rigueur » qui ne dit pas son nom et dont l'objectif est clairement de limiter les déficits et de respecter les objectifs européens. Mais Mauroy, qui connaît si bien le chef de l'État, sa personnalité, son caractère et son fonctionnement, sait qu'il est condamné à réussir, et qu'il n'aura pas deux fois une telle carte blanche. Neuf mois plus tard, le 23 mars 1983, après avoir longuement hésité, le président confirme cette nouvelle politique. « Nous n'avons pas voulu et nous ne voulons pas isoler la France de la Communauté européenne... Nous avons plus que jamais à vaincre sur trois fronts : le chômage, l'inflation, le commerce extérieur. » C'est la fin d'un long feuilleton. Les mois qui ont précédé ont sans doute été les plus longs dans le premier septennat de Mitterrand. La bataille est féroce dans la majorité et au sein du gouvernement. L'hypothèse d'une autre politique sera finalement écartée. La France ne quitte pas le SME, ce système monétaire européen que certains, à gauche, considèrent comme un carcan. Un nouveau réaménagement monétaire, le troisième en deux ans, est intervenu. Mais après les élections municipales de mars 1983, remportées par une opposition requinquée qui a gagné 31 villes de plus de 30 000 habitants, et même si la gauche se félicite d'un report des voix plutôt satisfaisant entre les deux tours, le couple Mitterrand-Mauroy a flotté. À sa manière, consultant tous azimuts, cloisonnant en permanence, le président a semblé en effet osciller entre le maintien du franc dans le SME, le système monétaire européen, et une sortie, synonyme de changement profond, et durable, de la politique économique et sociale. Le Premier ministre, de son côté, est resté catégorique. Impossible, selon lui, de changer de cap. Le chêne face au roseau. Il menace même de démissionner. Dix jours plus tard, l'orage est passé. Le Premier ministre a obtenu satisfaction. Il est confirmé dans ses fonctions et forme un nouveau gouvernement, le troisième depuis mai 1981. Pour mettre en œuvre le « tournant de la rigueur », il dispose d'une équipe resserrée de quatorze ministres. Il espère bénéficier d'un laps de temps raisonnable pour agir sérieusement, sereinement, sans précipitation. C'est sans compter une nouvelle crise, profonde, qui, cette fois, aboutira au divorce entre le président et son Premier ministre.

4 mars 1984. Huit cent mille ? Un million ? C'est une foule imposante qui défile dans les rues de Versailles pour protester contre le projet gouvernemental sur l'école privée. Il y a là la plupart des leaders de l'opposition, mais aussi des grands dignitaires de l'Église catholique. Depuis des mois, au sein du gouvernement, dans la majorité, et dans l'opinion publique, le débat fait rage. « Un grand service public, unifié et laïque, de l'éducation nationale, sera constitué » : cette proposition numéro 90 fait partie des engagements de François Mitterrand. Le ministre de l'Éducation nationale, Alain Savary, travaille et retravaille inlassablement sur le texte de loi qui sera voté fin mai 1984 par l'Assemblée nationale après le rejet d'une motion de censure de l'opposition. Mais rien n'y fait. Pour certains, dans l'opposition notamment, le projet va beaucoup trop loin. Pour d'autres, chez les socialistes et pour nombre de syndicats de l'éducation, il est notoirement insuffisant. Et la synthèse semble très délicate, voire impossible à réaliser. D'autant que le rejet du projet par le Sénat, majoritairement à droite et au centre, apparaît comme une évidence. Entre l'Élysée et à Matignon,

le désaccord est quasiment notoire. Le couple exécutif tremble sur ses bases. Au Palais même, les divergences s'expriment librement. Le président s'est toujours montré d'une grande prudence sur le sujet, soucieux de ne pas rallumer la guerre scolaire, une spécialité française. Son éducation, sa jeunesse, sa culture et ses convictions intimes le poussent à la plus grande modération. Au souverain marocain Hassan II, qui, en janvier 1982, en présence d'Hubert Védrine, lui confie lors d'un dîner privé que cette réforme « ne correspond pas à la France qu'il connaît » et « s'étonne qu'il y ait ce projet », François Mitterrand répond avec une franchise inhabituelle : « Je ne pense pas que la France puisse accepter (cette réforme), la France telle qu'elle est, telle que je la connais... Mais je n'ai pas réussi à convaincre mes amis socialistes. Ils sont tout à fait sincères, tout à fait convaincus. Je les laisse persévérer. Et je crois que ça ne marchera pas, à la fin des fins. Et quand ce sera bloqué, je ne sais pas dans quelles conditions, mais à un moment donné ça ne passera pas, je reprendrai la main[1]. » Étonnant aveu. Intuition prémonitoire deux ans avant la guerre scolaire. À l'inverse, son conseiller et ami Michel Charasse est depuis longtemps un militant laïque pur et dur, qui se flatte de ne jamais entrer dans une église, désireux d'aller le plus loin possible sur le texte gouvernemental. Le chef de l'État, qui apprécie beaucoup ce sénateur intelligent et inventif, s'en amuse souvent. Au PS, le point d'équilibre se situe

1. Pauline Pallier, *Président. Le prix à payer – Face à la rue*, Troisième Œil Production/Public Sénat, avril 2023.

plutôt du côté des tenants d'une position ferme et claire, en ligne avec la 90e proposition du candidat Mitterrand. Pierre Mauroy, lui, est un partisan de ce grand service public unifié et laïque. Il a toujours mené ce combat, avec sincérité et engagement. L'Élysée et Matignon ne veulent pas afficher cette divergence, mais le désaccord est connu dans le milieu politique, et pas seulement au Parti socialiste. Signe aggravant, les manifestations se multiplient sur tout le territoire : Rennes, Bordeaux, Lyon, Lille... À chaque fois, plusieurs dizaines de milliers de personnes. Elles défilent dans le calme, certes, mais apparaissent très déterminées. Et après la manifestation géante de Versailles, la plus importante depuis 1968, le débat s'enflamme dans tous les cercles mitterrandiens. Il devient brûlant après l'immense rassemblement du 24 juin à la Bastille. Ce jour-là, il y a, selon les estimations, entre un et deux millions de manifestants. Des parents d'élèves, des personnalités religieuses, des militants, de simples électeurs. Réellement impressionnant. Il faut remonter à la Libération pour se souvenir d'une telle mobilisation populaire. Dans la coulisse, le Vatican tire les ficelles. Le cardinal Lustiger est quotidiennement à la manœuvre. Le soir même de ce 24 juin, le président semble vraiment convaincu qu'il faut reculer. Il sait que le PS tangue, que Lionel Jospin, le premier secrétaire, évolue peu à peu et considère que cette crise est désormais trop dangereuse pour le gouvernement et la majorité. Mais à Matignon, Pierre Mauroy, qui connaît les fortes réserves de Mitterrand, tient bon. Un roc, décrivent ses amis. C'est une affaire de caractère. Le 30 juin, hasard du calendrier, Mauroy est reçu par le pape Jean-Paul II. Il essaie en vain de le convaincre, au moins de le faire flancher. Peine perdue, même si le souverain pontife se montre courtois, et offre au maire de Lille un chapelet pour sa mère. « Je ne peux pas vous aider sur ce plan-là[1] », lui glisse Jean-Paul II. Les premiers jours de juillet sont particulièrement agités. Mauroy tente, sans succès, d'obtenir du président qu'il poursuive le chemin parlementaire jusqu'au vote de la loi par l'Assemblée en seconde lecture après le vote, évidemment négatif, du Sénat. Mais le chef de l'État est déjà en pleine réflexion sur les moyens de retirer le texte et d'apaiser le pays. Avec son conseiller Michel Charasse, il imagine une improbable opération constitutionnelle, « le référendum sur le référendum », afin de modifier la Constitution pour proposer aux électeurs de s'exprimer sur un texte tel que celui sur l'école. Avec le recul, une initiative certes inventive mais franchement abracadabrantesque, pour reprendre l'adjectif rimbaldien utilisé des années plus tard par le président Chirac, sur le conseil de Dominique de Villepin. Bien entendu, cette ultime tentative très mitterrandienne fait long feu. Dès lors, tout va très vite, jusqu'au dénouement...

« Vous êtes à mes côtés depuis trois ans et demi, restez encore quelques mois. En avril 1985, ce sera le bon moment. Tenez jusque-là[2] ! » Jusqu'au bout, le chef de

1. Pierre Mauroy, *Ce jour-là*, ouvr. cité.
2. Pierre Mauroy, *Ce jour-là*, ouvr. cité.

l'État tente de convaincre son Premier ministre de rester à Matignon. Pourtant, lorsque le projet de loi est retiré, Mitterrand sait que Mauroy ne peut pas et ne veut pas rester Premier ministre. Le chef du gouvernement se montre inflexible. « Ce n'est pas la peine d'insister davantage, je m'en vais. Vous avez retiré la loi au mépris de votre engagement... Je ne veux pas prolonger davantage le suspense, il faut penser à la suite[1] », explique Mauroy au président le 16 juillet au matin. Le lendemain matin, c'est dans le jardin du Palais que les deux hommes scellent leur désaccord, et donc leur divorce, lors d'un petit déjeuner qui, comme souvent pendant le règne de Mitterrand, dure plus de deux heures. « Je viens de vivre un des moments les plus pénibles de ma vie politique[2] », reconnaîtra plus tard le chef de l'État. Ses proches le voient réellement atteint, sincèrement triste, clairement nostalgique. Le chêne de Hongrie qui continue de grandir dans le parc de Matignon est désormais orphelin. Pierre Mauroy se retire sans bruit et sans fracas, sûr de son bilan et, d'une certaine manière, soulagé et même heureux. Il a tenu. Dans cette épreuve, c'est François Mitterrand, tel un roseau, qui a plié, puis reculé. Habile et efficace, comme souvent, machiavélique, comme toujours. Mais, par opportunisme, contraint de battre en retraite. Laurent Fabius va s'installer à Matignon. Les quatre ministres communistes quitteront le gouvernement. Au moment où le nouveau Premier ministre, le

1. *Ibid.*
2. Jacques Attali, *Verbatim*, t. I, Fayard, 1995.

plus jeune de la Ve République, commence à travailler, Pierre Mauroy a déjà tourné la page. Et c'est dans le plus grand calme, serein et presque détaché, qu'il se consacre à son petit-fils en lui donnant des leçons de natation dans une piscine du sud de Paris...

5

François Mitterrand et Jacques Chirac

Mes gens s'en vont à trois pieds,
Clopin-clopant comme ils peuvent,
L'un contre l'autre jetés,
Au moindre hoquet qu'ils trouvent,
Le Pot de terre en souffre ; il n'eut pas fait cent pas
Que par son compagnon il fut mis en éclats,
Sans qu'il eût lieu de se plaindre.
Ne nous associons qu'avec nos égaux ;
Ou bien il nous faudra craindre
Le destin d'un de ces Pots.

« Le Pot de terre et le Pot de fer », V, II.

« Quand il vient me voir à l'Élysée, il monte l'escalier avec ses idées, et il le descend avec les miennes[1]. » Ils sont nombreux, dans l'entourage de Mitterrand, à avoir entendu ce propos impitoyable sur son nouveau Premier ministre. En 1986, quand Mitterrand débute sa cohabitation avec Jacques Chirac, pas un jour ne passe sans qu'une petite phrase du président, féroce ou franchement assassine selon les cas, circule dans les couloirs feutrés de

1. Jacques Attali, *Verbatim*, t. II, Fayard, 1997.

l'Élysée et dans les antichambres ministérielles. Le chef de l'État pense déjà, bien entendu, à sa réélection en 1988. C'est déjà dans cet esprit qu'il a nommé Laurent Fabius en remplacement de Pierre Mauroy, en 1984, pour tenter de « sauver les meubles » aux élections de mars 1986. C'est avec cet objectif qu'il a d'ailleurs fait voter l'instauration de la proportionnelle pour ce rendez-vous législatif. À 20 heures, le 16 mars au soir, le verdict des urnes est quelque peu ambigu. Certes, l'opposition de droite et du centre obtient la majorité, mais l'écart est si étroit, 3 sièges de différence, que la gauche estime avoir évité le pire. Et, en raison du mode de scrutin, 35 députés du Front national font leur entrée. Le paysage politique est remodelé, mais le président garde des cartes en main. « En réalité, le vainqueur du scrutin n'est autre que François Mitterrand, désavoué dans les urnes mais conforté par l'étroitesse des résultats dans sa volonté de se maintenir à l'Élysée[1] », notera plus tard Jacques Chirac. Pour la première fois sous la Ve République, le pays a choisi d'imposer par son vote la cohabitation. Une révolution institutionnelle. Tout, ou presque, doit désormais être inventé...

Depuis plusieurs semaines, le chef de l'État, plus florentin que jamais, fait mine de réfléchir au nom et au profil du Premier ministre. Jean-Louis Bianco, le secrétaire général de l'Élysée, teste Jacques Chaban-Delmas. Michel Charasse, le proche conseiller du président, un Auvergnat, prend langue avec Valéry Giscard d'Estaing, un autre Auvergnat. Le nom de Simone Veil est également prononcé. Mais

1. Jacques Chirac, *Chaque pas doit être un but*, ouvr. cité.

chacun comprend bien qu'il s'agit d'un triple leurre. Mitterrand sait parfaitement que tout a été verrouillé du côté de l'opposition. Chirac a pris ses précautions et multiplié les engagements. Le RPR est évidemment favorable à sa nomination à Matignon, et a clairement fait savoir qu'aucun autre choix ne serait acceptable. Quant aux centristes et aux libéraux du PR, le Parti républicain de François Léotard, ils ont l'assurance d'être largement représentés dans le futur gouvernement. Du coup, le suspense n'existe pas. Quoi qu'il en dise, Chirac veut être Premier ministre, et sait qu'il le sera. Comme il a coutume de le dire, toute autre solution ne serait pas « convenable ». Lui aussi entend préparer au mieux l'échéance présidentielle de 1988. Et il imagine, pari osé, que les deux prochaines années à Matignon lui permettront de « présidentialiser » son image, de faire de cette nouvelle fonction un tremplin pour l'Élysée. Il ne sait pas encore que cette première cohabitation se révélera une étrange aventure dont il ne sortira pas indemne.

Cohabitation ? C'est le 27 janvier 1978, dans son discours de Verdun-sur-le-Doubs, à six semaines du premier tour des élections législatives, que VGE est le premier à évoquer solennellement l'hypothèse d'une situation inédite, une majorité présidentielle de droite et du centre et une majorité parlementaire de gauche. Le chef de l'État appelle les Français à faire « le bon choix ». Et il explique que, si l'opposition de gauche l'emporte, il nommera un Premier ministre incarnant cette nouvelle majorité. Puis il se retirera au château de Rambouillet et ne se rendra à l'Élysée que pour le Conseil des ministres hebdomadaire du mercredi, la présidence du Conseil supérieur de la magistrature et la réception des lettres de créance des ambassadeurs. Jusqu'au dernier moment, ou presque, les sondages d'opinion prévoient une victoire de la gauche. À la demande de VGE, son ami Michel Poniatowski rencontrera à deux reprises, et dans le plus grand secret, François Mitterrand afin d'imaginer les contours de cette probable et nouvelle équation institutionnelle. Le premier rendez-vous se déroule à Paris, le second à Antibes, au domicile de l'ancien maire, Pierre Merli, un vieil ami de Mitterrand, également proche de Poniatowski, l'ancien ministre de l'Intérieur de Giscard. Jamais cette information n'a été rendue publique. À l'époque, elle ne circula même pas dans les couloirs feutrés de l'Élysée. Et au PS, personne ne le saura. Giscard à Rambouillet, Mitterrand à Matignon, les deux dirigeants sans doute côte à côte pour les Conseils européens et les G6 de l'époque : voilà le schéma accepté des deux côtés. Les électeurs en décideront autrement. Au soir du second tour des législatives de mars 1978, la majorité reste la majorité. Et c'est avec Chirac et un RPR dans la main du maire de Paris que Giscard engage une forme indirecte de cohabitation, à grand renfort de 49.3 gérés à l'Assemblée nationale par un Raymond Barre droit dans ses bottes. Cinq années plus tard, en septembre 1983, c'est dans une tribune du *Monde* que le principal lieutenant de Chirac, « un ami de trente ans », Édouard Balladur, théorise la cohabitation. Il le fait dans la perspective des législatives de mars 1986. Afin de « cranter » ce scénario, de faire comprendre au président Mitterrand que la lecture des institutions ne sera pas négociable, que c'est évidemment le principal leader de la nouvelle majorité qui gouvernera...

« Vous avez élu dimanche une majorité nouvelle de députés à l'Assemblée nationale. Cette majorité est faible, numériquement, mais elle existe. C'est donc dans ses rangs que j'appellerai, demain, la personnalité que j'aurai choisie pour former le gouvernement. » À 20 heures, le lundi 17 mars, François Mitterrand prononce ainsi l'acte de naissance de la première cohabitation de la Ve République. Il ne cite pas le nom du maire de Paris. Mais il sait déjà que Chirac sera Premier ministre, qu'il n'a pas le choix. Le lendemain, à 17 h 30, le maire de Paris entre dans le Salon doré, là où travaille le chef de l'État. Environ deux heures d'entretien, à fleurets mouchetés. Le tête-à-tête est plus républicain que vraiment courtois. Tendu, sec, peu chaleureux. Les deux hommes se testent et se jaugent, prudents et froids. Deux années durant, ils restent sur ce registre glacial, et parfois franchement polaire. Il y aura même des gestes mesquins et franchement hostiles. Sachant que Jacques Chirac fumait beaucoup, Mitterrand demandait parfois que l'on enlève les cendriers avant l'arrivée du Premier ministre pour profiter de son agacement et de son embarras. On est alors bien loin de la passation de pouvoirs du 17 mai 1995 quand, dans ce même Salon doré, François Mitterrand accueillera son successeur Jacques Chirac avec une chaleur singulière proche de l'affection. Et quand, à cette occasion, le nouveau président découvre avec surprise l'ancien bureau du général de Gaulle installé, sur ordre du président sortant, à la place du meuble moderne conçu pour Mitterrand par le designer Pierre Paulin, il est très touché par ce geste amical. Ce 18 mars 1986, près de 10 ans plus tôt, l'ambiance est donc bien différente. Chacun tente de marquer son territoire, et s'engage à respecter la Constitution « au pied de la lettre ». Chirac se méfie. Il s'est préparé psychologiquement. « Ne vous laissez jamais impressionner par Mitterrand, lui avait dit un jour Georges Pompidou. Vous ne devez jamais croire ce qu'il vous dit, quoi qu'il raconte[1]. » Mitterrand confirme tout de suite à Chirac qu'il va le nommer Premier ministre, ajoute que « le gouvernement gouvernera, comme le stipule l'article 20[2] ». Il s'engage à signer toutes les lois votées par le Parlement, y compris les ordonnances prévues pour organiser au plus vite les privatisations... pour peu qu'elles soient « conformes à la légalité républicaine[3] ». Première ambiguïté, qui annonce une future bataille. De son côté, le nouveau Premier ministre annonce au chef de l'État qu'il compte faire voter dans les meilleurs délais une réforme électorale avec le retour du scrutin majoritaire. À partir de là, le dialogue se durcit. Notamment sur la composition du gouvernement. Mitterrand entend légitimement conserver un droit de regard sur le « domaine réservé », défense et politique étrangère. Il souhaite, insistant sur ce point, pouvoir « parler en confiance[4] » avec les ministres responsables de ces deux ministères régaliens. Et il récuse clairement à l'avance deux noms évoqués par l'entourage chiraquien pour ces deux fonctions, le centriste Jean Lecanuet pour le Quai d'Orsay et le patron du Parti républicain, François Léotard, pour la

1. Jacques Chirac, *Chaque pas doit être un but*, ouvr. cité.
2. Article 20 de la Constitution : « Le gouvernement détermine et conduit la politique de la nation ».
3. Jacques Chirac, *Chaque pas doit être un but*, ouvr. cité.
4. *Ibid.*

Défense. Lecanuet ? Trop atlantiste, explique Mitterrand. Et trop européen, pense sans doute Chirac. Léotard ? Trop inexpérimenté, note Mitterrand, qui ne peut s'empêcher, connaissant les relations complexes entre le leader du PR et le maire de Paris, d'ajouter avec un mélange de malice et de férocité : « Un matin, on apprendra que Léotard a déclaré la guerre sans qu'il nous ait mis au courant, ni vous ni moi[1]. » Avec cruauté, les deux hommes se chargeront d'ailleurs de faire rapidement connaître à la presse le contenu de cet entretien, s'agissant en particulier de ces oukases présidentiels. Le maire de Paris accepte donc ces conditions sans problème, voire avec soulagement, compte tenu de la froideur de ses relations personnelles avec Lecanuet et Léotard. En revanche, il refuse de sacrifier Charles Pasqua qu'il entend nommer ministre de l'Intérieur. Mitterrand connaît bien Pasqua. Il ne le déteste pas, mais lui accorde une confiance toute relative. « Je n'ai rien contre, dit-il à Chirac. Mais il risque de nous faire écouter l'un et l'autre vingt-quatre heures sur vingt-quatre. Moi, cela ne me dérangera pas beaucoup. Il y a longtemps que je ne dis plus rien au téléphone. Mais vous[2] ? » Du Mitterrand pur sucre...

Samedi 22 mars 1986, 11 heures, palais de l'Élysée, salon Murat. C'est sans doute le Conseil des ministres le plus tendu de la Ve République. Tous les participants le confirmeront. « Je n'ai jamais vu une telle ambiance, un telle

1. Jacques Chirac, *Chaque pas doit être un but*, ouvr. cité.
2. *Ibid.*

hostilité. Une haine palpable, à l'état pur », me glissera le nouveau ministre de la Culture et de la Communication, François Léotard, qui fera par la suite l'objet de toutes les attentions présidentielles. Le chef de l'État a refusé que les caméras filment son arrivée, sans doute pour ne pas montrer aux Français qu'il n'a pas souhaité serrer la main des membres du gouvernement. Les images ne montreront donc que le président et le gouvernement déjà installés à leurs places respectives. Autour de la table, tous les visages sont fermés, sans aucune exception. Mitterrand est marmoréen, distant, ne sachant pas, curieusement, quelle attitude adopter. Simplement lointain ou franchement hostile ? Chirac est nerveux, agité, regardant à droite et à gauche, veillant à ce qu'aucun ministre ne sorte du rang, ne manifeste ouvertement de l'insolence ou de l'antipathie. Un spectacle étrange, presque surréaliste. Comme le veut la tradition, le président intervient le premier. Pour rappeler sa conception des règles du jeu. « La responsabilité entière de la conduite de la politique gouvernementale est la vôtre, comme l'a voulu la Constitution. La responsabilité est encore la mienne dans un certain nombre de domaines. Pour assurer l'avenir du pays, c'est la nôtre.[1] » Une référence au « domaine réservé », défense et affaires étrangères, qui, d'ailleurs, au-delà de l'article 15 qui confère au président élu le rôle de chef des armées, fait désormais partie des usages et de la tradition de la Ve République, mais ne figure nullement dans la Constitution. Réponse de Jacques Chirac, sur un ton volontairement très modéré, moins cassant

1. Jacques Chirac, *Chaque pas doit être un but*, ouvr. cité.

que celui de François Mitterrand : « Il nous faut assumer le gouvernement dans la dignité, en nous fondant sur deux principes : le respect du verdict populaire et le respect de la Constitution, en particulier les prérogatives du président... La campagne électorale est terminée : je ne veux pas de polémique[1]. » Cet échange entre le président et son Premier ministre est courtois, sans plus. Un round d'observation. Comme lorsque les pistards font du surplace avant d'accélérer et de s'affronter dans le premier virage. Mitterrand et Chirac sont encore loin de la dernière ligne droite, mais déjà, on observe les caractères et le style dans cet affrontement. Un Mitterrand souverain et lointain, un Chirac respectueux mais pressé d'en découdre...

Dès le lendemain de ce premier Conseil des ministres, les premières cartouches sont tirées dans les deux camps. Débute une cohabitation de combat. Un combat à bas bruit pour commencer, en sourdine, avec des confidences bien dosées murmurées aux journalistes, mais très vite publiquement, en pleine lumière. L'Élysée et la nouvelle opposition de gauche profitent de l'occasion offerte par la suppression de l'ISF, l'impôt sur la fortune, pour tirer à boulets rouges sur Chirac et le gouvernement. « Au secours, la droite revient » : les électeurs de gauche se souviennent alors des affiches de l'automne 1985, lorsque commençait la campagne électorale pour les législatives de mars 1986. Le climat politique se tend. Mais la première vraie bataille est lancée cent jours environ après le début de cette cohabitation, avec le refus du président de

1. Jacques Chirac, *Chaque pas doit être un but*, ouvr. cité.

signer l'ordonnance sur les privatisations. Dialogue à fleurets mouchetés. « Ainsi, vous voulez mettre un terme à la cohabitation[1] », lui lance Chirac au téléphone le 13 juillet au soir, à la veille de l'annonce présidentielle. « Je ne souhaite pas en venir là[2] », lui répond le chef de l'État qui s'explique avec le maximum de solennité le lendemain, lors de la traditionnelle interview du 14 Juillet, reprenant les arguments évoqués notamment par le Conseil constitutionnel sur l'évaluation financière de l'opération et la nécessité de prendre en compte l'indépendance nationale. Aussitôt, la chiraquie déclenche la grosse artillerie. Appels à la démission de Mitterrand, dénonciations en tous genres, attaques tous azimuts... Dans son camp, les plus durs incitent le Premier ministre à dramatiser, à provoquer la crise. D'autres, en particulier le ministre d'État Édouard Balladur, lui conseillent de calmer le jeu afin de « présidentialiser » son image. Chirac n'hésite pas longtemps. Il sait que les Français apprécient déjà cette première expérience de cohabitation. Il prend acte de la position présidentielle et s'incline. Les privatisations passeront donc par la voie parlementaire traditionnelle. Le clash est évité...

59 % de satisfaits pour Mitterrand, 48 % pour Chirac[3]. Fin juillet, lorsque les Français partent en vacances, l'avantage est en faveur du président dans l'opinion. Après la rentrée, en novembre, une deuxième crise va fragiliser le couple Mitterrand-Chirac. Elle concerne cette fois la

1. Jacques Chirac, *Chaque pas doit être un but*, ouvr. cité.
2. *Ibid.*
3. Sondage IFOP/*JDD*, juillet 1986.

réforme de l'université, en l'occurrence la loi Devaquet. Lorsqu'il est adopté par le Conseil des ministres le 11 juillet, le projet ne provoque pas de réactions massives. C'est en novembre que le mouvement de contestation va débuter, s'amplifier puis s'embraser, comme un fétu de paille. Les étudiants et les lycéens, qui refusent en priorité toute idée de sélection, mais aussi toute augmentation excessive des droits d'inscription, descendent dans la rue, de plus en plus nombreux. C'est à Paris XIII, à Villetaneuse, que tout se coordonne. Les manifestations se multiplient. Jusqu'à 500 000 personnes à Paris. En coulisse, l'Élysée encourage le mouvement. À Matignon, l'inquiétude monte. Comme pour la crise des ordonnances, le gouvernement est divisé entre les durs, qui veulent tenir, et les tenants de la conciliation, les ministres libéraux de « la bande à Léo » en particulier. Chirac doit arbitrer, sous l'œil vigilant de Mitterrand qui, lors du Conseil des ministres du 11 juillet, n'avait pourtant soulevé aucune objection. Le maire de Paris se souvient de Mai 68, de la crainte permanente de son mentor Georges Pompidou pendant les manifestations. Depuis ces événements, tous les gouvernements veulent impérativement éviter le pire. Le Premier ministre choisit l'apaisement. Fin novembre, il fait un geste et accepte de revoir un certain nombre de points du texte. Concession largement insuffisante. La crise continue. Et dans la nuit du 5 au 6 décembre, vers 1 h 30 du matin, c'est le drame. Insupportable et inacceptable. À la fin d'une manifestation, rue Monsieur-le-Prince, près de l'Odéon, un étudiant en gestion, qui n'avait nullement participé aux affrontements de la nuit, est violemment matraqué et frappé dans l'entrée d'un immeuble par trois policiers membres de l'escadron des voltigeurs. Il meurt peu après. La France entière est sous le choc, bouleversée.

« Aucune réforme ne vaut la mort d'un homme[1] », écrira Chirac. Le 7 décembre, le chef de l'État se rend au domicile de la famille de Malik Oussekine en compagnie de l'écrivain Prix Nobel de la paix Elie Wiesel. « J'ai voulu apporter le témoignage de la nation et dire aux parents ma peine devant ce grand malheur », déclare-t-il au terme de cette visite. Le lendemain 8 décembre, le projet de loi est retiré. Depuis, Malik Oussekine est un symbole. Lorsque les jeunes protestent et descendent massivement dans la rue, aucun gouvernement n'a cherché à tenir. En 1993 face au CIP, le contrat d'insertion professionnelle, et en 2006 face au CPE, le contrat première embauche, les étudiants et les lycéens ont protesté. Et l'exécutif a reculé. Comme en cette fin d'année 1986. Politiquement, et humainement, Chirac est déstabilisé. Une page de cette première cohabitation se tourne, dramatique et traumatisante pour le pays. Mitterrand plus que jamais en père de la nation, Chirac sérieusement affaibli. Désormais, jusqu'à l'élection présidentielle de 1988, il n'y aura plus de trêve...

Pendant que se déroule cette bataille politique au sommet entre les deux têtes de l'exécutif, c'est l'effervescence dans les médias. La nouvelle majorité veut aller vite, l'élection présidentielle étant prévue en 1988. C'est un chamboule-tout, comme en 1981 après l'arrivée de la gauche. TF1 est privatisée et attribuée au groupe Bouygues. La Haute

1. Jacques Chirac, *Chaque pas doit être un but*, ouvr. cité.

Autorité de la communication audiovisuelle, l'instance de régulation créée en 1982 par François Mitterrand, est remplacée par la CNCL, la Commission nationale pour la communication et les libertés. Parmi les treize membres qui la composent figurent des personnalités choisies par le Conseil d'État, la Cour des comptes et la Cour de cassation. Autant d'instances très respectables et compétentes dans leurs domaines respectifs, notamment le droit, mais qui sont bien loin des réalités de l'audiovisuel, de ses règles, de ses enjeux, de ses usages, de ses mystères et de ses secrets. Le cinquième canal hertzien – d'abord attribué en février 1986, quelques semaines avant les législatives, à un trio où figure l'Italien Silvio Berlusconi – est dévolu un an plus tard, en février 1987 au duo Hersant-Berlusconi. Le patron du groupe Hersant, dont la figure de proue est *Le Figaro*, veut constituer très vite une rédaction d'une centaine de journalistes. J'ai la chance et le privilège d'en être chargé, comme directeur de l'information. Il faut lancer le plus vite possible, à partir de rien, dans un grand garage du XVIIe arrondissement, des journaux télévisés et des magazines. Et, à cet effet, embaucher à la fois des grandes signatures et des jeunes espoirs, que l'on retrouvera des années plus tard sur toutes les chaînes de radio et de télévision. L'équipe est vraiment pluraliste, diverse, enthousiaste, motivée. Le premier journal est diffusé le 14 septembre 1987. Contrairement à ce que prévoyaient nombre d'observateurs et de responsables politiques, contrairement aux habituels procès d'intention, l'information de La Cinq est très vite jugée par les téléspectateurs innovante et parfois franchement insolente. La Cinq surprend et agace. Le monde politique suit ses débuts avec attention, avec bien entendu des arrière-pensées politiciennes. À l'Élysée, le regard, d'abord goguenard, un peu condescendant, devient vite critique. À Matignon, Chirac, qui s'est toujours méfié des journalistes et des médias, observe cette nouvelle chaîne avec beaucoup de prudence. Mais le pari ne peut être gagné si la couverture technique de l'ensemble du territoire n'est pas garantie. Et là, les difficultés se confirment. Comment percer réellement et rapidement quand la chaîne n'est reçue que très partiellement dans le pays ? On le sait parfaitement à l'Élysée, où on s'efforcera en coulisse de s'opposer au développement de cette nouvelle chaîne jugée décidément trop impertinente. À l'approche du rendez-vous présidentiel de 1988, le paysage audiovisuel est à peu près gelé. La Cinq couvrira la campagne présidentielle avec un souci d'indépendance. Mais l'avenir n'est pas assuré...

22 mars 1988. Le dernier épisode du face-à-face Mitterrand Chirac commence sur le plateau d'Antenne 2. En annonçant sa candidature, avec ce « oui » murmuré, presque détaché, quand le journaliste Henri Sannier lui demande s'il se représente, le président sortant fustige « les esprits intolérants, les partis qui veulent tout, les clans ou les bandes ». Le ton est donné. Jamais sans doute François Mitterrand n'aura été aussi habile et machiavélique que durant cette campagne victorieuse. Sans cesse, avec ses partisans, il joue sur deux tableaux, la France unie, thème central de sa campagne, et, en même temps, la dénonciation permanente de Chirac, de la chiraquie, de ses calculs,

de ses ambitions, de ses manœuvres. Face à ce rouleau compresseur, à cette stratégie double, Jacques Chirac peine à convaincre. Ses intentions de vote restent dans le rouge. Le Premier ministre est pris entre deux feux, le danger Raymond Barre au premier tour, la muraille François Mitterrand *a priori* infranchissable au second. Au soir du premier tour, le 24 avril, les jeux sont faits. 34 % pour Mitterrand, moins de 20 % pour Chirac et environ 14 % pour Le Pen. Chirac n'y croit plus. Le désistement loyal et motivé de Barre, qui a obtenu 16,5 % des suffrages, ne suffit pas, loin de là. La gestion par Matignon de la crise d'Ouvéa, en Nouvelle-Calédonie, où des gendarmes sont pris en otage par des indépendantistes, et qui fera 25 victimes, est vivement critiquée. Et la libération opportune de 3 otages du Liban ne change rien. Vient le face-à-face du 28 avril. Un moment d'anthologie. Un climat polaire. Avec ces échanges bien ancrés dans les mémoires des citoyens téléspectateurs, au même titre que le désormais célèbre « monopole du cœur » de Giscard en 1974. Première salve :

« Ce soir, je ne suis pas le Premier ministre et vous n'êtes pas le président de la République... Vous me permettrez donc de vous appeler monsieur Mitterrand », lance Chirac, qui avait préparé cette formule. « Mais vous avez tout à fait raison, monsieur le Premier ministre », improvise Mitterrand, souverain, voire hautain. Et que dire de ce dialogue surréaliste entre les deux têtes de l'exécutif à propos de cette mystérieuse affaire Gordji, ce « diplomate » iranien soupçonné d'être impliqué dans le dramatique attentat de la rue de Rennes en septembre 1986, et retenu dans son ambassade parisienne avant d'être finalement libéré et renvoyé dans son pays. « Pouvez-vous contester ma version des choses en me regardant dans les yeux ? » interroge Chirac, qui se met ainsi, avec une certaine naïveté, dans les filets de Mitterrand. « Dans les yeux, je la conteste », réplique un Mitterrand glacial. Ce soir-là, la haine est réciproque, et à fleur de peau. Échange surréaliste car à l'évidence, les duellistes connaissant la réalité, l'un des deux a sciemment menti devant des millions de Français. C'est Mitterrand, affirment aussitôt les chiraquiens. C'est Chirac, répondent les proches de Mitterrand. Dans la foulée du débat, et aujourd'hui encore, le doute subsiste sur cette question. Que savaient-ils réellement l'un et l'autre sur les détails de cette affaire Gordji ? Et que savaient-ils des informations dont l'autre disposait ? Le verdict de ce débat ne fait, lui, aucun doute. Mitterrand l'a emporté. Pas un KO, mais une nette victoire aux points. Une scène résume l'ambiance politique et psychologique de ce face-à-face. Lorsqu'ils sortent de leurs loges pour rejoindre le plateau, quelques instants avant le début du face-à-face, Mitterrand et Chirac se saluent assez fraîchement. Mais Chirac, très respectueux, laisse entrer le président en premier dans le studio. Tout est là, dans ce geste dont le sens dépasse de loin la courtoisie républicaine. Il y a ce soir-là, comme depuis le début de la campagne électorale, comme depuis mars 1986 en réalité, dès le premier jour de la cohabitation, deux statures, deux carrures, deux envergures. Et Jacques Chirac, qui en est sans doute conscient, et qui a toujours douté, est clairement impressionné par François Mitterrand. Le match était inégal...

6

François Mitterrand et Michel Rocard

La raison du plus fort est toujours la meilleure [...]
Un Agneau se désaltérait
Dans le courant d'une onde pure.
Un Loup survient à jeun qui cherchait aventure,
Et que la faim en ces lieux attirait.
« Qui te rend si hardi de troubler mon breuvage ? [...]
Tu seras châtié de ta témérité.
– Sire, répond l'Agneau, que Votre Majesté
Ne se mette pas en colère ;
[...] Je ne puis troubler sa boisson.
– Tu la troubles, reprit cette bête cruelle,
Et je sais que de moi tu médis l'an passé.
– Comment l'aurais-je fait si je n'étais pas né ? [...]
– Si ce n'est toi, c'est donc ton frère.
– Je n'en ai point.
– C'est donc quelqu'un des tiens :
Car vous ne m'épargnez guère,
Vous, vos bergers, et vos chiens.
On me l'a dit : il faut que je me venge. »
Là-dessus, au fond des forêts
Le Loup l'emporte, et puis le mange,
Sans autre forme de procès.

« Le Loup et l'Agneau », I, x.

Quatre minutes ? Cinq minutes ? Il aura suffi de quelques instants pour que le président François Mitterrand congédie son Premier ministre Michel Rocard. La scène, shakespearienne, se déroule le mercredi 15 mai 1991. Rocard a été nommé trois ans et cinq jours plus tôt, le 10 mai 1988, tout de suite après la confortable réélection de François Mitterrand face à Jacques Chirac à l'issue d'une campagne sans vrai suspense ni grand relief. Ce 15 mai 1991, Rocard se rend donc au palais de l'Élysée avec une proposition en tête. Il souhaiterait remanier le gouvernement pour tenter de relancer la dynamique de l'exécutif après une période dominée par la guerre du Golfe. Mais, comme avant chaque rendez-vous avec Mitterrand, Rocard est nerveux. Il s'attend toujours à une rencontre tendue, à un mot ironique, voire féroce, du président, à une fin de non-recevoir sur une idée ou un projet. Et il sait par des indiscrétions bien calculées, par des rumeurs habilement distillées par le Palais, qu'il est, d'une certaine manière, en sursis. Tout de suite, dès le début de cet entretien, il comprend que c'est la fin. Lorsqu'il évoque donc l'idée d'un remaniement gouvernemental, Mitterrand lui répond immédiatement de la manière la plus claire et la plus glaciale possible : « Autant vous avez bien travaillé, autant je ne crois pas aux vertus de vos méthodes et du climat que vous créez pour mener le combat difficile des législatives de 1993. Donc, monsieur le Premier ministre, vous me présenterez votre démission tout à l'heure[1]. » La réaction de Rocard est étonnante, aussi

1. Michel Rocard, *Si la gauche savait*, entretiens avec Georges-Marc Benamou, Robert Laffont, 2005.

étrange que la façon, à la fois expéditive et humiliante, dont Mitterrand lui annonce son limogeage, puisqu'il s'agit bien de cela. Le Premier ministre répond au président en lui demandant de repousser de quelques heures cette démission afin de lui permettre d'aller le lendemain matin au Conseil d'État pour présenter et expliquer son projet de loi sur... les écoutes téléphoniques. Une demande totalement surréaliste quand on connaît la suite, l'affaire qui éclate en 1993 à partir des révélations sur les écoutes effectuées entre août 1982 et mars 1986 par la cellule antiterroriste de l'Élysée. À ce moment précis, Michel Rocard dispose-t-il d'informations sur ce futur scandale ? C'est plus qu'improbable. Mais Mitterrand peut-il imaginer le contraire ? Peut-il penser que la réponse de Rocard cache une allusion, ou une simple référence à cette future affaire d'État ? Difficile de répondre, même avec plus de trente ans de recul. À cette demande de Rocard, Mitterrand répond en tout cas brutalement : « Vous n'y pensez pas ! C'est grotesque[1]. » La messe est dite, la rupture définitive actée entre les deux hommes. C'est l'épisode le plus marquant d'un combat personnel et politique de près de vingt ans entre le premier président socialiste de la Ve République et l'incarnation moderne et brillante de cette « deuxième gauche » dont bien des Français ont rêvé...

9 mai 1988. La veille, François Mitterrand, baptisé « Dieu » pendant la campagne par son entourage et par

1. Michel Rocard, *Si la gauche savait*, entretiens avec Georges-Marc Benamou, Robert Laffont, 2005.

les journalistes, a été facilement réélu président, avec plus de 54 % des suffrages et près de deux millions et demi de voix d'avance, face au Premier ministre sortant, Jacques Chirac, à l'issue de deux années rudes et rugueuses de cohabitation entre les deux hommes. Mitterrand est aux anges. Son rêve va se réaliser : présider le pays quatorze années durant, quatre ans de plus que Charles de Gaulle, cet adversaire historique qui continue de l'obséder. Mitterrand doit maintenant choisir, et nommer un Premier ministre. À cet effet, il prend l'une de ces initiatives qui l'enchantent, amusante, cynique, féroce, cruelle, presque perverse. Il invite à déjeuner les trois principaux postulants pour Matignon, Michel Rocard, Pierre Bérégovoy et Jean-Louis Bianco, le secrétaire général de l'Élysée. Un déjeuner inouï, tant l'atmosphère est lourde et l'enjeu essentiel. Mitterrand commence par un long monologue sur la France et l'Europe. L'ambiance est pesante. Les trois concurrents pour Matignon sont silencieux. L'heure avance. Avant le fromage, le président en vient enfin au cœur du sujet. Comme d'autres confrères, j'ai entendu Rocard lui-même, après son départ de Matignon, évoquer ce déjeuner, mais sans trop entrer dans les détails, comme s'il était encore choqué par cet épisode. C'est longtemps après, en dialoguant avec Georges-Marc Benamou, qu'il en fera un récit le plus précis possible. « Nommer un Premier ministre est un exercice purement politique… Totalement étranger à tout ce qui peut ressembler à de l'amitié… ou de la confiance… Il s'agit de tirer le bilan d'une situation politique… » Un long silence suit. Il reprend : « Or, actuellement, la situation politique est relativement claire. Il y a une petite prime pour Michel Rocard[1]. » Rocard, déjà mis en avant par le candidat Mitterrand pendant la campagne électorale, est « sidéré... ému... tétanisé[2] ». Commentaire de l'intéressé, des années plus tard : « Il s'est amusé à nous humilier un peu - notamment moi, puisqu'il n'y a pas eu l'ombre d'un échange entre lui et moi sur ce qu'il était question de faire. Il ne m'a même pas donné ma feuille de route[3]. » Quelques instants après ce mémorable déjeuner, le chef de l'État signe le décret. Michel Rocard est Premier ministre. Le milieu politique s'interroge, y compris au Parti socialiste et dans les palais nationaux, à l'Élysée et ailleurs. Cette décision sonne-t-elle la réconciliation entre les deux ennemis ? Annonce-t-elle à l'inverse une véritable cohabitation entre deux hommes que tout, ou presque, oppose ? La réponse viendra très vite, au gré des confidences aimablement et peu discrètement distillées par l'entourage présidentiel, voire par François Mitterrand lui-même. Oui, le président a nommé Michel Rocard pour répondre à l'attente de l'opinion, mais aussi, et peut-être surtout, pour l'affaiblir, « lever l'hypothèque » comme il le répétera fréquemment, faire en sorte que l'idée d'un destin national pour le leader de la deuxième gauche s'éloigne peu à peu.

« Voilà, je le nomme, je cède à l'air du temps. Il faut crever l'abcès. Ça ne durera guère plus de six mois[4] »,

1. Michel Rocard, *Si la gauche savait*, ouvr. cité.
2. *Ibid.*
3. *Ibid.*
4. Pierre Favier et Michel Martin-Roland, *La Décennie Mitterrand*, t. III, Seuil, 1997.

confiera Mitterrand à son ami et conseiller Charasse. C'est l'un des innombrables commentaires, aussi cruels que sincères et spontanés, venant du président lui-même. Sur cette étrange période, il faudrait des chapitres entiers pour relever et citer l'interminable florilège de vraies méchancetés et de fausses gentillesses répétées à l'envi et avec gourmandise par François Mitterrand sur son chef de gouvernement. La plupart des proches du chef de l'État, Jacques Attali et Michel Charasse en particulier, et d'autres visiteurs, ont pu en témoigner. « Vous verrez, au bout de dix-huit mois, on verra au travers », « Il n'a ni la capacité ni le caractère pour cette fonction. Mais puisque les Français le veulent, ils l'auront. En revanche, c'est moi qui ferai le gouvernement », « Rocard bavarde au lieu d'agir », « Il n'entreprend rien, ne fait rien. C'est un zéro »[1]. Il y en a bien d'autres, encore et encore, de ces vacheries présidentielles qui courent Paris très vite, dès l'arrivée de Michel Rocard à Matignon. Le nouveau Premier ministre le sait, bien sûr. Ses réseaux politiques sont discrets mais assez puissants, divers et bien informés. Mais il ne veut pas aller sur ce terrain. Il refuse de répondre, de polémiquer, même en privé, avec le président. Il sait que ça lui serait fatal. Il en rajoute même, multipliant à chaque occasion les compliments, au point d'être pendant un temps surnommé « le génie des carpettes ». Il s'en amuse. Mais après son départ de Matignon, en 1991, et des années durant, il

1. Jacques Attali, *Verbatim*, t. III, Fayard, 1995.

dira clairement, et parfois de manière très brutale, ce qu'il pense réellement de Mitterrand, non sans déclencher des réactions outrées des mitterrandistes historiques. Il évoquera des relations « exécrables » avec Mitterrand. Et surtout, il s'en prendra directement, avec une extrême sévérité, au socle même de la statue mitterrandienne :

> Il m'avait nommé pour que je m'effondre… Mitterrand n'était pas un honnête homme. Il fallait défendre la France contre beaucoup de choses. Mon objectif principal a d'abord été les nominations […] Je m'étais fait mon système théorique : protéger la dignité de la fonction publique et le professionnalisme contre le clientélisme et surtout le copinage. J'avais mon ordre des priorités pour protéger à tout prix de toutes interférences de ce genre : 1) […] les entreprises publiques ; 2) ensuite finances et assurances ; 3) puis, la haute fonction publique ; 4) les généraux ; 5) et enfin l'audiovisuel[1].

Incroyable aveu ! Et que dire cette interview devenue culte, en forme de testament politique, publiée quelques jours avant sa disparition ? « Ce qui a scellé la qualité de nos relations, c'est quand j'ai écrit, pendant la guerre d'Algérie, qu'il était un assassin. Ministre de la Justice, il refusait d'instruire les demandes de grâce des condamnés à mort. Il faisait la grève administrative pour tuer. Forcément, il n'a pas aimé… Nous n'en avons jamais reparlé… Cela aurait compliqué le travail. Parce qu'on a

1. *Revue du droit public*, n° 5-6, 1998.

bien travaillé ensemble... Nous avions tellement peu de plaisir à être ensemble que nous travaillions très vite[1]. » Bref, la relation Mitterrand-Rocard, c'est tout simplement de la haine et du mépris. De la haine, sans doute, du côté de Michel Rocard, une haine tranquille mais tenace. Et plutôt du mépris chez François Mitterrand, qui confie à la plupart de ses interlocuteurs qu'il ne comprend pas Rocard, qu'il a du mal à lui parler, qu'ils ne sont pas vraiment sur la même planète. « Je lui étais trop indifférent pour qu'il nourrisse de la haine à mon endroit[2] », confie Rocard à son directeur de cabinet Jean-Paul Huchon. Chaque jour ou presque reviennent aux oreilles du nouveau Premier ministre et de ses conseillers les dernières « petites phrases » venues du Palais, de l'autre côté de la Seine. Ce 9 mai 1988, Michel Rocard rentre donc à l'hôtel de Matignon sous l'œil goguenard de François Mitterrand. Les Français semblent satisfaits. 54 % d'opinions favorables pour Mitterrand en ce début de second mandat, 53 % pour Rocard[3]. Et pourtant, hors cohabitation gauche-droite, c'est peut-être, avec Giscard-Chirac de 1974 à 1976, le tandem président-Premier ministre le plus prometteur de la Ve République et, à l'arrivée, trois ans plus tard, le moins harmonieux, le plus vindicatif...

Dans ses nouveaux habits de chef de gouvernement, Michel Rocard commence vite et bien. En priorité,

1. *Le Point*, 23 juin 2016.
2. Jean-Paul Huchon, *C'était Rocard*, L'Archipel, 2017.
3. Sondage IFOP/*JDD*, mai 1988.

pour asseoir son autorité, pour montrer aux Français... - et au président - que sa méthode est la bonne, que le consensus doit s'imposer, que le dialogue est toujours la meilleure solution, il réussit, quelques semaines après le drame de la grotte d'Ouvéa, à réconcilier les frères ennemis de Nouvelle-Calédonie, les indépendantistes et les « Caldoches », Jean-Marie Tjibaou, le patron du FLNKS, et Jacques Lafleur, le leader local du RPR. Même s'il ne le dit pas haut et fort, Mitterrand est plutôt impressionné par ces accords de Matignon et par la rapidité avec laquelle Rocard a obtenu ce résultat. C'est d'ailleurs par le dossier de Nouvelle-Calédonie que le nouveau Premier ministre entame son discours de politique générale. Il veille à construire cette intervention à partir de la *Lettre aux Français* que le candidat Mitterrand a publiée au début de sa campagne présidentielle. Rocard ne veut pas être pris en défaut de loyauté et de respect des institutions. Il évoque un « nouvel espoir », promet la réconciliation et insiste sur l'ouverture, quelques centristes ayant intégré la nouvelle équipe gouvernementale concoctée à l'Élysée plus qu'à Matignon. C'est à ce prix, même s'il préférerait s'émanciper plus vite de la tutelle élyséenne, qu'il espère obtenir une forme d'autonomie. Au Palais, le président salue ce positionnement du bout des lèvres. Mais, auréolé par sa facile réélection, il se consacre à la politique étrangère et à la construction européenne. Il sera temps, confie-t-il en petit comité, de revenir sur la scène nationale lorsque l'état de grâce dont bénéficie Rocard en cet été 1988 se sera estompé. Il y a donc entre ces deux hommes, dans un premier temps, une sorte de paix des braves. Le chef du gouvernement va tracer son sillon. À l'Assemblée nationale, il ne dispose que d'une majorité relative, à une petite quinzaine de sièges près. Il doit donc gouverner au coup par coup, chercher des majorités d'idées, négocier et encore négocier. En navigateur expérimenté, il est dans son élément, avec, à ses côtés, une équipe brillante, son directeur de cabinet Jean-Paul Huchon en tête, et de fortes personnalités comme son ami Guy Carcassonne. Et il enchaîne des réformes consensuelles sous l'œil attentif mais très vigilant de l'Élysée. Accords de Matignon sur la Nouvelle-Calédonie donc, un vrai succès personnel, création du RMI, invention de la CSG, politique volontariste pour l'Éducation nationale, avec un budget en forte hausse : autant d'avancées favorablement accueillies par l'opinion. Pour autant, Mitterrand se garde d'applaudir, comme il le faisait lors des débuts de Pierre Mauroy et de Laurent Fabius. Et nombre de socialistes soutiennent sans enthousiasme particulier. Bref, les adversaires se surveillent, sans bienveillance. Et ce sont deux événements internationaux majeurs qui vont, d'un coup, donner l'occasion à Mitterrand de prendre ses distances, puis d'acter le divorce avec son Premier ministre.

9 novembre 1989. La chute du mur de Berlin signe la fin de la guerre froide et l'effondrement de l'URSS. François Mitterrand est à la manœuvre. Avec le chancelier Helmut Kohl, il s'efforce, parfois

difficilement, car ce n'est pas franchement sa culture historique, d'imaginer cette nouvelle Europe en devenir. Il occupe le devant de la scène et n'entend pas partager cette position. À Matignon, Michel Rocard n'est pas associé à cette réflexion majeure. Le président connaît bien ses classiques de la Ve République. Le domaine réservé théorisé par son vieil ennemi Charles de Gaulle lui convient parfaitement. Il est à l'aise dans cet exercice diplomatique. Il informe régulièrement les Français. Il façonne son image d'Européen sincère et visionnaire. Rocard semble, dans cette séquence historique, réduit à traiter de l'intendance. Mitterrand savoure.

2 août 1990. L'Irakien Saddam Hussein envahit le Koweït. Branle-bas de combat dans le monde entier. C'est la première guerre du Golfe. Le président devient, d'un coup, le chef des armées. Rocard est alors en vacances. Il navigue en famille au large de la Yougoslavie. Son directeur de cabinet, Jean-Paul Huchon, demande au secrétaire général de l'Élysée, Jean-Louis Bianco, si le Premier ministre doit rentrer d'urgence à Paris. « Non, il n'est pas utile qu'il revienne[1] », tranche le chef de l'État. Évidemment et ouvertement humiliant. De retour à Paris, Rocard comprend que tout se traite à l'Élysée. Dans ces circonstances, c'est la logique des institutions qui s'impose. Mais il en souffre, et doit se contenter de gérer des dossiers certes importants, mais considérés alors

1. Jean-Paul Huchon, *C'était Rocard*, ouvr. cité.

comme secondaires, la logistique militaire, la mise en place du plan Vigipirate ou l'adaptation budgétaire à cette nouvelle donne internationale. En réalité, derrière cette nouvelle, et légitime, répartition des rôles entre les deux têtes de l'exécutif, Rocard comprend que Mitterrand n'a plus besoin de lui et que, par conséquent, ses jours à Matignon sont comptés. « J'ai été sauvé par Saddam Hussein », s'amusait-il devant ses proches. Mais il ne veut pas le laisser paraître, et continue de multiplier les signes d'allégeance et d'obéissance. Ainsi, à la demande du Palais, début 1991, lorsque l'opération « Tempête du désert » est déclenchée, il est chargé d'une tâche bien ingrate, la gestion des médias dans cette période délicate sur le plan militaire. Alors directeur de l'information de La Cinq, j'en serai l'un des témoins. Fin janvier 1991, le Premier ministre m'appelle. Je le connais assez bien et apprécie son intelligence, sa jovialité et son contact souvent chaleureux. Ce matin-là, c'est un autre homme qui me parle et me réprimande sévèrement. La veille, dans le journal de 20 heures, un grand reporter de la rédaction s'était posté, pour faire un direct près des troupes françaises, devant un minaret. « Irresponsable », me lance sèchement au téléphone un Michel Rocard plus raide que jamais, chargé de me dire que cette situation aurait pu permettre aux troupes de Saddam Hussein de localiser nos soldats. Il est dur, martial, tranchant. Méconnaissable, franchement désagréable. J'ai le sentiment qu'il joue un rôle, qu'il endosse un uniforme qui ne lui va pas. Il me le confirmera par la suite, avouant que ce rôle de surveillant en chef des médias durant ce conflit ne lui convenait en rien. Les opérations militaires de la coalition terminées fin février, la vie gouvernementale reprend peu à peu. Mais à Matignon, le cœur n'y est plus. Le Premier ministre et son cabinet ont le sentiment d'être en sursis. Tous les signaux directs et indirects venus de l'Élysée vont dans ce sens. Deux mois et demi plus tard, le couperet tombe. Michel Rocard est congédié. Le moment est venu pour lui de repenser à tous ces moments passés, depuis les années 1970, à affronter Mitterrand. Le combat d'une génération, de cette deuxième gauche qui fait alors rêver une partie de la jeunesse française et européenne...

Le contentieux Mitterrand-Rocard, qui marquera l'histoire de la gauche et du second septennat du président socialiste, apparaît au grand jour en 1978. Pourtant favorite, la coalition regroupant socialistes, communistes et radicaux de gauche a perdu les élections législatives. Certes, la droite et le centre sont divisés, et la guerre ouverte entre Giscard et Chirac pèse déjà sur la présidentielle de 1981. Mais à gauche, le climat est lourd. « Archaïsme ». En lâchant ce mot cruel après la défaite de mars 1978, Michel Rocard sait parfaitement ce qu'il fait. Sa cible, c'est bien sûr François Mitterrand, premier secrétaire du PS. Son objectif, c'est évidemment la prochaine présidentielle. Deux ans plus tard, à la rentrée 1980, sa popularité est telle que son heure semble sonner. Las ! Une annonce de candidature totalement ratée dans sa mairie de Conflans-Sainte-Honorine, une tactique franchement maladroite avec Mitterrand, et la messe est dite. Le leader socialiste est candidat, et élu. Rocard ronge son frein, contraint de faire bonne figure, mais toujours critique sur le fond et la forme des premiers pas du nouveau président. Il a hérité d'un portefeuille assez modeste, le Plan et l'Aménagement du territoire, dans le gouvernement de son ami Pierre Mauroy, mais avec une petite compensation honorifique, le titre de ministre d'État. Dès le début, il tente malgré tout de marquer son territoire politique, de faire connaître son désaccord sur certains arbitrages. Ainsi, à la fin de l'été 1981, il milite ouvertement contre les nationalisations à 100 % des groupes industriels et des banques. Mais c'est en avril 1985, devenu ministre de l'Agriculture, qu'il ouvre les hostilités avec le chef de l'État en démissionnant avec fracas du gouvernement. Le motif est à la fois politique et moral, éthique et déontologique : la décision présidentielle d'instaurer la proportionnelle intégrale pour les législatives de mars 1986. En clair, cette nouvelle loi électorale permettra à l'extrême droite d'entrer en force à l'Assemblée nationale. Inacceptable pour Rocard. En claquant la porte, il sait aussi qu'il devient le premier opposant interne au chef de l'État, le premier des frondeurs, mais également la première alternative face à Mitterrand quand les circonstances le permettront. L'année suivante, le verdict des urnes lui donne raison. Trente-deux députés du Front national entrent au Palais-Bourbon. La gauche est battue, la première cohabitation s'engage. La bataille Mitterrand-Chirac tourne largement à l'avantage du président. Le chef de l'État doit alors se résoudre à nommer à Matignon le leader de cette deuxième gauche qu'il déteste et dont il ne comprend ni les ressorts ni les combats. Cette fois, l'heure de Rocard est arrivée, pour trois années de galère et de chausse-trappes. Mais pouvait-il en être autrement ?

Quand on connaît les deux hommes, leur parcours, leur caractère, leur ambition, le choc frontal était incontournable. Tout les oppose, ou presque. L'un, François Mitterrand, est florentin, à la fois solitaire et chef de bande, stratège et calculateur. Un manœuvrier hors pair. Des sincérités successives dans son histoire personnelle et politique, mais une vraie conviction sur l'Europe. Du charisme à revendre, une formidable intuition qui lui permet souvent, sauf en 1968, de sentir l'air du temps. Une obsession, cloisonner en permanence. Une autorité naturelle. Bien avant mai 1981, on l'appelait déjà « Monsieur le Président ». En tout petit comité, lorsqu'il est en confiance, il accepte volontiers la discussion, voire les critiques, sur les questions politiques, mais devient vite vindicatif, et de mauvaise foi, si l'on met en cause ses goûts et ses références littéraires. L'autre, Michel Rocard, adore jouer collectif, vivre et rire avec ses amis. Il est bienveillant, souvent naïf, piètre tacticien. Il se passionne pour des sujets importants mais parfois ardus. Il vitupère, j'en suis un témoin fréquent, contre la tyrannie de l'immédiateté, l'urgence imposée par les médias, l'impossibilité de pouvoir développer des idées, un raisonnement. Qu'aurait-il dit sur la place centrale désormais occupée par les chaînes d'information continue ? Il a des fulgurances géniales. Il hait le sectarisme, et il acceptera même, à l'automne 1980, qu'un contact discret soit établi entre l'un de ses très proches et un conseiller de Giscard pour examiner, dans l'hypothèse où VGE serait réélu en 1981, plusieurs scénarios politiques, notamment un éventuel élargissement à gauche de la majorité présidentielle. Une rencontre, jamais révélée, a eu lieu. Elle n'a pas eu de suite, le président sortant et l'ancien Premier ministre estimant, l'un et l'autre, que ce contact était prématuré. Rocard adore les défis. Il voudrait tout savoir. Il décortique à une vitesse record un dossier complexe et en tire immédiatement l'essentiel, dans le constat et l'analyse comme dans les solutions. Il s'intéresse davantage à l'avenir, et au futur lointain, qu'aux vieux débats, qu'il juge poussiéreux. Le copalme d'Amérique, qu'il a choisi de planter dans le parc de Matignon, lui plaît dans ce qu'il signifie. Il est résistant et élégant. Ses couleurs, jaune orangé ou pourpre, sont vives et contrastées. Il s'arrondit au fil du temps, se voit de loin et peut vivre jusqu'à trois siècles. Le goût pour les arbres, leur solidité et leur beauté, c'est bien l'un des rares points communs avec Mitterrand. Pour le reste, la chronique de ces trois années orageuses et tourmentées permet de mieux comprendre pourquoi il a autant, et sans doute pour longtemps, symbolisé « l'enfer de Matignon ». « Quelle inculture ! » disait Mitterrand de

Rocard. « Quelle incompétence ! » répondait, comme en écho, Rocard. Un fossé entre les deux, presque un monde. Mitterrand Machiavel a eu raison de Rocard le naïf. Le Loup d'un côté, l'Agneau de l'autre...

7

François Mitterrand et Édith Cresson

Parmi de certains Coqs incivils, peu galants,
Toujours en noise et turbulents,
Une Perdrix était nourrie.
Son sexe et l'hospitalité,
De la part de ces Coqs peuple à l'amour porté
Lui faisaient espérer beaucoup d'honnêteté...
Ce peuple cependant, fort souvent en furie,
Pour la Dame étrangère ayant peu de respect,
Lui donnait fort souvent d'horribles coups de bec...
S'il dépendait de moi, je passerais ma vie
En plus honnête compagnie.
Le maître de ces lieux en ordonne autrement.
Il nous prend avec des tonnelles,
Nous loge avec les Coqs, et nous coupe les ailes :
C'est de l'homme qu'il faut se plaindre seulement.

« La Perdrix et les Coqs », X, VII.

Il y pensait depuis longtemps. Mais il attendait le bon moment pour lui en parler. Et quand, excédé par Rocard, François Mitterrand s'est décidé, elle a longtemps hésité. Elle savait que les réactions seraient vives, dans l'opposition bien sûr, mais aussi dans son camp, chez les socialistes, où les candidats à Matignon ne manquaient pas, notamment un Pierre Bérégovoy qui devra attendre un an avant de réaliser son rêve. Édith Cresson avait prévu ces oppositions, mais elle n'avait imaginé ni leur vigueur ni l'acrimonie de ses amis socialistes. Elle espérait aussi que le président de la République, évidemment conscient du risque politique, la soutiendrait activement. Il n'en fut rien. Quelques semaines après la première nomination d'une femme Première ministre – à l'époque on disait encore « Premier ministre » –, le rouleau compresseur était déjà en action. Pas une journée, ou presque, sans que des critiques fusent contre cette cheffe de gouvernement nommée par surprise le 15 mai 1991, après le départ forcé d'un Michel Rocard à bout de souffle, débarqué sans ménagement par un Mitterrand qui ne le supportait plus, ni au propre ni au figuré.

Depuis plusieurs mois déjà, le président envisageait cette solution politique. Avant de terminer son règne à l'Élysée, il voulait absolument nommer une femme à Matignon. Et c'est le 8 janvier 1991, plus de quatre mois avant sa nomination, qu'il évoque pour la première fois avec Édith Cresson la nécessité de remplacer Rocard, de passer à une autre phase. Mitterrand adore ces rendez-vous impromptus et secrets. Aucune trace sur l'agenda présidentiel, entrée discrète par la grille du Coq, à l'arrière du Palais, au fond du parc. Ce jour-là, il n'est pas très précis avec l'ancienne ministre des gouvernements Mauroy et Fabius. Deux autres rendez-vous suivront, tout aussi flous et indéchiffrables. Édith Cresson commence à s'interroger. Que veut-il exactement ? Que souhaite-t-il ? Sa seule certitude, c'est le changement de Premier ministre. Mitterrand ne veut à aucun prix que Rocard lui succède, en 1995 ou plus tard. Édith Cresson l'a bien compris, mais elle devra attendre le quatrième entretien, le 20 février, pour l'entendre lui proposer clairement Matignon. Même procédure confidentielle que début janvier. Depuis, l'opération « Tempête du désert » a commencé, et le chef de l'État y consacre une large partie de son temps. Son autre priorité, c'est de préparer la succession de son ennemi de l'intérieur, le leader de cette deuxième gauche que le président exècre. « J'ai pensé à vous pour succéder à Rocard au poste de Premier ministre », lui susurre Mitterrand. « Ils seront fous furieux[1] ! » lui répond Édith Cresson, qui pense bien entendu aux éléphants du PS, et qui, ce 20 février, refuse la proposition présidentielle et fait remarquer à Mitterrand qu'il aurait pu penser plus tôt à nommer une femme à la tête du gouvernement. Mais la porte n'est pas fermée pour autant. Nouveau rendez-vous le 8 mars. Cette fois, elle arrive au Palais avec une longue note sur les avantages et les inconvénients de différentes hypothèses pour Matignon et pour le gouvernement. Y figurent notamment un scénario Cresson et un scénario Bérégovoy pour succéder à Michel Rocard. Devant l'insistance de Mitterrand, elle a donc cédé. D'ailleurs, chacun sait, et quoi qu'on en dise, que Matignon ne se refuse pas. « Avec Béré, c'est l'immobilisme assuré[2] », glisse méchamment le président à la fin de ce

1. Édith Cresson, *Histoires françaises*, Éditions du Rocher, 2006.
2. *Ibid.*

rendez-vous. Exit donc le scénario Bérégovoy. La maire de Châtellerault se prépare. Elle réfléchit à son équipe et à ses priorités. Et le 15 mai, l'Élysée annonce sa nomination. « Il n'y a pas de temps à perdre pour muscler davantage encore notre économie et porter nos industries au plus haut tout en respectant nos équilibres financiers », explique le soir même à 20 heures le chef de l'État à la télévision. Le principal argument présidentiel, c'est le calendrier européen, la nécessité de préparer la grande échéance de 1993, les dix-huit mois qui courent avant l'ouverture du marché unique. « Compétence et caractère » : Mitterrand insiste sur ces deux qualités d'Édith Cresson. Pour elle, ce devrait être une forme de consécration. Avec le recul, quand on l'interroge aujourd'hui en privé sur cette étape essentielle de son parcours, Édith Cresson se souvient avec un mélange de nostalgie, de colère et de malice de cet « enfer ». Et pourtant, elle arrive à Matignon avec assurance et optimisme, forte du soutien présidentiel...

Pourquoi ce lien politique particulier entre François Mitterrand et Édith Cresson ? L'ancien président n'accorde pas facilement sa confiance. Méfiant, secret, toujours aux aguets, il aime par-dessus tout les petits comités, les cercles parallèles et non concentriques. Avec ses amis et ses fidèles, il ne cesse d'ironiser sur les bavards et les indiscrets. Quand on interroge aujourd'hui les plus proches de l'ancien président, ils attribuent notamment cette relation privilégiée à la discrétion avec laquelle Édith Cresson a géré le désormais célébrissime dîner organisé chez elle, fin octobre 1980, six mois avant l'élection présidentielle, avec François Mitterrand et Jacques Chirac à l'initiative de ce dernier. Un dîner qui se déroule au domicile parisien d'Édith Cresson, avec les deux futurs présidents et en compagnie de deux autres convives, le mari d'Édith Cresson et le député gaulliste Jean de Lipkowski, un vieil ami de la future Première ministre. Un dîner qui est suivi d'un tête-à-tête d'une bonne heure entre le candidat du RPR et le candidat socialiste. Un dîner tenu secret pendant de longues années, Mitterrand, Chirac et Édith Cresson démentant régulièrement, et mordicus, cet épisode jusqu'à ce qu'un talentueux éditorialiste et écrivain, Franz-Olivier Giesbert, le confirme en 1987[1] sans être, cette fois, contredit. Il plane toujours, aujourd'hui, un mystère sur le contenu de cet entretien tant les récits respectifs sont aux antipodes les uns des autres. Jugez plutôt.

Souvenirs de Jacques Chirac sur ce tête-à-tête :

Il y fut question, naturellement, du chef de l'État, à propos duquel François Mitterrand, comme c'était son intérêt, m'indiqua toutes les raisons que j'avais, selon lui, de le faire battre. La réélection de Giscard, me dit-il en bref, serait « catastrophique » pour le RPR comme pour la France. De mon côté, soucieux de ne pas entrer dans son jeu, je me suis borné à faire état de mes propres critiques, connues de tous au demeurant, sur l'action du président de la République et de son gouvernement. Mais sans aller, comme on a voulu le laisser croire par la suite, jusqu'à me tromper d'adversaire en souhaitant, devant François Mitterrand, qui n'eût pas

1. Franz-Olivier Giesbert, *Jacques Chirac*, Seuil, 1987.

manqué d'en tirer parti, qu'« on se débarrasse » de qui vous savez[1]...

À l'opposé, voici les souvenirs de Giscard sur son dernier entretien avec Mitterrand, le 15 décembre 1995, trois semaines avant la mort de ce dernier :

– C'est vous qui avez pris l'initiative de ce dîner ?
– C'est Chirac... J'ai commencé par refuser, mais il a beaucoup insisté, et j'ai fini par accepter... Je ne me souviens pas des paroles exactes, mais le sens du message de Jacques Chirac était très clair : « Il faut nous débarrasser de Giscard ! » J'en ai été très surpris.
– Est-ce que vous lui avez demandé pourquoi ?
– Oui. Il m'a répondu que vous étiez « un danger pour la France ».
– C'est un peu vague. Lui avez-vous demandé de préciser la nature de ce danger ?
– Il en est resté là. Il a répété « un danger pour la France ». Et j'ai compris qu'il était absolument décidé à vous faire battre. D'ailleurs il a tenu parole[2].

Il faut rappeler qu'Édith Cresson n'assista pas à ce tête-à-tête d'octobre 1980 entre Mitterrand et Chirac. Mais François Mitterrand lui saura toujours gré d'avoir tenu parole. Jusqu'à la révélation de ce dîner en 1987, durant plus de six ans, le secret a été bien gardé. Si cette rencontre avait été connue, les conséquences politiques auraient pu

1. Jacques Chirac, *Chaque pas doit être un but*, ouvr. cité.
2. Valéry Giscard d'Estaing, *Le Pouvoir et la Vie*, ouvr. cité.

être majeures. Le lien politique avec sa future Première ministre, c'est donc sans doute à cette occasion qu'il s'est vraiment renforcé. Et dès mai 1981, lorsqu'il s'agit de composer le premier gouvernement de son premier septennat, le nouveau président n'hésite pas. Il confie à Édith Cresson le portefeuille de l'Agriculture, un ministère certes difficile, mais aussi très sensible, dans ce milieu rural où la gauche est traditionnellement peu implantée...

« Édith, on t'espère meilleure au lit qu'au ministère. » À chaque occasion, depuis 1981, l'ancienne Première ministre aime rappeler ce souvenir, cette banderole avec cette incroyable inscription à l'occasion d'une réunion de la FNSEA à laquelle elle était invitée. Et elle insiste toujours, amusée, sur sa réaction de l'époque qui fusa, franche et directe : « Ça tombe bien que je sois ministre de l'Agriculture. Puisque j'ai affaire à des porcs, je vais pouvoir m'occuper de vous ! » Quelque temps plus tard, visitant une ferme, elle se trouve face à trois cents manifestants qui veulent la jeter dans une fosse à purin. Autant d'épisodes qui illustrent des débuts tumultueux au gouvernement. Avant d'être la première femme nommée à Matignon, Édith Cresson est la première femme nommée ministre de l'Agriculture. Un réel événement dans ce monde rural où subsistent encore, au début des années 1980, des réflexes et des traditions machistes. Elle en fait l'expérience dès le premier jour, lorsqu'elle doit insister pour se faire reconnaître par le portier qui, dans un premier temps, refuse de la laisser entrer dans son ministère. Bref, l'accueil est franchement hostile. Peu à peu, elle parvient à gagner la confiance d'une partie du monde agricole, surpris par son opiniâtreté. Négociations plutôt réussies à Bruxelles sur les prix agricoles, présence quasi permanente sur le terrain, rééquilibrage des subventions entre les gros exploitants et les autres : elle obtient des résultats et attire l'attention du Palais où Mitterrand suit de près son parcours national et local. Après le remaniement de mars 1983, au lendemain d'une défaite de la majorité aux élections municipales, elle devient ministre du Commerce extérieur et du Tourisme, un portefeuille élargi au Redéploiement industriel en juillet 1984, quand Fabius remplace Mauroy. C'est là qu'elle peut travailler sur ce qui la passionne réellement, une véritable stratégie industrielle. Chargée des Affaires européennes en mai 1988, après la réélection de François Mitterrand et l'arrivée de Rocard à Matignon, elle suit au quotidien le processus de désintégration de l'Union soviétique et de l'Europe de l'Est. Mais le domaine réservé est incontournable. Avant, pendant et après la chute du Mur, le pouvoir et l'action sont à l'Élysée, et nulle part ailleurs. Mitterrand est à la manœuvre, seul, avec son précieux secrétaire général Hubert Védrine. Édith Cresson s'ennuie. Paradoxalement, malgré l'intensité des événements européens, notamment la réunification allemande, elle a le sentiment d'être inutile. Plus spectatrice qu'actrice. Elle estime aussi que la politique industrielle n'est pas à la hauteur. Ce désenchantement, elle va l'expliquer fin juin 1990 au président, et lui présente sa démission. Démission acceptée, mais reportée en raison de la guerre du Golfe, et rendue publique début octobre. « La puissance politique de la France risque de s'affaiblir faute d'une mobilisation industrielle », explique-t-elle alors. Curieusement, alors qu'il avait été très mécontent des démissions fracassantes de Chevènement et de Rocard, le chef de l'État est compréhensif. Parce qu'elle égratigne au passage l'action de Michel Rocard ? Peut-être. Mais aussi parce qu'il juge intéressante et courageuse sa décision de rejoindre le privé, en l'occurrence le secteur industriel. Impossible d'imaginer, à ce moment, qu'elle sera Premier ministre sept mois plus tard...

« La Pompadour ». C'est l'une des innombrables amabilités qu'Édith Cresson devra affronter et supporter. Pendant des jours, des semaines et des mois, maints responsables politiques, et pas seulement dans l'opposition, multiplient les critiques sexistes et les remarques pour le moins désobligeantes contre une Première ministre dont ils contestent clairement la légitimité. Et plusieurs médias s'en prennent ouvertement à cette cheffe de gouvernement qui, notamment, va réagir vivement au contenu du *Bébête Show*, une émission humoristique diffusée chaque soir avant le JT de 20 heures de TF1. « J'étais écœurée... Je n'avais aucun moyen de contrer ces infamies[1] », confiera-t-elle, encore meurtrie aujourd'hui d'avoir été incarnée par une panthère, Amabotte, en extase permanente devant la marionnette du président, Kermitterrand, son « chabichou d'amour ». L'un des plus mauvais souvenirs, confiera-t-elle, de ces dix mois et dix-huit jours passés à Matignon. Mais à l'Élysée, curieusement, on ne mesure pas vraiment les ravages politiques et médiatiques de ce véritable jeu de massacre...

1. Édith Cresson, *Histoires françaises*, ouvr. cité.

Déstabilisée par ce tir de barrage, Édith Cresson doit aussi gérer des maladresses qui font le bonheur de ses innombrables adversaires. De la Bourse, dont elle n'a « rien à cirer » à sa déclaration sur les Japonais, qui travaillent « comme des fourmis » en passant par un très libre propos sur les Anglo-Saxons et l'homosexualité, elle parle cash, sans grande précaution, sans retenue ni circonvolutions. Cette fois, s'agissant des mœurs des citoyens anglo-saxons, le président s'agace et lui demande de faire attention. Devant ses conseillers ou ses ministres, le chef de l'État condamne vertement et fermement ses erreurs. Mais en privé, en petit comité, il s'en amuse plutôt. En revanche, il s'inquiète réellement du climat qui règne au sein du gouvernement et de la majorité. Au tout début, la formation du cabinet Cresson ne s'est pas trop mal déroulée. La liste des principaux ministres avait été établie par le président, en liaison étroite avec Laurent Fabius, alors président de l'Assemblée nationale, ce que regrette la nouvelle Première ministre. On retrouve Pierre Bérégovoy aux Finances, Lionel Jospin à l'Éducation, Roland Dumas aux Affaires étrangères. Et Édith Cresson tient à faire entrer dans son équipe deux nouveaux ministres, Martine Aubry au Travail et à l'Emploi et Dominique Strauss-Kahn à l'Industrie et au Commerce extérieur. Quant à l'opinion, elle semble dans l'expectative. 40 % de satisfaits pour le président en juin 1991[1], 25 % pour Édith Cresson, et seulement 18 % de mécontents et près de 60 % qui ne se

1. Sondage IFOP/*JDD*, juin 1991.

prononcent pas, car la notoriété de la nouvelle Première ministre est encore faible. En revanche, selon un autre sondage, 73 % des Français se félicitent qu'une femme soit nommée à Matignon[1]. Visiblement, ces 73 % ne se retrouvent pas à l'Assemblée nationale, où le discours de politique générale de la cheffe de gouvernement, le 22 mai, une semaine après son arrivée, est accueilli avec scepticisme, dans un climat de misogynie ambiante. « Le début d'un chemin de croix », notera *Le Point*. Les premières mesures qui suivent, comme l'augmentation des cotisations d'assurance maladie, sont assez mal reçues. Et ces débuts chahutés se traduisent par une baisse sensible des cotes de popularité de François Mitterrand et d'Édith Cresson. Sept points de moins en un mois, entre juin et juillet, avec 18 % de satisfaits pour la Première ministre et 33 % pour le chef de l'État[2]. « C'est vrai que Mme Cresson dérange. Alors, il y a pas mal de gens qui sont contre, et moi je suis pour ! » lance dans la traditionnelle intervention du 14 Juillet le président. La Première ministre tient sa ligne : réduction du chômage et du déficit budgétaire afin de respecter les critères fixés par les dirigeants européens pour préparer le passage à la monnaie unique. En même temps, elle s'engage contre l'immigration clandestine, ce qui lui vaut une sérieuse polémique à propos des moyens utilisés pour expulser les immigrés clandestins. C'est l'affaire des charters, et la grogne chez les socialistes.

1. Sondage CSA pour *Le Parisien*.
2. Sondage IFOP/*JDD*, juillet 1988.

Et elle lance courageusement, car les adversaires sont légion, le projet de délocalisation de l'ENA à Strasbourg. Certes, dans le cadre de sa stratégie de réindustrialisation du pays, son plan de soutien aux PME, avec dix-neuf mesures nouvelles pour un total de 12 milliards de francs, dont 8 milliards d'allègements fiscaux, lui donne un peu d'oxygène politique. Mais chacun sent bien, à l'Élysée comme dans la majorité, que, sous les coups directs et indirects de ses rivaux déjà candidats à sa succession, la machine se grippe. Les échéances électorales de mars 1992 confirment la réalité de ces difficultés. Aux régionales, où le PS obtient moins de 20 % des voix, et aux cantonales, l'échec est grave. Du coup, l'offensive contre Édith Cresson s'amplifie et se développe tous azimuts, en particulier chez les socialistes, qui font le siège du chef de l'État pour obtenir le départ d'Édith Cresson. Cette fois, Mitterrand n'hésite pas. Contrairement à ses habitudes, il tranche dans le vif.

« Édith, il faut que je te dise : on s'oriente vers une solution Bérégovoy[1]. » Au téléphone, c'est Anne Lauvergeon, la secrétaire générale adjointe de la présidence, qui informe la Première ministre le 30 mars. Édith Cresson visite la foire de Hanovre, en Allemagne. Elle n'est pas vraiment surprise. Furieuse, mais presque soulagée. Très remontée contre les éléphants socialistes, mais déçue aussi par François Mitterrand, qui n'a pas voulu résister aux assauts répétés de tous ceux qui ne l'ont jamais vraiment acceptée. « Je n'avais rien demandé, ni sollicité,

1. Édith Cresson, *Histoires françaises*, ouvr. cité.

ni même espéré. J'ai, malgré un climat dans lequel je me demandais quel nouveau complot, quelle fausse nouvelle allait survenir, fait aboutir, certes de manière très insuffisante, des réformes utiles », expliquera-t-elle plus tard[1]. Amère, toujours, et consciente, avec des mots durs et crus, qu'elle ne disposait pas vraiment des moyens et du temps nécessaires pour affronter l'adversité politique. Face à elle, au-delà de ses erreurs, il y eut un mélange de hargne et de machisme. Un mélange détonant, et finalement efficace. Le 31 mars, le président, pas plus fier que cela, embarrassé mais déterminé, la reçoit et lui souhaite « bon courage ». Un doux euphémisme. Le lendemain, il lui demande sa lettre de démission. Le surlendemain, le 2 avril, il nomme à sa place Pierre Bérégovoy. Seulement dix mois et dix-huit jours à Matignon pour la première femme Première ministre de la Ve République. Dix mois et dix-huit jours d'enfer...

---

1. Édith Cresson, *Histoires françaises*, ouvr. cité.

8

François Mitterrand et Édouard Balladur

Apprenez que tout flatteur
Vit aux dépens de celui qui l'écoute.
Cette leçon vaut bien un fromage sans doute.
Le Corbeau honteux et confus
Jura, mais un peu tard, qu'on ne l'y prendrait plus.

« Le Corbeau et le Renard », I, II.

29 mars 1993, midi. Une suite confortable du Plaza Athénée, le palace du VIIIe arrondissement, dans ce Triangle d'or où règne le luxe. Discrètement, et même secrètement, puisque les médias n'en sauront rien sur le moment, Édouard Balladur et Hubert Védrine, le secrétaire général de l'Élysée, s'y retrouvent une heure durant. La veille, le jour du second tour des élections législatives, l'opposition RPR-UDF, la droite et le centre, l'a très largement emporté. Une victoire écrasante, comparable au raz-de-marée de juin 1968. Environ 480 sièges pour l'ensemble RPR-UDF-divers droite, et une petite quarantaine de marge pour les chiraquiens par rapport aux députés UDF. Avec ce score, le RPR a les mains libres pendant deux ans, jusqu'à la présidentielle. Chirac ayant clairement fait savoir qu'il ne souhaitait pas être Premier

ministre pour la troisième fois, Édouard Balladur est le grand favori pour Matignon. C'est à cet effet qu'il rencontre Hubert Védrine. Pour cadrer le rapport entre le président et le futur Premier ministre. Pour être sûr, des deux côtés, que rien ne s'oppose à cette nomination.

François Mitterrand est ainsi. Un tacticien diabolique, hors pair. Il aime plus que tout le double jeu, l'ambiguïté, les combinaisons politiciennes, les tentatives de déstabilisation, les contacts plus ou moins secrets, les équations mystérieuses, les parallèles qui ne se rejoignent jamais. Avant que Balladur ne rencontre Védrine, le président lance quelques filets auprès d'autres grandes figures de la nouvelle majorité. Une manière de faire savoir discrètement à l'ancien ministre d'État de 1986 à 1988 qu'il n'est pas le seul à pouvoir prétendre diriger le nouveau gouvernement. Il sait parfaitement qu'il nommera Édouard Balladur le soir même. Mais il entend rester le maître des horloges, le grand marionnettiste. Il envoie donc des émissaires auprès de Chaban-Delmas, qu'il aime beaucoup, de Barre et de Giscard. Et pour ce dernier, subtil et suprême clin d'œil, il choisit pour le tester le parfait contraire de l'ancien président, Bernard Tapie. Giscard et Tapie, c'est l'eau et le feu, la classe et la gouaille, le classicisme et l'aventure. Surréaliste. Et la manœuvre débute mal. Tapie, qui est encore ministre pour quelques jours, appelle VGE et lui demande de venir à son ministère de la Ville. Giscard refuse et propose à Tapie de se rendre à son domicile. Étrange rencontre. Bien entendu, les deux interlocuteurs savent parfaitement que leur tête-à-tête sera sans effet, que Giscard ne sera pas Premier ministre de Mitterrand, notamment en raison de l'avance du RPR sur l'UDF. Répondant en octobre 2015 à mes questions pour un documentaire[1], Giscard jugera la conversation « assez brillante et assez inutile ». Un dialogue en zigzag, sautant d'un sujet à l'autre. « Comment fait-on pour être à ce point favori du système médiatique ? » lui demande ainsi VGE. « C'est très simple, lui répond Tapie. Ce n'est pas moi, c'est le système. Le système met sur les écrans ce qui se vend. C'est comme les grandes surfaces, vous y allez, vous voyez sur les rayonnages ce qui se vend. Eh bien, le système médiatique met sur les écrans ce qui se vend. Et comme je me vends bien, on me montre... » Évidemment, ce rendez-vous se terminera en queue de poisson. Les jeux sont déjà faits. Ce sera Balladur... Car en réalité, Mitterrand n'avait pas le choix.

D'entrée, dans la suite du Plaza, face au principal collaborateur du président, un interlocuteur qu'il apprécie, « précis, correct, froid, honnête[2] », Balladur abat ses cartes. Respect des institutions, pouvoir partagé pour la défense et l'international, rôle central du Premier ministre, qui pourra gouverner sans entraves : telle est sa feuille de route, classique, même si la notion de pouvoir « partagé » ne correspond pas tout à fait à l'idée, inspirée et mise en œuvre par le général de Gaulle, du domaine réservé. Il est vrai que la cohabitation impose de nouvelles règles. Hubert Védrine prend acte et rédigera une note qu'il apportera immédiatement au chef de l'État. « Avant même notre

1. Gabriel Le Bomin, *Giscard, de vous à moi. Les confidences d'un président*, France 3, 2017.
2. Édouard Balladur, *Le pouvoir ne se partage pas. Conversations avec François Mitterrand*, Fayard, 2009.

conversation, tout était joué[1] », écrira Édouard Balladur. La prochaine étape, c'est *a priori* le traditionnel tête-à-tête avec le président.

« Je confie dès ce soir la charge de Premier ministre à M. Édouard Balladur, député de Paris, ancien ministre d'État. Non seulement parce qu'il apparaît comme le plus apte à rassembler les différentes composantes de la majorité mais aussi en raison de ses compétences. » Le soir même, à 20 heures, François Mitterrand confirme la nomination d'Édouard Balladur. Curieusement, il officialise cette décision sans avoir eu au préalable un échange direct avec son nouveau Premier ministre. L'opération de charme commence. Un exercice, là aussi très mitterrandien, qui durera des mois. Non seulement Balladur est nommé en toute confiance, sur la seule base d'une heure d'entretien avec Védrine, mais l'éloge des « compétences » de l'ancien ministre d'État n'échappe à personne. Ni à Édouard Balladur, bien sûr, qui se félicite, sans être vraiment dupe, de ce compliment. Ni à Jacques Chirac, intrigué, ni aux socialistes, plutôt étonnés. Trente minutes plus tard, à 20 h 30 – et le président est, ce soir-là, exceptionnellement ponctuel –, le Premier ministre entre dans le Salon doré, le bureau présidentiel. « Le ton fut à la suavité : il avait besoin de séduire, de dissiper la méfiance, de conclure un pacte[2]. » Ce sera un dialogue à fleurets mouchetés. L'accord est aussi rapide

1. Édouard Balladur, *Le pouvoir ne se partage pas. Conversations avec François Mitterrand*, ouvr. cité.
2. *Ibid.*

qu'évident sur la répartition des rôles, largement encadré par la Constitution. Balladur précise cependant deux points. Il ne participera pas systématiquement aux réunions internationales, Conseils européens et G7. Et il s'efforcera de ne pas recourir aux ordonnances, compte tenu du contentieux de 1986 entre l'Élysée et Chirac. Le geste n'échappera pas à Mitterrand. Quant à la composition du gouvernement, elle ne semble pas poser les mêmes problèmes qu'en mars 1986 avec Jacques Chirac. Quittant le Palais après une heure trente d'entretien, Édouard Balladur dit devant les journalistes qu'il a « accepté » la proposition présidentielle de le nommer chef du gouvernement. Une manière subliminale de faire comprendre qu'ayant lui aussi nombre de cartes en main, il aurait pu décliner cette offre. Petit clin d'œil qu'a dû apprécier en connaisseur le chef de l'État. Mais, globalement, l'ambiance est plutôt sereine entre les deux hommes. Balladur semble sensible à l'attitude du président. Et Mitterrand apprécie la courtoisie du Premier ministre. Mais en même temps, il attend avec gourmandise les premiers signes de la compétition qui se profile entre les deux « amis de trente ans », Édouard Balladur et Jacques Chirac...

Balladur est allé vite. Dès le lendemain, mardi, en fin d'après-midi, le gouvernement est formé. Simone Veil, Charles Pasqua, François Léotard, Alain Juppé, François Bayrou et, au Budget, porte-parole du gouvernement, un certain Nicolas Sarkozy : tous les ténors de la droite et du centre sont là, à l'exception notable de Philippe Séguin, élu président de l'Assemblée nationale, et qui prendra vite ses distances avec Balladur. La liste des ministres est transmise, sans consultation réelle, à Valéry Giscard d'Estaing, alors président de l'UDF, et à Jacques Chirac. Ce dernier s'étonne un peu de ne pas avoir été plus étroitement associé. Le RPR étant bien servi, ce geste de mauvaise humeur est vite oublié. Mais le maire de Paris a sans doute déjà compris qu'Édouard Balladur entendait gouverner de façon autonome, en évitant toute tutelle, aussi amicale soit-elle. Pas de réaction particulière à l'Élysée. Et le président continue, avec une certaine insistance, de faire savoir à ses visiteurs que cette cohabitation commence sur de bonnes bases, que le Premier ministre se conduit bien. L'ambiance est bien différente de celle de 1986, quand le chef de l'État vivait mal l'hostilité qu'il observait en face de lui lors des Conseils des ministres. Seul point commun entre ces deux débuts de cohabitation : Mitterrand refuse la traditionnelle photo de famille. Pas question de poser, même en majesté, avec des adversaires politiques. En réalité, entre 1986 et 1993, tout a changé, ou presque.

Il y a d'abord le rapport de force politique. La nouvelle majorité est écrasante. Même éclatée entre chiraquiens et balladuriens, elle est solide, organisée. Les députés veulent d'abord oublier les querelles intestines, Giscard-Chirac en 1981 puis Chirac-Barre en 1988. Et mettre en œuvre au plus vite le programme qu'ils ont défendu pendant la campagne des législatives. Il y a ensuite les caractères. À l'évidence, le rapport Mitterrand-Balladur est, au début de cette deuxième cohabitation, plus fluide, plus apaisé que, treize ans plus tôt, entre le chef de l'État et le maire de Paris. Chacun sait que François Mitterrand ne sera pas candidat en 1995. Et personne ne sait encore, sans doute pas même l'intéressé, que Balladur l'envisage sérieusement. Et cela contribue bien entendu à entretenir un climat serein. En 1986, les deux têtes de l'exécutif se préparant à un combat singulier en 1988, l'hostilité était palpable. On est passé d'un froid polaire à un climat tempéré. Il y a enfin la maladie présidentielle, soigneusement cachée, mais de plus en plus douloureuse et handicapante pour un président désormais âgé de 76 ans. Durant ces deux ans de cohabitation, notamment la dernière année, la maladie aura atteint un tel niveau de gravité que le président ne pourra évidemment pas exercer ses fonctions dans leur plénitude. Les déplacements seront hasardeux, les négociations internationales dangereuses pour sa santé, les contraintes de la fonction peu compatibles avec la maladie. Avec loyauté, et délicatesse, ses proches, comme Hubert Védrine, affirmeront que la progression du cancer et des métastases n'empêchait pas le président de présider. Certes, mais la réalité quotidienne, l'organisation médicale autour du chef de l'État, et les deux opérations successives de septembre 1992 et de juillet 1994 feront clairement apparaître que François Mitterrand souffrait trop pour pouvoir assumer l'intégralité de ses responsabilités. Il donnait courageusement le maximum, mais pas davantage. Et, dans les derniers mois, nombre de ses visiteurs étaient reçus à son chevet, et l'entretien était souvent interrompu pour des raisons médicales urgentes. Pour toutes ces raisons, les relations Élysée-Matignon, personnelles et politiques, n'ont pas connu de fortes tensions, sauf bien sûr dans les derniers mois, à l'approche de la présidentielle, lorsque Mitterrand ne cachait plus son soutien à Chirac. Les conflits, lorsqu'ils sont intervenus, étaient plus calmes, plus froids, plus maîtrisés...

8 avril 1993, Assemblée nationale. « Orienter la France vers le renouveau. » C'est en ces termes qu'Édouard Balladur commence son discours de politique générale. Face à « une crise » morale, à une « crise de l'État », aux difficultés économiques et sociales, il décline une série de décisions urgentes. Réforme des retraites, rétablissement des finances publiques, assouplissement de la réglementation du travail. Pas de réaction hostile à l'Élysée. Le président a choisi, dans un premier temps, de laisser le gouvernement gouverner. L'opposition est à terre après le désastre des législatives. La majorité a le champ libre. Et le président semble lointain, comme si tout cela ne le concernait que de très loin. Curieuse ambiance. Une cohabitation entre chien et loup...

1er mai 1993, 19 h 30. L'annonce du suicide de Pierre Bérégovoy provoque une émotion considérable dans le pays. Immédiatement, le président et le Premier ministre s'entendent pour ne pas ajouter au drame avec une polémique politicienne inutile, liée aux accusations lancées contre l'ancien maire de Nevers durant la campagne des législatives. Édouard Balladur, qui passe le week-end à la Lanterne, la résidence des chefs de gouvernement, se rend vers 22 heures à l'hôpital du Val-de-Grâce, où Pierre Bérégovoy doit être amené en hélicoptère depuis sa ville de

Nevers. François Mitterrand y est déjà, en compagnie de la famille de l'ancien Premier ministre. À minuit, l'appareil se pose et, peu après, le décès de Bérégovoy est officiellement annoncé. Balladur évoquera un président « sous le coup de l'émotion, à la fois désemparé et hors de lui[1] ». Un président qui lui précise qu'il devait recevoir son ancien Premier ministre deux jours plus tard. « Une façon de me dire, écrira Balladur, qu'il ne l'avait pas abandonné[2]. » « Restez, je vous en prie[3] », glissera à plusieurs reprises le chef de l'État à Édouard Balladur. Comme si la présence de son Premier ministre à ses côtés au Val-de-Grâce le réconfortait. Quelques jours plus tard, lors de la cérémonie des obsèques, François Mitterrand s'en prendra avec vigueur aux médias. « Toutes les explications du monde ne justifieront pas que l'on ait pu livrer aux chiens l'honneur d'un homme et finalement sa vie au prix d'un double manquement de ces accusateurs aux lois fondamentales de la République. Celles qui protègent la dignité et la liberté de chacun d'entre nous. » Celles et ceux qui l'approchent dans cette période sont unanimes. François Mitterrand est vraiment marqué et sincèrement malheureux. Il confiera fréquemment, jusqu'à sa disparition, sa douleur et son émotion face à ce drame. Et il reconnaîtra bien volontiers combien, dans cette épreuve, l'attitude du Premier ministre fut exemplaire, dénuée de tout esprit partisan.

---

1. Édouard Balladur, *Le pouvoir ne se partage pas. Conversations avec François Mitterrand*, ouvr. cité.
2. *Ibid.*
3. *Ibid.*

Loi Falloux, CIP : sur ces deux dossiers, bien différents, la cohabitation Mitterrand-Balladur va tourner à l'aigre. Sur la loi Falloux, qui organise le financement de l'enseignement privé, c'est François Bayrou, alors ministre de l'Éducation nationale, qui est à la manœuvre. Au début de l'été, le dirigeant centriste défend un projet de révision permettant aux collectivités territoriales de financer les établissements privés. Aussitôt, la gauche s'offusque et accuse le gouvernement de rallumer la guerre scolaire. Chacun se souvient de l'épisode de 1984 qui a précipité le départ de Pierre Mauroy. Le climat politique s'assombrit. Mitterrand, qui désapprouve le texte, refuse de convoquer une session extraordinaire destinée à examiner le projet. Le débat s'éternise. La mobilisation s'organise. Saisi par l'opposition, le Conseil constitutionnel censure l'article essentiel de la loi. Près d'un million de personnes manifestent dans la rue contre cette réforme, et pas seulement des défenseurs de l'école publique. Bayrou présente sa démission, refusée par Balladur. Finalement, le président signera une loi vidée de son contenu, un texte qu'il qualifiera en privé de « loi-moignon[1] ». « Vous avez commis une erreur[2] », dira-t-il à son Premier ministre. Premier accroc sérieux. Il en restera des traces.

L'épisode du CIP, début 1994, affaiblit également le gouvernement et la majorité sous l'œil goguenard de l'Élysée. Il s'agit, pour tenter de remédier au chômage des jeunes,

1. Institut François-Mitterrand.
2. Édouard Balladur, *Le pouvoir ne se partage pas. Conversations avec François Mitterrand*, ouvr. cité.

de créer un contrat d'insertion professionnelle spécifique permettant, au sein d'une entreprise, où les jeunes travailleront 80 % de leur temps, avec 20 % réservés à la formation, de recevoir 80 % du salaire équivalent à leur qualification. Trop incertain, trop flou, trop injuste, affirment les organisations représentant la jeunesse. « Intolérable », juge le PS. Bientôt, chaque semaine, les manifestations grossissent jusqu'à rassembler des centaines de milliers d'opposants, en très grande majorité des jeunes. Les affrontements avec la police deviennent sérieux. Le gouvernement recule, annonçant que la rémunération du CIP ne pourra être inférieure au SMIC. Trop peu, trop tard, répliquent les représentants des jeunes qui s'en prennent désormais à ce qu'ils surnomment un « SMIC jeunes ». Lucide face à ce mouvement massif, Édouard Balladur renonce fin mars 1994. Mitterrand l'approuve, mais compte les points. Depuis le début de cette année 1994, l'ambiance de la deuxième cohabitation a progressivement changé. « Au bout d'un an, il ne parvint plus à dissimuler l'hostilité croissante qu'il éprouvait envers moi[1] », écrira Édouard Balladur. En réalité, une année durant, avec une grande régularité, puis de temps en temps jusqu'à l'été 1994, le président s'efforce, au-delà de leurs divergences, d'endormir son Premier ministre, de lui tresser des louanges, de lui faire savoir par des indiscrétions calculées combien il estime, et respecte, son savoir-faire, son efficacité et même son sens politique, un vrai

1. Édouard Balladur, *Le pouvoir ne se partage pas. Conversations avec François Mitterrand*, ouvr. cité.

compliment de sa part. Et en même temps, peu à peu, dans la coulisse, depuis son bureau élyséen, puis notoirement à compter de l'été 1994, il va s'efforcer, à sa manière, de lui barrer la route de l'Élysée. Pas seulement en apportant un soutien quasi public à Jacques Chirac. Mais aussi en créant les conditions d'un affaiblissement durable du futur candidat. En contestant, par petites touches, ses choix et ses décisions. Et en faisant comprendre de façon subliminale qu'Édouard Balladur ne sera ni un bon candidat ni un bon président. Bref, qu'il n'est pas, et de loin, celui qui doit lui succéder.

« Du côté de Chirac, les choses étaient limpides : je n'étais pas à Matignon depuis trois mois qu'il redoutait en moi un rival, il ferait tout pour que je trébuche et ne puisse entrer en compétition avec lui dès lors qu'il n'avait pu empêcher mon accession à Matignon ni me donner à croire que je lui en étais redevable[1] », expliquera Balladur. Tout n'a pas été dit, loin de là, sur l'étrange et complexe relation personnelle entre Jacques Chirac et Édouard Balladur. Mais il est certain que leur rapport s'est détérioré très vite après la nomination du nouveau Premier ministre. Le maire de Paris voit la cote de popularité de Balladur grimper. 61 % de satisfaits en août 1993[2]. Il observe avec inquiétude la manière dont les membres du gouvernement se rapprochent du Premier ministre. Bientôt, Simone Veil, Nicolas Sarkozy, François Léotard

1. Édouard Balladur, *Le pouvoir ne se partage pas. Conversations avec François Mitterrand*, ouvr. cité.
2. Sondage IFOP/*JDD*, août 1993.

et Charles Pasqua feront savoir qu'ils soutiendront Édouard Balladur s'il est candidat. Comme d'habitude, les entourages respectifs en rajoutent. Il y a comme une amorce de guerre des nerfs, une réaction de colère quand on rapporte régulièrement au futur président les velléités de candidature de « son ami Édouard ». Déjà, en juin, la déclaration de Philippe Séguin sur « le Munich social » et « les salariés, variable d'ajustement des économies », avait failli mettre le feu aux poudres. Convaincu qu'ils avaient été validés par Chirac, qui reste alors silencieux, Balladur n'avait pas vraiment apprécié, et c'est un euphémisme, les propos du président de l'Assemblée nationale. L'orage est assez vite passé, mais le contentieux se nourrit presque quotidiennement de petites phrases venues de l'Hôtel de Ville et de confidences acerbes sur l'attitude du Premier ministre, jugé trop lointain et déloyal avec Chirac. Fin septembre, les images mises en scène et contre-productives de Chirac et Balladur déambulant tranquillement sur le port de La Rochelle à l'occasion des journées parlementaires du RPR ne trompent personne. À l'Élysée, où son état se dégrade de jour en jour, Mitterrand écoute, regarde et observe. Il s'en amuse. Avant de durcir le ton et de tourner la page de cette première phase de la cohabitation…

25 août 1994. Jacques Chirac a-t-il, ce jour-là, à huit mois de l'élection présidentielle, fait un pas vers l'Élysée grâce à François Mitterrand ? Peut-être. Sur le parvis de l'Hôtel de Ville, où se déroule la cérémonie célébrant le cinquantenaire de la Libération de Paris, la scène est

surréaliste. Le président a évidemment choisi volontairement de donner à cette manifestation historique une coloration politique, voire politicienne. Durant de longues minutes, il va en effet s'isoler avec Chirac dans le superbe bureau du maire de Paris. Pas pour se reposer quelques instants car il a subi un mois plus tôt une seconde opération, mais pour faire passer de façon ostentatoire aux quatre mille invités, et surtout aux téléspectateurs et au milieu politique, un message simple : donner un coup de pouce à Jacques Chirac, lui manifester sa sympathie et ses encouragements. Et aussi, faire longuement attendre Balladur. « Je demeure silencieux et indifférent, seulement surpris que l'un et l'autre aient voulu que cet aparté soit aussi manifeste[1] », témoignera Édouard Balladur, irrité par ce tête-à-tête qui, avec le recul, apparaît comme le premier acte de la prochaine campagne présidentielle. Dans la dernière ligne droite de son second mandat, François Mitterrand est épuisé. Son cancer évolue très rapidement. Mais le chef de l'État veut continuer de peser sur la vie politique. Il pense déjà, même si Jacques Delors n'a pas encore fait savoir qu'il ne serait pas candidat, que la gauche, trop affaiblie, ne gagnera pas cette élection. Il s'emploiera donc à se transformer en faiseur de roi. Après avoir flatté ostensiblement Édouard Balladur, après avoir salué ses qualités et son sens de l'État, il va choisir Chirac comme successeur. Un ultime pied de nez très mitterrandien...

1. Édouard Balladur, *Le pouvoir ne se partage pas. Conversations avec François Mitterrand*, ouvr. cité.

Cinq jours plus tard, c'est une tribune du Premier ministre dans *Le Figaro* qui va encore envenimer la relation entre les deux hommes. Ce n'est pas tant le fond de ce texte, largement consacré à l'Europe, qui va mécontenter Mitterrand, mais son titre, « Ma politique étrangère », qu'il juge contraire au principe du domaine réservé, pourtant rebaptisé « domaine partagé » au début de cette cohabitation. Jusque-là, aucun problème de politique extérieure, sauf peut-être les essais nucléaires, n'avait créé de vraies difficultés. Sur le Rwanda, la Bosnie ou les délicates négociations sur le GATT, l'Élysée et Matignon étaient alignés. Cette fois, l'irritation présidentielle apporte la preuve que le moindre agacement, aussi léger soit-il, prend des proportions démesurées. Car cette mauvaise humeur mitterrandienne est relayée dans le Tout-Paris politique et journalistique. L'ouverture de la campagne présidentielle approchant, le duel à distance va se durcir. Un duel à trois, désormais déséquilibré, car l'axe Mitterrand-Chirac, plus ou moins discret, mais bien réel, semble solide.

« Si vous ne voulez pas être soumis à des attaques, au lieu de faire de la politique, vous feriez mieux d'entrer au couvent ! D'ailleurs, je crois que vous auriez des dispositions pour cela[1]. » Cette pique agressive de Mitterrand en réponse à Balladur qui lui reproche, lors d'un tête-à-tête, d'être injuste envers lui, illustre parfaitement la relation personnelle dans ce dernier tiers de la cohabitation. Et pourtant, après la publication du livre de Pierre

1. Édouard Balladur, *Le pouvoir ne se partage pas. Conversations avec François Mitterrand*, ouvr. cité.

Péan *Une jeunesse française*[1], Édouard Balladur a veillé, pour ne pas jeter d'huile sur le feu, à ne pas participer à la polémique, pourtant fort légitime, sur le passé vichyssois du chef de l'État et ses relations avec René Bousquet. Mais nous sommes à un tournant dans cette deuxième cohabitation. Le Premier ministre avait-il anticipé que le chef de l'État allait ainsi radicaliser sa position ? Sans doute pas. Lui qui avait vécu de l'intérieur la violente cohabitation de 1986-1988, qui avait observé les rapports personnels exécrables entre le président et Chirac, n'avait pas davantage imaginé que Mitterrand apporterait un tel soutien au maire de Paris. Tel le Corbeau face au Renard, il s'est laissé séduire par un magicien de la politique, un maître tacticien, qui savait manier avec habileté, efficacité et délicatesse le double jeu.

24 décembre 1994. Le président est en Italie, à Venise, le Premier ministre dans son chalet de Chamonix. C'est là qu'Édouard Balladur apprend qu'un Airbus d'Air France à destination de Paris est immobilisé sur l'aéroport d'Alger. Le lendemain, l'exécutif est informé qu'il s'agit d'une prise d'otages, que les 227 passagers ainsi que les 12 membres de l'équipage, sont retenus prisonniers par quatre terroristes islamistes lourdement armés. De retour à Paris, Balladur appelle les dirigeants algériens et leur demande de laisser l'avion décoller, de faire en sorte que l'appareil rejoigne la France, en l'occurrence l'aéroport de Marseille-Marignane. Difficulté politique

1. Pierre Péan, *Une jeunesse française*, Fayard, 1994.

imprévue : à l'inverse d'Alain Juppé, qui est sur la même ligne que Balladur, Charles Pasqua, le ministre de l'Intérieur, ne partage pas l'opinion du Premier ministre et préférerait que l'Airbus reste à Alger. Balladur persiste et signe. Mieux vaut, selon lui, gérer cette grave crise sur le territoire français. C'est Hubert Védrine qui fait le lien entre les deux têtes de l'exécutif. Curieusement, le chef de l'État restera silencieux. Pas un seul contact direct avec Balladur durant ces journées éprouvantes. Le 25 au soir, l'un des otages français, le cuisinier de l'ambassade de France en Algérie, est sauvagement abattu avant d'être jeté sur le tarmac de l'aéroport. La tension ne cesse de monter. Devant l'insistance de plus en plus forte d'Édouard Balladur, le gouvernement algérien finit par céder, et laisse l'Airbus quitter Alger pour Marseille, où il se pose au petit matin du 26 décembre. Quelques heures plus tard, le Premier ministre donne l'ordre au GIGN de lancer l'assaut dès que les conditions seront réunies. L'opération, ultra-risquée, est déclenchée vers 17 heures. Le succès est total. Les quatre terroristes sont neutralisés. Quelques blessés à déplorer, notamment parmi le personnel d'Air France et les membres du GIGN, dont le courage et l'efficacité sont salués dans le monde entier. Un GIGN qui recevra les félicitations du président de la République. Une séquence également marquée par l'irruption de l'information en direct, avec notamment LCI, la première née des chaînes d'info. Des heures durant, cette dramatique prise d'otages et l'assaut du GIGN seront suivis en permanence par des millions de Français. Une séquence, aussi, politiquement étrange. Un Mitterrand absent, un Balladur auréolé d'un succès personnel à un moment où chacun, en particulier au RPR, se prépare à le combattre ardemment, même s'il n'est pas encore officiellement candidat. Conforté par la réussite de cette opération, il prendra formellement sa décision quelques jours plus tard.

A-t-il bien choisi le lieu, et le décor ? Dans une campagne présidentielle, tout compte, et d'abord les débuts. Rien n'est anodin. À peine quelques minutes après sa déclaration de candidature, le 18 janvier 1995, Édouard Balladur sera critiqué pour avoir effectué cette figure imposée dans le cadre trop solennel de l'hôtel de Matignon. Au Palais, malgré la maladie qui le ronge, François Mitterrand suit ce début de campagne avec attention et plaisir. En privé, il distribue les bons et les mauvais points, surtout les mauvais. Il s'amuse, il ironise, féroce, impitoyable. Sa cible préférée, et même s'il ne ménage pas le candidat socialiste Lionel Jospin, c'est évidemment le Premier ministre. Il joue avec Édouard Balladur au chat et à la souris. En tête-à-tête, il continue de le séduire et de l'encourager. Presque complice. Pour mieux l'endormir ? « Votre situation est bonne... Je demeure confiant pour vous[1] », lui glisse-t-il mi-février. « Il vaudrait mieux pour l'État que ce soit vous qui le dirigiez. Vous avez pour cela l'autorité nécessaire et vous bénéficiez, au fond, de la confiance. Quand j'entends parler de la force de Chirac, quelle plaisanterie ! C'est un hanneton dans un

1. Édouard Balladur, *Le pouvoir ne se partage pas. Conversations avec François Mitterrand*, ouvr. cité.

tambour ; s'il était élu, il déclarerait la guerre à Panama dans les huit jours[1] ! » lui lance-t-il trois mois plus tard, une dizaine de jours avant le premier tour, alors que, depuis début mars, les sondages placent Chirac assez nettement devant Balladur. Mais dès que le Premier ministre a quitté le bureau présidentiel, sa critique est acerbe. Le Mitterrand côté face encourage Chirac, et souhaite clairement qu'il lui succède. Le Mitterrand côté pile, mi-mielleux mi-fielleux, patelin et joueur, s'amuse à rassurer Balladur, à le flatter, à le conforter, à le complimenter. Le Premier ministre n'est pas vraiment dupe. Ce double jeu l'intrigue et l'exaspère en même temps. Mais il est trop tard pour en mesurer les effets dans l'opinion. Les jeux sont faits.

« Vous traversez un moment de solitude et de difficulté, et, sur le plan personnel, ma pensée est proche de vous[2]. » Au lendemain du premier tour, c'est ainsi que Mitterrand réconforte le Premier ministre. Quelques jours plus tard, il lui dira même qu'avec huit jours de plus, il aurait gagné sa place pour le second tour. 23,3 % pour Jospin ; 20,9 pour Chirac ; 18,6 pour Balladur, devancé de 700 000 voix par le maire de Paris. Jusqu'au bout, le président et son Premier ministre auront des relations singulières. Un curieux mélange de respect et de méfiance, d'estime et de suspicion. Une courtoisie affectée, une antipathie personnelle difficilement maîtrisée.

1. Édouard Balladur, *Le pouvoir ne se partage pas. Conversations avec François Mitterrand*, ouvr. cité.
2. *Ibid.*

Le Chat et le Renard

Un face-à-face entre deux hommes d'État. Une cohabitation qui restera dans l'histoire de la Ve République comme un étrange épisode politique. Un président épuisé, souffrant le martyre, mais tenant courageusement jusqu'au bout de son mandat. Un Premier ministre nommé après une large victoire électorale, surfant sur des sondages flatteurs, hypocritement encouragé par un chef de l'État machiavélique, obtenant des résultats mais ne parvenant pas à transformer l'essai à l'élection présidentielle. A-t-il pensé que son bilan et sa cote de confiance dans l'opinion suffiraient ? S'est-il parfois, malgré lui, laissé endormir par un président roué et dissimulé ? Aurait-il dû affronter plus ouvertement un chef de l'État qui, d'évidence, ne le souhaitait pas comme successeur ? Mener une campagne plus active, plus proche, face à un Chirac habile et efficace, mettant en avant un slogan prometteur, la fracture sociale ? La deuxième cohabitation se terminera comme les deux autres, en 1988 et en 2002, par l'échec du Premier ministre sortant à l'élection présidentielle. Comme si l'exercice du pouvoir face à un président minoritaire le plus souvent cantonné au domaine réservé se révélait systématiquement fatal au chef du gouvernement...

9

Jacques Chirac et Alain Juppé

Qu'un ami véritable est une douce chose.
Il cherche vos besoins au fond de votre cœur ;
Il vous épargne la pudeur
De les découvrir vous-même.
Un songe, un rien, tout lui fait peur
Quand il s'agit de ce qu'il aime.

« Les deux amis », VIII, XI.

Ils n'ont même pas eu besoin d'en parler. Ils savaient. Jacques Chirac avait décidé depuis longtemps, bien avant son élection, qu'il nommerait Alain Juppé à Matignon en cas de victoire. Et le futur maire de Bordeaux (il sera élu quelques semaines plus tard, en juin 1995) avait compris. Pas besoin d'allusion, de fausse confidence, ni de message subliminal. Si le maire de Paris devenait président de la République, il serait aussitôt nommé, lui, Alain Juppé, chef du gouvernement. Philippe Séguin, très en phase avec le thème central de la campagne présidentielle, la lutte contre la « fracture sociale », aurait pu, lui aussi, rejoindre Matignon. Mais ses relations personnelles avec Jacques Chirac avaient toujours été tumultueuses. « La moindre contrariété, le moindre désaccord pouvaient blesser Philippe

Séguin et soulever chez lui des tempêtes fracassantes qui mettaient du temps à retomber et à s'apaiser. Il n'était pas rare, dans ces cas-là, qu'il m'adresse des lettres orageuses ou qu'il refuse de me prendre au téléphone après avoir brutalement interrompu notre conversation quelques instants auparavant[1] », écrira l'ancien président. « Fougueux, exigeant, passionné, mais imprévisible et incontrôlable[2]. » À travers ce jugement sur Philippe Séguin, on comprend pourquoi l'ancien président n'a jamais vraiment hésité avant de choisir Alain Juppé. Ces deux-là se comprenaient avant même de se parler...

De fait, cette fois il n'était pas vraiment nécessaire qu'avant la nomination officielle, ils évoquent la répartition des rôles. Dans la tradition de la Vᵉ République, Jacques Chirac et Alain Juppé connaissaient les règles du jeu. Et le nouveau chef de l'État avait observé au plus près la méthode de son père spirituel, Georges Pompidou. Au président, le domaine réservé bien sûr, la défense et la politique étrangère, et les grandes orientations économiques et sociales, au Premier ministre la mise en œuvre du programme présidentiel, le suivi quotidien de la politique gouvernementale, cette « intendance » chère au général de Gaulle, et l'animation de l'équipe nommée par le chef de l'État sur proposition du Premier ministre. Car c'est leur premier chantier, constituer le gouvernement. Toujours un casse-tête, sous toutes les présidences, sous toutes les républiques...

---

1. Jacques Chirac, *Le Temps présidentiel*, Nil, 2011.
2. *Ibid.*

Le futur maire de Bordeaux et le nouveau président sont si complémentaires et si complices qu'ils auraient dû consacrer peu de temps à former cette nouvelle équipe. Pourtant, les critères, les arbitrages et les injonctions contradictoires sont tels qu'il faudra du temps pour parvenir à un compromis acceptable. Pour travailler en paix, loin des regards, des micros et des caméras, Chirac et Juppé s'isolent dans la résidence affectée au ministre des Affaires étrangères, à La Celle-Saint-Cloud. Ils mesurent très vite que l'exercice est beaucoup plus délicat qu'ils ne l'imaginaient. Quel dosage politique ? Quelle parité entre femmes et hommes ? Quelles fidélités récompenser ? Quelles compétences privilégier ? Quelles expériences mettre à profit ? Comment représenter la plupart des catégories socioprofessionnelles ? Comment équilibrer les origines géographiques, en métropole et outre-mer ? Ces questions sont si complexes que Juppé racontera avec humour le contenu de la discussion avec le président. « Alain, il n'y a pas dans votre liste de représentant du monde agricole. Ni du secteur social. Où est la Bretagne ? Et l'Alsace[1] ? » lui lançait le nouveau chef de l'État. L'idée de départ était un gouvernement ramassé, resserré, compact. Une équipe dominée par les chiraquiens, François Bayrou étant l'un des seuls rescapés de poids du camp balladurien, grâce à sa longue amitié avec le Premier ministre. À l'arrivée, une « armée mexicaine[2] », selon les propres mots d'Alain Juppé, avec 42 ministres et

1. Alain Juppé, *Mon Chirac. Une amitié singulière*, Taillandier, 2020.
2. *Ibid.*

secrétaires d'État. Le nouveau Premier ministre sait que la gestion d'un groupe aussi pléthorique ne sera pas tâche facile. Mais il n'imagine pas réellement l'ampleur de la tâche. Et six mois plus tard, il se résout à remanier, avec le feu vert du président. Ce sera l'occasion de faire entrer quelques ministres balladuriens. Ce sera aussi l'épisode des « juppettes », ces huit femmes qui, d'un coup, vont quitter le gouvernement. Un épisode malencontreux et très médiatisé. Alain Juppé lui-même le regrettera plus tard. Et son image en souffrira auprès des femmes...

« Je ne m'étais pas vraiment préparé pour Matignon[1]. » Lorsque Juppé, respectant la tradition, plante dans le parc de la rue de Varenne un arbre, *Cercidiphyllum japonicum*, surnommé l'arbre au caramel, avec ses jolies feuilles en forme de cœur, il est déjà à l'œuvre, actif et déterminé, s'efforçant donc de rattraper le temps perdu. Les débuts du couple exécutif ont été contrastés. Les premières mesures allaient dans le sens de la campagne présidentielle, notamment le lancement du contrat initiative emploi destiné à combattre le chômage de longue durée, un fléau national depuis des années. Et le discours de Jacques Chirac, le 16 juillet, à l'occasion de la commémoration de la rafle du Vél d'Hiv, a été légitimement salué, en France et dans le monde. « La France, patrie des Lumières et des droits de l'Homme, terre d'accueil et d'asile, la France, ce jour-là, accomplissait l'irréparable. Manquant à sa parole, elle livrait ses protégés à leurs bourreaux. » Ces deux phrases, désormais ancrées dans la mémoire collective, résonnent

1. Alain Juppé, *Mon Chirac. Une amitié singulière*, ouvr. cité.

particulièrement aux oreilles d'Alain Juppé, dont le combat contre le racisme et l'antisémitisme est l'une des raisons fondatrices de son engagement politique. Un épisode moins connu marquera le début de ces fameux cent jours qui donnent souvent le ton d'un mandat présidentiel. Fin mai, quelques jours après l'arrivée de Chirac à l'Élysée, un Conseil de défense donne lieu à une « explication de gravure » comme le Palais en a peu connu. Dans le chaudron de l'ex-Yougoslavie, des Casques bleus français ont été pris en otages par des milices serbes, « exhibés comme des prises de guerre, attachés à des poteaux et dépouillés de leur uniforme[1] ». Humiliant pour la France. Alain Juppé, qui connaît bien le contexte pour avoir dirigé la diplomatie française dans le gouvernement précédent, et Jacques Chirac, nouveau chef des armées, sont sur la même ligne. Il faut réagir. Et c'est un président offensif, et mordant, qui s'en prend vertement au chef d'état-major des armées, l'amiral Lanxade. Désormais, précise le chef de l'État sur un ton comminatoire, les troupes françaises réagiront systématiquement à toute attaque qu'elles subiront. Dès le lendemain, l'assaut sera donné pour reprendre, sous les ordres du capitaine Lecointre, futur chef d'état-major des armées, le pont stratégique de Vrbanja. Alain Juppé est impressionné. Tout comme il le sera deux mois plus tard, le 25 juillet, après l'attentat du GIA algérien dans la gare Saint-Michel-Notre-Dame du RER B. Impressionné par le sang-froid de Chirac devant l'horreur et la souffrance. Lui-même, plus fragile qu'il n'y paraît, et que la présence

1. Jacques Chirac, *Le Temps présidentiel*, ouvr. cité.

du président à ses côtés réconforte, confiera qu'il n'avait jamais vu de « cadavres sanglants » ni de « scène de guerre, parce que c'était une scène de guerre[1] ». C'est peut-être ce jour-là qu'il mesure réellement le poids de ses nouvelles responsabilités. Cette épreuve, qui sera suivie d'autres, car cet attentat est le premier d'une longue série, soudera solidement le couple exécutif...

23 mai 1995. L'examen de passage du nouveau Premier ministre est un peu laborieux, d'après Juppé lui-même. « Je crois n'avoir jamais eu autant de mal à écrire un discours que celui-là[2]. » Trop long, une heure trente, trop complet, trop riche, pour ne rien oublier. L'accueil de la majorité, celle élue en mars 1993, répartie entre chiraquiens et balladuriens, est poli, sans plus. « J'obtins un vote positif... sans acclamation[3]. » Et pourtant, à travers les lignes, on peut déjà, sans attendre l'interview télévisée de Chirac le 26 octobre 1995 et son « tournant de la rigueur », mesurer la réalité du virage économique et financier qui va, après une campagne remportée sur le thème de la fracture sociale, marquer la stratégie du nouveau gouvernement. Alain Juppé annoncera d'ailleurs quelques premières décisions rigoureuses dans le cadre d'une loi de finances rectificative. « Je n'y suis pas allé avec le dos de la cuillère[4] », expliquera-t-il plus tard. Il s'agit en effet de

1. Pauline Pallier, *Président. Le prix à payer – Face au terrorisme*, Troisième Œil Production/Public Sénat, avril 2023.
2. Alain Juppé, *Mon Chirac. Une amitié singulière*, ouvr. cité.
3. *Ibid.*
4. *Ibid.*

qualifier la France pour la monnaie unique en s'efforçant de respecter les critères de Maastricht, ces fameux 3 % de déficit. Le budget rectificatif prévoit donc notamment un volet fiscal conséquent avec un relèvement de l'impôt sur les sociétés, de l'ISF et de la TVA. Très vite, ce virage va provoquer une baisse rapide et sensible de la cote du président et du Premier ministre. En quatre mois, de mai à septembre, Chirac perd 26 points et passe de 59 % à 33 % de satisfaits[1]. Et Juppé rétrograde aussi vite, baissant de 63 %, un score flatteur, à 37 % de satisfaits. À l'Élysée et à Matignon, on regarde ces chiffres de près. Avec lucidité et inquiétude. Les premiers nuages apparaissent clairement. Mais le tandem veut rester serein...

« Alain Juppé, qui est probablement le meilleur d'entre nous. » Cette affirmation de Jacques Chirac, à l'occasion de l'université des jeunes RPR à Strasbourg en septembre 1993, n'a pas vraiment aidé le futur Premier ministre. Sincère, sûrement, dans la bouche de Jacques Chirac. Mais assurément contre-productive. Les concurrents et adversaires de Juppé en ont fait leur miel. Parfois pour condamner la désignation prématurée d'un dauphin. Souvent pour regretter que le maire de Paris donne le sentiment de reléguer celles et ceux qui, comme Philippe Séguin ou Jean-Louis Debré, faisaient partie d'une garde rapprochée bien utile dans les campagnes électorales. L'ancien maire de Bordeaux lui-même confesse que cette petite phrase chiraquienne a plutôt compliqué

1. Sondage IFOP/*JDD*.

sa tâche. « Merci, mais je pense que le “probablement” est de trop », aurait répondu la mère de Juppé à Chirac qui lui téléphonait pour entendre sa réaction après la petite phrase louangeuse de Strasbourg. Aujourd’hui, l’intéressé sourit avec tendresse et nostalgie quand on lui demande si cette anecdote révélatrice est bien réelle. Il est vrai qu’entre Chirac et Juppé, l’amitié était fusionnelle. Rien, même la douloureuse condamnation de Juppé pour emplois fictifs à l’époque où Chirac est maire de Paris, n’altérera cette relation. Certes, l’ancien Premier ministre aurait sans doute apprécié que, sur le moment, le président lui exprime de manière plus visible et plus forte son soutien. Mais il connaît la cruauté et les vicissitudes des règles de la vie politique et ne lui en tiendra pas rigueur. Mais lorsqu’une journaliste lui demande, des années plus tard, évoquant cette condamnation, si, un jour, Jacques Chirac lui a dit « Pardon » et « Merci », il préférera couper court, les larmes aux yeux. Pour autant, le lien qui unit les deux hommes restera jusqu’au bout profond et sincère. Un lien durable qui remonte à une vingtaine d’années avant l’élection de Chirac à la présidence de la République...

Printemps 1976. Jacques Chirac est à Matignon depuis deux ans, depuis que Valéry Giscard d’Estaing l’a choisi. Alain Juppé, lui, est un jeune et brillant inspecteur des Finances. Convoqué par le directeur de cabinet du Premier ministre, il rencontre pour la première fois son futur mentor. Et c’est la voie royale : cabinet de Matignon, rédaction de discours, premiers pas dans l’univers politique. Il y croise un jeune gaulliste nommé Nicolas Sarkozy.

Quelques mois plus tard, fin août, Juppé est en vacances quand il apprend la démission fracassante de Chirac. Il rejoint l'équipe d'un ministre attachant et original, un dessinateur frénétique amateur de chasse aux papillons, Robert Galley, résistant de la première heure et Compagnon de la Libération. Juppé continue parallèlement de travailler avec Chirac. Délégué national aux études du parti gaullo-chiraquien, candidat malheureux en 1978 dans sa circonscription des Landes, il est désormais dans le premier cercle du futur président et l'accompagne quotidiennement dans sa conquête du pouvoir. Avec des moments difficiles qui les rapprochent, comme la convalescence de Chirac après un grave accident de voiture ou cet inutilement agressif appel de Cochin dirigé contre l'Europe et contre Giscard, écrit et imposé au maire de Paris par son tandem de conseillers calculateurs, cyniques et souverainistes, Marie-France Garaud et Pierre Juillet, qui quittera la chiraquie un peu plus tard. Mais Juppé vit aussi des séquences enivrantes, notamment la cavalcade présidentielle de 1981 qui se termine par un échec, mais qui lui permet de découvrir l'excitation de ces campagnes. Avec un épisode surréaliste et savoureux qui amuse aujourd'hui l'ancien Premier ministre. Car des communicants peu inventifs ont choisi pour la dernière émission de Chirac dans la campagne télévisée officielle, à l'avant-veille du premier tour, de faire interroger le candidat par... Alain Juppé lui-même. Un bel exercice de communication plutôt ridicule et totalement contre-productif. L'ancien Premier ministre m'en a plusieurs fois parlé avec un sourire navré.

Mais là encore, ce moment improbable va souder ce duo qui connaîtra encore bien des difficultés...

Novembre 1995. Depuis le début de l'été, l'exécutif connaît une sérieuse baisse de tension dans l'opinion. À la rentrée, le Premier ministre, avec l'accord du président, décide de s'attaquer à une large réforme de l'assurance maladie. Il s'y attelle méthodiquement, multipliant les comités plus ou moins restreints et les rendez-vous avec les responsables syndicaux. Le dossier avance. En même temps, sur le terrain, des réunions sont organisées en présence des ministres responsables du dossier, notamment le centriste Jacques Barrot. Avec les partenaires sociaux, l'accueil est contrasté. Sans surprise, la CGT, avec force, et Force ouvrière, avec détermination, s'opposent au projet. Mais la CFDT, au nom du réformisme bien tempéré, sans démagogie ni calcul politique ou syndical, approuve l'essentiel de la réforme, même si nombre d'adhérents grognent. C'est Nicole Notat, la secrétaire générale de ce syndicat, qui est en contact permanent avec Alain Juppé, mais aussi Jacques Chirac, qui apprécie cette « femme d'exception au caractère de fer, tenace, inflexible et courageuse[1] ». Le Premier ministre veut marquer l'ambition de sa réforme en y intégrant un autre projet, explosif, concernant les régimes spéciaux de retraite. Conscient du risque social, il s'efforce de prendre quelques précautions. Ainsi, quelques jours avant de prononcer son discours devant l'Assemblée, il envoie une copie de son

1. Jacques Chirac, *Le Temps présidentiel*, ouvr. cité.

texte à Nicole Notat et à André Bergeron. Ce dernier, qui a quitté la tête de FO quelques années plus tôt, est resté une figure incontournable du syndicalisme. Il a toujours vu, et continue de voir, et de conseiller, les principaux acteurs politiques. C'est lui qui, avant l'élection présidentielle de 1981, vient voir VGE et le met en garde, lui conseillant, pour éviter la défaite, d'annoncer pendant sa campagne l'instauration d'une cinquième semaine de congés payés. Suggestion d'ailleurs non suivie d'effet, Giscard ne souhaitant pas s'aligner sur l'une des promesses de Mitterrand. Bergeron et Chirac se connaissent bien, et s'apprécient. Ses conseils sont donc précieux, et écoutés. Comme Nicole Notat, celui qui est réputé connaître mieux que quiconque « la France d'en bas » suggère à Alain Juppé de repousser ce projet à plus tard. Trop tôt, trop risqué, pas assez préparé, expliquent en substance ces deux interlocuteurs privilégiés. Chirac lui-même exprime des réserves. Tout en comprenant « le souci de cohérence du Premier ministre, sa volonté de ne rien occulter du problème de la Sécurité sociale tel qu'il se pose[1] », le président alerte Juppé sur « les dangers d'un passage en force sur ce type de dossier. Toute précipitation serait porteuse d'incompréhension et de conflits[2] », écrira-t-il. Mais le Premier ministre persiste, tout en sachant qu'il court le risque de l'impopularité. Et le 15 novembre 1995, lorsqu'il monte à la tribune de l'Assemblée nationale, il semble sûr de lui. D'autant qu'il va recevoir dès le début

1. Jacques Chirac, *Le Temps présidentiel*, ouvr. cité.
2. *Ibid.*

de son discours un accueil très positif, et, à la fin, une *standing ovation* dont il se souviendra. Pourtant, au-delà des applaudissements, le passage du discours sur les régimes spéciaux retient immédiatement l'attention et provoque des réactions aussi musclées qu'attendues à la CGT et à Force ouvrière. « Au nom de la justice, nous engagerons la réforme des régimes spéciaux de retraite. Il s'agira de préciser les mesures nécessaires à l'équilibre de ces régimes, et notamment les modalités d'allongement de trente-sept ans et demi à quarante ans de la durée de cotisation requise pour bénéficier d'une retraite à taux plein. » Ces deux phrases de Juppé vont très vite mettre le feu aux poudres. Une dizaine de jours plus tard, un mouvement de grève massif est déclenché, en commençant à la SNCF avant de s'étendre à la quasi-totalité des transports. Le pays est peu à peu paralysé. Certains étudiants et lycéens rejoignent les manifestations. Dans la région parisienne, des usagers utilisent des bateaux-mouches gratuits pour aller travailler. Le covoiturage prend de l'ampleur. Au-delà des revendications et de la colère, il y a dans ce mouvement un caractère festif. L'Élysée s'inquiète. Matignon s'efforce de tenir, mais Alain Juppé sent assez vite que le recul est inévitable sur les régimes spéciaux s'il veut sauver le reste de la réforme. Les médecins, leaders d'opinion, se rebiffent. Le Premier ministre a voulu les associer à son projet de réforme en évoquant une maîtrise médicalisée des dépenses de santé, mais en menaçant de sanctions financières si l'objectif chiffré prévu par la Sécurité sociale était dépassé. Une vraie erreur, reconnaîtra Juppé. Tout au long de ce mouvement, alors que la Poste, France Télécom, d'autres entreprises publiques et des salariés du privé se rallient, les Français, malgré les difficultés du quotidien, soutiennent les grévistes. La situation s'envenime. Le 24 novembre, lors d'une manifestation, Nicole Notat, qui continue de soutenir la réforme de l'assurance maladie mais s'oppose au projet sur les régimes spéciaux, est violemment chahutée. Cette fois, le président s'inquiète vraiment. Il parle plusieurs fois par jour à son Premier ministre, le soutient moralement tout en évoquant avec lui les portes de sortie. Le 7 décembre, alors que le mouvement s'intensifie, il est à... Baden-Baden, pour rencontrer le chancelier fédéral Helmut Kohl. Étonnante coïncidence, lointaine réminiscence de ce fameux 29 mai 1968, lorsque le général de Gaulle venait, en pleine crise sociale et politique, s'assurer auprès de son ami Massu que l'armée serait loyale si, d'aventure, les événements s'aggravaient. Huit jours après, le 15 décembre 1995, l'exécutif jette l'éponge. « Mieux vaut désamorcer un tel conflit avant qu'il ne dégénère et ne nous contraigne à capituler en rase campagne[1] », confiera Chirac. Juppé en est conscient. Désormais, il veut en priorité sauver sa réforme de l'assurance maladie. Il y parviendra, début 1996, avec le vote par le Parlement du budget de la Sécurité sociale et les ordonnances sur la gestion des caisses d'assurance maladie, la médecine libérale et l'hôpital. Mais les suites politiques apparaissent sombres. Les balladuriens redressent la tête. L'opposition de gauche est ragaillardie. L'opinion est majoritairement hostile

1. Jacques Chirac, *Le Temps présidentiel*, ouvr. cité.

à l'exécutif. En décembre, 30 % de satisfaits et 63 % de mécontents pour le président, 28 % et 67 % pour le chef du gouvernement[1]. Pourtant, le tandem tient. Chirac ne cesse de saluer le courage de Juppé. Mais l'élection de mai, pourtant si proche, semble déjà bien loin...

Dans les médias, comme à chaque alternance élyséenne, c'est l'ébullition. Dans le service public en particulier, les grandes manœuvres commencent. Fin novembre 1995, en pleine crise sociale, Michel Boyon, un grand commis de l'État, conseiller d'État et ancien directeur de cabinet de François Léotard au ministère de la Culture et de la Communication, est nommé PDG de Radio France à l'issue d'un processus confus. Directeur général chargé des antennes de cette entreprise depuis quelques mois, j'étais candidat à la succession d'un président, Jean Maheu, non renouvelable en raison de son âge. J'avais comme concurrente Dominique Alduy, ancienne directrice générale du *Monde* et de France 3. Les neuf membres du CSA, dirigé par Hervé Bourges, qui me soutenait, votèrent à plusieurs reprises. Quatre voix de chaque côté, et une abstention. Impossible de nous départager. Le lendemain du dernier vote, Michel Boyon est élu. Pendant cette étrange semaine, intenses discussions dans les coulisses de l'exécutif. Jacques Chirac était hostile à mon élection. Il me reprochait notamment des relations difficiles avec Matignon plus de vingt ans auparavant, entre 1974 et 1976, lorsqu'il était Premier ministre de VGE et que, dans mes papiers politiques,

1. Sondage IFOP/*JDD*, décembre 1996.

j'évoquais régulièrement ses ambitions présidentielles et son conflit quasi permanent avec le chef de l'État. Juppé, beaucoup moins directif avec les médias publics, ne voulait pas se mêler de cette affaire. Je savais qu'il n'avait donc rien contre mon élection. Mais sous la Ve, quels que soient les dossiers, c'est l'Élysée qui arbitre... Même pour la présidence de Radio France, une maison attachante, indépen dante, pleine de talents, où j'ai adoré travailler.

14 juillet 1996. La cote de popularité des deux têtes de l'exécutif est toujours au plus bas. 30 % de satisfaits pour Juppé, 35 % pour Chirac[1]. Lors de la traditionnelle interview à l'occasion de la fête nationale, le chef de l'État adresse un double message. À l'opinion, il explique qu'au-delà de l'inquiétude légitime, il faut retrouver la confiance. Et à sa majorité, divisée entre chiraquiens et balladuriens, il demande cohésion et mobilisation. Pour autant, le climat ne s'améliore pas. Le président reste assez préoccupé par l'image de son ami le Premier ministre, jugé trop froid, trop rigide, à l'inverse de ce qu'il est souvent en privé, avec sa famille et ses proches. Avec le concours de son habile « *spin doctor* », Jacques Pilhan, Chirac entend humaniser Juppé. « Vous ne regardez pas suffisamment les gens dans les yeux. Vous ne prenez pas votre temps pour le faire. Il faut savoir prendre son temps[2] », lui lance-t-il fréquemment, en tête-à-tête. Et il téléphone parfois à ses parents pour donner des conseils. « Alain ne mange pas assez, il est vraiment

1. Sondage IFOP/*JDD*, juillet 1996.
2. Jacques Chirac, *Le Temps présidentiel*, ouvr. cité.

trop maigre[1] ! » En décembre 1996, Juppé fait publier un petit livre personnel, *Entre nous*[2], avec le concours d'un écrivain talentueux et fervent gaulliste, Denis Tillinac. Deux mois plus tôt, il a obtenu très largement la confiance de l'Assemblée, 464 contre 100, illustration de cette majorité introuvable de mars 1993. Mais le climat reste maussade. À l'Élysée et à Matignon, on cherche comment rebondir...

« J'en ai assez, je n'en peux plus. La conjoncture économique ne s'améliore pas et la situation politique est tout aussi alarmante. Mon impopularité est telle qu'elle finit par rejaillir sur vous. Je crois que le temps est venu de changer de Premier ministre. C'est la seule manière pour vous d'engager une reconquête de l'opinion publique[3]. » À l'automne 1996, c'est en ces termes que Juppé expose à Chirac la complexité de l'équation politique. Après cet aveu, la réflexion est intense des deux côtés de la Seine. Quelle est la meilleure façon de retrouver la confiance ? Un référendum ? Aucun sujet ne s'y prête. Un changement de Premier ministre ? Juppé y serait disposé, on l'a vu. Mais Chirac ne veut pas en entendre parler. Il entend travailler avec son ami Juppé le plus longtemps possible, sans doute pendant toute la durée du septennat. Reste la dissolution. L'arme atomique, le quitte ou double. Peu à peu, sans que l'on sache vraiment qui a lancé l'idée, cette

1. *Ibid.*
2. Alain Juppé, *Entre nous*, Nil, 1996.
3. Jacques Chirac, *Le Temps présidentiel*, ouvr. cité.

hypothèse prend forme. À l'Élysée, le phénomène de cour est tel que ceux qui disent clairement les choses au président se comptent sur les doigts d'une main. Et encore... Bernadette Chirac, évidemment. Leur fille Claude, le secrétaire général Dominique de Villepin. Et à l'extérieur du Palais, l'autre ami proche du président, Jean-Louis Debré, alors ministre de l'Intérieur. Des mois durant, comme en 1983, lorsque François Mitterrand hésite à quitter le système monétaire européen, le chef de l'État sonde secrètement ses conseillers et ses visiteurs. Avec le recul, à lire les Mémoires de Jacques Chirac et d'Alain Juppé, à entendre les témoignages, à recueillir les confidences des uns et des autres, il est encore difficile aujourd'hui d'affirmer avec une certitude absolue qui a précisément dit quoi sur le scénario suicide de cette dissolution boomerang. Pour la plupart des acteurs de l'époque, l'idée est clairement venue de Dominique de Villepin, même si, comme le précisera le président, elle a été « injustement attribuée au seul secrétaire général de l'Élysée[1] ». Au début de ce débat, Juppé est hésitant et Chirac semble résolument hostile. « C'est une pure folie. Les gens ne comprendront pas[2]... » « Nous risquons de perdre un grand nombre de députés, puisque l'état de grâce est terminé... Des élections anticipées auraient l'avantage de prendre la gauche de court. La majorité serait probablement reconduite, mais avec un faible score[3]... » explique, très prudent, le

1. Jacques Chirac, *Le Temps présidentiel*, ouvr. cité.
2. *Ibid.*
3. *Ibid.*

ministre de l'Intérieur Jean-Louis Debré. À l'heure du choix, Dominique de Villepin plaide pour cette prise de risque. De nombreux parlementaires vont dans le même sens. Parmi les adversaires de la dissolution figurent notamment le président de l'Assemblée nationale Philippe Séguin et le ministre Bernard Pons, ancien patron des députés RPR. Bernadette Chirac aurait également mis en garde son mari. En vain. Après des semaines d'hésitation et de rumeurs contradictoires, Chirac et Juppé tranchent en faveur de la dissolution. Arbitrage officialisé le 21 avril 1997, une date désormais maudite. Cinq années après, jour pour jour, le 21 avril sera fatal à Lionel Jospin, éliminé au premier tour de la présidentielle...

L'annonce faite devant les Français par un président pas vraiment convaincu, reste à faire campagne sur un thème porteur. La logique, souhaitée par le Premier ministre, qui plaide pour un discours de vérité, voudrait que la réussite nécessaire du passage programmé à la monnaie unique soit l'objectif retenu, accompagné d'une forme de dramatisation historique. Las ! C'était sans compter avec les communicants et les eurosceptiques qui rejettent cette idée qu'ils jugent ambitieuse mais peu excitante et pas vraiment mobilisatrice. Aucun autre argument solide ne tient la route. Impossible de dire aux Français qu'il s'agit en priorité pour le président de maintenir Alain Juppé à Matignon. Car, pour celles et ceux qui approchent Chirac de près dans ce moment de bascule, et qui lui parlent de la dissolution, c'est sans doute de cela qu'il s'agit. Faire le maximum pour que Juppé reste Premier ministre. Quitte à prendre un tel risque ? Le président va s'y résoudre.

L'opinion, déjà marquée par le conflit de novembre et décembre 1995, va rapidement basculer. Les sondages deviennent cruels. En quelques petites semaines, on ne trouve plus guère de partisans de cette opération qui, de manière implacable, se retourne contre ses initiateurs. Au soir du premier tour, le 25 mai 1997, Chirac et Juppé ne peuvent que constater les dégâts. 42 % pour l'opposition de gauche, 36 % pour la majorité, 15 % pour le Front national. La défaite au second tour est inéluctable. Le soir même, atteint par l'échec, Juppé explique à Chirac qu'il doit, pour limiter les dégâts, annoncer son départ de Matignon après le second tour, et quoi qu'il advienne. Décision actée le lendemain matin et annoncée entre les deux tours. Sans effet. L'Assemblée bascule à gauche, avec 320 députés contre 256 pour la majorité sortante. Les chiffres sont éloquents, sans appel. Jospin remplace Juppé. La troisième cohabitation commence. Le 14 juillet 1996, le président avait rejeté l'idée d'une « dissolution de convenance ». Neuf mois plus tard, il dissout sans pouvoir mettre en avant des arguments solides. Le bilan est dévastateur. Un septennat stoppé net. Un président affaibli, dont l'autorité est désormais contestée, y compris dans ses rangs. Un ancien Premier ministre qui paiera cher, et pendant longtemps, cette initiative présidentielle. Au printemps 1995, le duo Chirac-Juppé avait le maximum d'atouts dans son jeu. Deux années plus tard, tout est à refaire pour le chef de l'État. Tel est le prix, exorbitant, de l'une des plus grosses erreurs politiques de la Ve République.

10

Jacques Chirac et Lionel Jospin

Hélas ! J'ai beau crier et me rendre incommode :
L'ingratitude et les abus
N'en seront pas moins à la mode.

« La Forêt et le Bûcheron », XII, xvi.

« J'assume pleinement la responsabilité de cet échec et j'en tire les conclusions en me retirant de la vie politique après la fin de l'élection présidentielle. » À 22 h 10, le 21 avril 2002, Lionel Jospin prend acte avec panache de son élimination au premier tour de l'élection présidentielle. 16,18 % des voix. Cent quatre vingt-quatorze mille suffrages de moins que les 16,86 % de Jean-Marie Le Pen. Un tsunami, un séisme, un choc, un tremblement de terre, une catastrophe. Chacun ira de sa formule. Un mélange de sidération et de stupéfaction. Ce 21 avril marque la fin de la cohabitation Chirac-Jospin. Un duel musclé qui ne connaîtra aucun répit malgré l'apparente courtoisie. Un combat de tous les jours, cinq longues années durant...

« Chirac a perdu beaucoup de son énergie et de sa force. Il est fatigué, vieilli, victime d'une certaine usure du pouvoir. Il est marqué par une certaine passivité. »

Ce 10 mars 1995, lorsque Lionel Jospin parle ainsi de Jacques Chirac aux journalistes qui suivent sa campagne présidentielle dans l'avion qui les ramène de l'île de la Réunion à Paris, mesure-t-il l'impact de ses propos ? Sans doute pas. Et d'ailleurs, il devra s'expliquer dès son retour et affirmer que ces petites phrases « ne lui ressemblent pas ». En effet, l'ancien Premier ministre ne goûte guère ces polémiques. Depuis le début de sa carrière politique, il s'efforce d'apparaître comme un exemple de rigueur, d'honnêteté. Lorsqu'on parle de déontologie à propos de la politique, on pense immédiatement à Lionel Jospin, comme on pensait hier à Pierre Mendès France. Ce 10 mars 1995, c'est aussi l'avant-dernière séquence de la cohabitation Chirac-Jospin, la troisième cohabitation de la Vᵉ République. Après la cohabitation Mitterrand-Chirac, rude et parfois brutale, après la cohabitation Mitterrand-Balladur, faussement courtoise et souvent âpre et sèche, voici donc la cohabitation Chirac-Jospin, directe, conflictuelle, tout à la fois politiquement idéologique et psychologiquement rugueuse. Ils sont si différents, ces deux hommes, que rien ne semble devoir les rapprocher. Se sont-ils détestés ? Oui. Pendant cinq longues années, ils se sont en réalité, et en permanence, préparés à un affrontement évident, naturel, presque inéluctable. Une bataille gauche-droite sans la moindre complicité, sans vrai respect réciproque. Un duel entre une droite qui se veut sociale et une social-démocratie qui se veut moderne. Un affrontement âpre et pugnace...

C'est une confortable majorité de gauche qui sort des urnes le dimanche 1er juin 1997. Socialistes et communistes, réunis dans la gauche plurielle, emportent 320 sièges, la nouvelle opposition RPR-UDF, 253. Qui l'aurait prévu le 21 avril 1997, lorsque Jacques Chirac annonce solennellement à 20 heures une dissolution qu'il excluait catégoriquement, dans son principe comme dans ses modalités, un an plus tôt ? Ce résultat est une catastrophe politique pour le chef de l'État. Mais au fil des ans, le président est devenu pragmatique. Il a vécu la première cohabitation, de 1986 à 1988, et en a retenu les leçons. Il avait même déjà vécu une forme de cohabitation, de fin 1974 à août 1976, avec VGE à l'Élysée, avant de claquer la porte sur le conseil de Pierre Juillet et de Marie-France Garaud. Face à cette bérézina électorale, il doit donc s'adapter. « Mon état d'esprit au lendemain de la dissolution n'est pas celui d'un homme enclin à cultiver des remords ou des regrets[1] », écrira-t-il. « Il est réaliste, il prend en compte ce qui vient de se produire et cherche à bien s'inscrire dans sa fonction de président[2] », notera pour sa part Lionel Jospin. Dès le lendemain du second tour, en fin de matinée, le président reçoit à l'Élysée le vainqueur, le patron de la nouvelle majorité. Entretien courtois, mais plutôt tendu. Chirac félicite Jospin. Le nouveau Premier ministre remercie, mais n'en rajoute pas. Il veut éviter le piège d'une éventuelle complicité. Les deux hommes se reverront deux fois dans les heures qui suivront. Pour

1. Jacques Chirac, *Le Temps présidentiel*, ouvr. cité.
2. Lionel Jospin, *Lionel raconte Jospin. Le sens d'une vie*, Seuil, 2010.

évoquer leurs rôles respectifs, le partage des responsabilités et des pouvoirs, les règles du jeu entre l'Élysée et Matignon, les nominations, le domaine réservé ou partagé en matière de politique étrangère et de défense. Et pour aborder en même temps l'architecture du nouveau gouvernement. Chirac connaît d'expérience « les vices et les vertus, les jeux subtils et les contraintes avantageuses[1] » de la cohabitation. Jospin, de son côté, a longuement évoqué ce schéma politique avec Hubert Védrine, l'ancien secrétaire général de l'Élysée sous le règne de Mitterrand. *A priori*, les deux têtes de l'exécutif sont sur la même longueur d'onde. La troisième cohabitation, la plus longue à ce jour de la Ve République, peut commencer...

Comme la plupart des médias le relèvent en ce début juin 1997, qu'ils soient proches ou adversaires de la gauche, c'est une véritable « *dream team* » qui va accompagner Lionel Jospin. Chevènement à l'Intérieur, Martine Aubry aux Affaires sociales et numéro deux du gouvernement, Védrine aux Affaires étrangères, Strauss-Kahn à l'Économie, Élisabeth Guigou à la Justice, Allègre à l'Éducation, Moscovici aux Affaires européennes : à l'exception de Fabius, qui présidera l'Assemblée nationale, et de Michel Rocard, député européen, et qui avait d'ailleurs fait discrètement et étrangement savoir au chef de l'État, qu'il connaît bien pour l'avoir côtoyé à Sciences Po, son souhait d'être nommé au Quai d'Orsay, tous les ténors et tous les espoirs du PS sont là. Parmi eux, vu de l'Élysée, un ministre se distingue : c'est Hubert Védrine, que

1. Jacques Chirac, *Le Temps présidentiel*, ouvr. cité.

Chirac apprécie tout particulièrement, et qui jouera un rôle discret mais utile lorsque les premières frictions apparaîtront entre le président et le Premier ministre. « Une des seules choses positives dans cette catastrophe, c'est que vous soyez là[1] », lui glissera Chirac au début de leur premier tête-à-tête hebdomadaire. Cinq années durant, Jacques Chirac et Hubert Védrine s'entendront au mieux. Et le chef de l'État ne cessera de vanter les mérites de ce ministre, de souligner sa « parfaite maîtrise des rouages diplomatiques, la fidélité à ses convictions, une ouverture d'esprit à rebours de tout esprit dogmatique[2] ». Un contraste assez saisissant à la lumière des relations méfiantes et circonspectes Élysée-Matignon. Et, bien sûr, en creux, une manière de mettre l'accent sur des qualités qui, selon Chirac, font défaut au nouveau Premier ministre.

À l'aube de cette troisième cohabitation, il n'y a rien de commun, ou si peu, entre les deux chefs de l'exécutif. Rien, sinon le cursus Sciences Po puis l'ENA. Ensuite, tout diverge. L'ambition, la carrière, la sensibilité, les choix politiques, même si Chirac flirte un temps avec la gauche quand il signe, à 18 ans, l'appel de Stockholm pour le désarmement et lorsqu'il vend *l'Humanité dimanche* devant l'église Saint-Sulpice, à Paris. Jospin est sincèrement à gauche, en phase avec le PS après un court, mais fondateur, passage chez les trotskistes. Chirac est clairement, et depuis très longtemps, à droite, plus

1. Jacques Chirac, *Le Temps présidentiel*, ouvr. cité.
2. *Ibid.*

pompidolien que gaulliste, même s'il évoluera progressivement vers ce radical-socialisme corrézien dont il est issu. Quant aux caractères, ils sont aussi dissemblables que possible. Sobre, infatigable travailleur, parfois lointain, exigeant, très raide quand il s'agit de l'éthique, d'une culture éclectique, plus attaché aux valeurs qu'à la tactique politicienne. Tel est Jospin, qui ressemble à l'arbre qu'il a planté à Matignon, un orme de Lutèce, dense, résistant, d'une grande taille. Jospin n'aime pas Chirac, qui le lui rend bien. Le président, lui, a évolué depuis ses premiers pas de la fin des années 1960 et ses deux passages à Matignon. Plus rond, moins cassant avec ses adversaires, plus consensuel, moins libéral, plus social, moins autoritaire, toujours aussi fidèle en amitié. Le nouveau Premier ministre se contentera de dire que Chirac était « réaliste », « prosaïque »[1]. Mais en privé, il peine à cacher son peu d'estime pour le chef de l'État. Chirac l'a tout de suite compris. Le Premier ministre « ne fait aucun effort pour masquer sa méfiance à mon égard et ne m'apprécie guère, de toute évidence... Je ne me sens rien de commun avec un dirigeant dont la rigidité intellectuelle, la vision manichéenne de la société, la conception antagoniste des rapports politiques dictent le comportement comme la pensée[2] », notera-t-il dans ses Mémoires. Bref, cette troisième et longue cohabitation s'engage mal. Et très vite, inévitablement, le premier clash va intervenir.

---

1. Lionel Jospin, *Lionel raconte Jospin. Le sens d'une vie*, ouvr. cité.
2. Jacques Chirac, *Le Temps présidentiel*, ouvr. cité.

« La Constitution prévoit des choses et ces choses donnent, notamment, une prééminence, et je dirais donnent un peu le dernier mot au président de la République. » « Le dernier mot » ! Jamais, onze ans plus tôt, en 1986, au début de la première cohabitation, Jacques Chirac n'aurait approuvé une telle expression dans la bouche de François Mitterrand. Mais en ce 14 juillet 1997, dans les jardins de l'Élysée, le chef de l'État, étonnamment à l'aise, s'efforçant d'apparaître serein et détendu, presque lointain, après la bérézina de la dissolution, ajoute ce « dernier mot » à l'éternel débat sur le partage des responsabilités. Comme s'il était soulagé de le faire, pour mieux marquer son territoire, pour faire comprendre que, malgré l'échec cuisant des législatives, il est toujours là, prêt à affronter la gauche plurielle, prêt à engager le fer contre son futur concurrent à la présidentielle de 2002. « Rien en soi de très original, ni qui puisse prêter à controverse[1] », se justifiera-t-il, évoquant ce « dernier mot », ces propos aussitôt condamnés par la nouvelle majorité. Mais à Matignon, où le message présidentiel est décortiqué, analysé dans sa clarté et dans ses nuances, Jospin est furieux. Il ne s'attendait pas aussi tôt à une telle intervention. « Extravagant... sans aucun fondement dans la Constitution... fantaisiste[2] », dira-t-il trois jours plus tard devant le Conseil des ministres. Il tient absolument, avec une solennité qui frappe les membres du gouvernement, à faire cette mise au point. Une forme d'avertissement

1. Jacques Chirac, *Le Temps présidentiel*, ouvr. cité.
2. Lionel Jospin, *Lionel raconte Jospin. Le sens d'une vie*, ouvr. cité.

institutionnel. Il en a informé le président lors du traditionnel tête-à-tête qui précède le Conseil. Le Premier ministre, très formel, rappelle devant les ministres la lettre et l'esprit des institutions. Il lit les articles 5 et 20 de la Constitution, ceux qui précisent les attributions du président (fonctionnement régulier des pouvoirs publics, continuité de l'État, indépendance nationale, intégrité du territoire, respect des traités) et celles du chef du gouvernement qui « détermine et conduit la politique de la nation... qui est responsable devant le Parlement ». Certes, Jospin ajoute que le chef de l'État pourra bien entendu, comme homme politique, commenter l'action et les décisions du gouvernement. Mais le rappel est tel, si ferme, si tranchant, que l'ambiance se refroidit d'un coup autour de la table du Conseil des ministres, dans ce salon Murat où nombre de joutes oratoires ont déjà rythmé, de 1986 à 1988 et de 1993 à 1995, ces réunions hebdomadaires. Quelques heures après ce Conseil, un ministre que je connais bien, pourtant connu pour sa discrétion, m'appellera pour me raconter, ému, ce moment d'énorme tension. Jusqu'en 2002, au terme de ces cinq années de cohabitation, plus jamais Jacques Chirac, soucieux de ne pas envenimer les relations avec Matignon, ne reparlera de cet imprudent « dernier mot »...

10 octobre 1997. L'acte de naissance des 35 heures va provoquer un nouvel accroc entre Chirac et Jospin. À l'occasion d'une conférence gouvernement-syndicats-patronat, le projet de loi abaissant la durée légale du travail à 35 heures est rendu public. Dans la foulée, le président du CNPF, le Conseil national du patronat français,

claque la porte et démissionne avec fracas. Immédiatement, la polémique fait rage. Jacques Chirac, qui s'est peu exprimé depuis le 14 juillet, s'engouffre dans la brèche. Il condamne « des expérimentations hasardeuses », regrette « l'absence totale de dialogue » et demande au gouvernement de veiller à ce que « l'espérance naturelle à travailler moins soit compatible avec la bonne santé de l'entreprise ». On apprendra aussi que le président a réellement hésité à repousser l'inscription de ce projet de loi à l'ordre du jour du Conseil des ministres en attendant une concertation plus poussée. Il y renoncera finalement, préférant argumenter, critiquer publiquement et sévèrement cette réforme, prendre l'opinion publique à témoin. C'est par l'humour que réagira Jospin, s'amusant, lors du congrès du PS réuni à Brest, à ironiser, à propos d'« expérimentation hasardeuse », sur la dissolution boomerang du printemps précédent. Finalement, à l'issue d'un parcours législatif animé, la réforme des 35 heures, la plus emblématique du « quinquennat Jospin », sera adoptée sans coup férir. Aujourd'hui encore, cette loi est régulièrement taillée en pièces, dans son principe comme dans ses modalités, à l'hôpital en particulier. Mais aucun gouvernement de droite ou du centre ne l'a, jusque-là, véritablement remise en cause. Soucieux de consolider l'image consensuelle qu'il souhaite présenter aux Français, Chirac n'ira pas plus loin ni plus fort dans sa critique. Il se réserve sans doute pour le duel du second tour de la présidentielle... qui n'aura jamais lieu.

Dans les médias, cette alternance politique s'accompagne de quelques changements, mais plutôt moins brutaux que précédemment. PDG de France Télévisions depuis 1996, mon ami Xavier Gouyou-Beauchamps, pourtant ancien porte-parole de Giscard, n'est pas menacé dans ses fonctions. Je l'ai rejoint en juin 1996 pour diriger l'antenne et les programmes de France 3 après trois années de bonheur à Radio France. Je retrouve donc, quatorze ans après, le service public de la télévision dont j'avais été licencié en 1981. Deux ans à la direction générale de l'antenne de France 3, une année à France 2 dans les mêmes fonctions. À l'été 1999, après le changement de président à France Télévision, je dois de nouveau quitter ce groupe public dans des conditions qui ne sont pas étrangères à la politique. Ni Lionel Jospin ni Jacques Chirac n'en sont d'ailleurs directement responsables. Et le Premier ministre me fera savoir, et je sais qu'il dit vrai, qu'il n'est aucunement intervenu. Au moment de prendre ses fonctions, il s'était solennellement engagé à ne pas interférer dans ce type de nominations. Mais visiblement, il n'a pas été suivi par tous ses ministres. Et il s'en est expliqué de manière claire et nette, sans fioritures, avec le membre du gouvernement qui avait « interféré » et fait connaître que mon maintien dans l'état-major de France Télévisions n'était pas souhaitable... Décidément, en toutes périodes, et quelles que soient les majorités et les présidents de la République, la politique et les médias publics ne font pas toujours bon ménage.

Octobre 1999. La réforme du PACS, le pacte civil de solidarité, met le Parlement en ébullition. La cohabitation Chirac-Jospin a trouvé une sorte de vitesse de croisière, une paix armée provisoire. Les résultats économiques sont bons. La croissance reprend. Le gouvernement est plutôt populaire. Le débat sur les 35 heures s'est progressivement apaisé. Mais à chaque occasion, le duel majorité/opposition se réveille, comme un échauffement avant la présidentielle de 2002. En désaccord frontal sur les grandes orientations économiques et sociales, Chirac et Jospin, comme Mitterrand et Balladur quelques années plus tôt, sont le plus souvent sur la même ligne s'agissant de la politique étrangère, notamment sur la construction européenne dans la perspective de la création de l'euro. Quant aux Français, toujours prompts à batailler et à s'enflammer, ils semblent apprécier ce partage des pouvoirs. Le président s'efforce de réunir sous son autorité le RPR et l'UDF, mais, dans ce camp, les élections régionales de mars 1998 ont clairement dérapé. Cinq dirigeants UDF, dont Soisson, pourtant ancien ministre de François Mitterrand, ont été élus présidents de région grâce aux voix du Front national. Jacques Chirac a toujours été parfaitement clair sur les relations avec l'extrême droite. Aucun accord, aucune compromission, aucun rapprochement. Un vrai et sincère cordon sanitaire interdisant *a priori* toute manœuvre. Mais ces cinq élections régionales sulfureuses l'ont affaibli, dans la mesure où il n'a pu empêcher ces accords contre nature. En cet automne 1999, le débat sur le PACS vient, d'un coup, embraser le milieu politique. À l'Assemblée, le débat se transforme en véritable guérilla. Le choc est violent entre la majorité et l'opposition. Les incidents se multiplient. Comme souvent lorsqu'il s'agit d'une réforme de société, les polémiques se durcissent.

Une tradition bien française, d'autant plus étonnante que, la réforme étant votée, puis promulguée, elle n'est quasiment jamais remise en cause par la suite. On l'a déjà observé avec l'IVG sous Giscard et la peine de mort sous Mitterrand. On le verra avec cette réforme du PACS, que personne n'oserait remettre en cause aujourd'hui, comme, plus tard, avec le mariage pour tous et la PMA. Soucieux de ménager l'ensemble de l'opinion tout en s'efforçant de ne pas heurter le cœur de son électorat, le chef de l'État se garde de trop critiquer cette réforme. Il insiste surtout sur la place de la famille dans la société et note que le PACS « ne comporte aucune sécurité, notamment en cas de rupture ». Et pendant la campagne présidentielle de 2002, conseillé par sa fille Claude et par Roselyne Bachelot, qui a courageusement plaidé pour le PACS, en 1999, il expliquera que, réélu, il ne reviendra pas sur cette réforme. La cohabitation n'aura finalement pas trop souffert de ce débat national sur une avancée incontestable...

26 février 2000. Lors de son voyage au Moyen-Orient, Lionel Jospin est violemment pris à partie par des étudiants palestiniens qui lui reprochent d'avoir qualifié de « terroristes » les attaques du Hezbollah contre l'armée israélienne au Sud Liban. Le Premier ministre est même légèrement blessé à la tête à la suite de jets de pierres. À Paris, le président, furieux des propos tenus par Jospin, fait savoir qu'il convoque le chef de gouvernement dès son retour. Au cours d'un entretien téléphonique glacial, le Premier ministre refuse de répondre à cette convocation. L'explication, tout aussi glaciale, aura lieu à l'occasion

de l'entretien hebdomadaire qui précède le Conseil des ministres suivant. « Pas une once de fraternité, un vrai politicien[1] », jugera Lionel Jospin en commentant l'attitude de Chirac ce jour-là. Cet incident laissera des traces. Plus personnelles que politiques d'ailleurs, le Premier ministre estimant que le président ne s'est pas montré assez solidaire, se contentant de prendre des nouvelles, alors que le leader palestinien Yasser Arafat avait, sur place, après ce grave incident, effectué un geste symbolique, posé ses lèvres sur le crâne de Lionel Jospin là où le Premier ministre avait été légèrement blessé. Entre Chirac et Jospin, la tension était déjà vive. Après cet épisode, elle deviendra franchement explosive...

L'instauration du quinquennat sera, en 2000, un point culminant de ce duel permanent entre l'Élysée et Matignon. Le 14 juillet 1999, le chef de l'État rejette cette réforme, estimant que le quinquennat « serait une erreur » et qu'il ne l'approuvera pas. Un an plus tard, un peu plus d'un mois après l'adoption du projet de loi ramenant à cinq ans la durée du mandat présidentiel, Chirac justifie son revirement, mettant notamment en avant la « nécessaire modernisation » des institutions. Il écrira plus tard que ce quinquennat était « majoritairement perçu par les Français comme le gage d'une plus grande vitalité démocratique[2] ». En réalité, c'est le pragmatisme de Chirac qui explique cette nouvelle et

1. Lionel Jospin, *Lionel raconte Jospin. Le sens d'une vie*, ouvr. cité.
2. Jacques Chirac, *Le Temps présidentiel*, ouvr. cité.

spectaculaire volte-face qui rappelle l'aller et retour de 1996 et 1997 sur la dissolution ratée. Un virage à cent quatre-vingts degrés, inédit sous la Ve République sur un sujet de cette importance. À partir du moment où Lionel Jospin et l'ancien président Giscard d'Estaing étaient sur la même ligne et souhaitaient imposer cette réforme, le chef de l'État ne pouvait plus s'y opposer. Mis au pied du mur, contraint et forcé, quitte à se renier à moins d'un an d'écart, il ne pouvait que s'y résoudre, et légitimer sa démarche en organisant un référendum. Le résultat ne faisait aucun doute. Le 24 septembre 2000, le oui l'emporte donc avec 73,21 % des voix. Mais le record d'abstention vient gâcher la fête. 70 % ! Un signal contradictoire, une très large adhésion et une forme de grève du vote, un avertissement sans frais avant que, dans les années qui suivront ce scrutin, la participation ne cesse, élection après élection, de fléchir dangereusement. Dans cette cohabitation au couteau, Jospin aura marqué un point. Et, à moins de deux ans de l'élection présidentielle, l'image présidentielle semble sérieusement atteinte...

La campagne approche, et le climat se durcit encore. Bien sûr, les deux têtes de l'exécutif évitent les heurts en public. Il leur arrive même de boire une bière ensemble et de plaisanter ostensiblement devant les caméras. Mais personne n'y croit. La bataille est engagée, âpre, brutale, pugnace, parfois cruelle lorsque chacun des deux camps tente, plus ou moins directement, plus ou moins habilement, d'instrumentaliser les affaires, la célèbre cassette Méry sur le financement du RPR d'un côté, la MNEF de l'autre. Jospin déteste cette manière de faire de la politique. Mais les entourages respectifs s'y prêtent sans déplaisir. Ainsi, la campagne électorale ne sera pas réellement un choc idéologique. Le président sortant, qui garde en mémoire le thème victorieux de la fracture sociale en 1995, joue la carte du consensus, de l'unité nationale, sans propositions novatrices. En face, son challenger décline avec sérieux son bilan, certes flatteur, sur le terrain économique et social. Mais jamais, depuis de Gaulle, un candidat n'a été élu sur un bilan. Le 11 février 2002, Chirac annonce sa candidature à l'occasion d'un déplacement à Avignon, répondant tout simplement, sourire à l'appui, à une question de son amie Marie-Josée Roig, la maire cette ville. Neuf jours plus tard, c'est au tour de Jospin de se lancer dans la bataille. Il le fait curieusement par un fax adressé à l'Agence France-Presse. « Une France active, juste, sûre, moderne, forte », promet-il dans ce texte. Chirac veut, lui, « mettre son expérience au service d'une France sûre, ouverte, généreuse ». En réalité, c'est, pour l'essentiel, sur la sécurité qu'il ne cessera d'insister. La campagne se déroule sur ces bases, chacun des deux candidats restant bien installé dans son couloir. Avec une surprise de taille : la multiplication des candidatures à gauche, dans ce camp pluriel théorisé par Jospin en 1997. Jean-Pierre Chevènement, qui grimpera à un moment jusqu'à 14 % dans les sondages, Noël Mamère, Christiane Taubira et le communiste Robert Hue obtiendront au total plus de 16 % des voix au soir du premier tour. À quoi il faut ajouter, même marginalement, deux candidats d'extrême gauche. Au total, un handicap vraiment majeur pour le Premier ministre sortant qui a sans doute sous-estimé ce danger. Au cours du dernier mois de campagne, Chirac oscille de 18,5 à 24 % dans les sondages sur les intentions de vote, Jospin de 16,5 à 20 %, Le Pen de 9,5 à 14 %. *A priori*, rien ne permet alors d'imaginer le pire des scénarios pour le candidat socialiste. Pourtant, une semaine avant ce funeste 21 avril, le débat se focalise chaque jour davantage sur la sécurité, un thème très défavorable à Jospin, dont le bilan sur ce sujet est largement critiqué. Et la désormais célèbre « affaire Papy Voise », ce retraité violemment agressé trois jours avant le premier tour et dont la photo, avec le visage tuméfié, enflamme les médias, va encore durcir la polémique. Huit jours avant le vote, Gérard Le Gall, le spécialiste reconnu des sondages au PS, alerte le candidat puis les responsables de la campagne de Jospin sur l'hypothèse de la présence de Le Pen au second tour. Lionel Jospin aurait-il pu, ou dû, rendre ce scénario public et, en conséquence, en appeler au sursaut, au vote utile ? Dans son camp, ils sont aujourd'hui nombreux à le penser. Mais, sur le moment, les proches du candidat, et Jospin lui-même, estiment qu'une telle dramatisation déplairait fortement aux alliés de la gauche plurielle et risquerait de mettre en cause les reports de voix entre les deux tours. La veille du scrutin, et le matin même, chacun s'attend encore à un duel Chirac-Jospin au second tour. C'est vers 19 heures, le 21 avril, que le drame se joue...

Dans les deux QG, chez Chirac comme chez Jospin, les toutes premières indications sur une éventuelle élimination du candidat socialiste ne sont pas vraiment prises au sérieux. Informé par Dominique de Villepin sur les chiffres de bureaux test allant dans ce sens, Chirac s'agace. Il n'y croit pas. Il ne peut pas y croire. Il ne veut pas y croire. Lui qui fait de la bataille contre l'extrême droite un combat personnel est consterné. Mais au fil des minutes, la réalité s'impose, cruelle. « C'est un choc[1] », confiera Jospin. « C'est un profond sentiment de malaise qui m'envahit, où l'effarement se mêle à la tristesse et à l'incompréhension[2] » notera Chirac. Mais les jeux sont faits. Chirac sera très largement réélu au second tour, le réflexe démocratique et le front républicain jouant à fond. Jospin se retirera avec dignité de la vie politique. La troisième cohabitation se termine dans l'amertume. Le bûcheron Jospin a tenté de réformer, de moderniser la société. Il a obtenu des résultats. Il a bien sûr commis des erreurs, avant et pendant la campagne. Mais il a abattu quelques arbres, ceux qui cachent la forêt des pesanteurs, des lourdeurs et des lenteurs bien françaises. Cela n'a pas suffi. Quant à Chirac, il a gagné son pari et réussi, après Mitterrand, à exercer un second mandat. Mais il restera marqué, presque traumatisé, par l'accession de Le Pen au second tour à l'issue de son septennat. Bref, les deux hommes partageront d'une certaine manière la même douleur, le même chagrin, le même ressentiment face à ce choc politique sans précédent...

1. Lionel Jospin, *Lionel raconte Jospin. Le sens d'une vie*, ouvr. cité.
2. Jacques Chirac, *Le Temps présidentiel*, ouvr. cité.

11

Nicolas Sarkozy et François Fillon

La Déesse Discorde ayant brouillé les Dieux...
On la fit déloger des Cieux.
Chez l'Animal qu'on appelle Homme
On la reçut à bras ouverts...

« La Discorde », VI, xx.

La chaleur est torride, ce 21 septembre 2007. Près de Calvi, dans cette Balagne qui fait la fierté légitime des Corses, François Fillon déjeune avec des agriculteurs. Ambiance chaleureuse, rosé bien frais, échanges directs, loin des petits calculs politiciens de la capitale en cette rentrée, la première du tandem Sarkozy-Fillon. Le nouveau Premier ministre est aux anges. Il aime cette Corse où la langue de bois est oubliée depuis longtemps. Autour de la table dressée sous un vieux figuier, les revendications s'expriment sans détour. Ici, on parle cash au chef du gouvernement. François Fillon répond sur le même ton. Un mélange de gravité et de décontraction. Et soudain, la phrase fuse, inattendue dans la bouche d'un homme connu pour sa prudence : « Je suis à la tête d'un État en faillite. » Fillon veut ainsi répondre aux nombreuses doléances de cette rentrée, aux revendications qui s'accumulent. Il entend aussi passer ce message sans fioritures aux ministres qui multiplient les demandes en cette période où Matignon, Bercy et l'Élysée rendent les ultimes arbitrages budgétaires. « Un État en faillite » ! Ces quelques mots, bruts de décoffrage, et bien entendu enregistrés par les micros et les caméras, ne tardent pas à traverser la Méditerranée. À Paris, c'est aussitôt l'ébullition. Au Palais, on hésite entre l'étonnement et la stupéfaction. « J'ai un peu poussé, non ? » glisse le Premier ministre à son proche conseiller, Jean de Boishue, un brillant gaullo-chiraco-séguiniste, pétri de culture et d'histoire et doté d'un vrai sens de l'État et d'une intuition politique aiguë. Secrétaire d'État chargé de l'Enseignement supérieur en 1995, au début du premier mandat de Jacques Chirac, il est l'héritier naturel et désintéressé de deux gaullistes aussi différents que sincères, Olivier Guichard, dont il a été un très proche conseiller, et son ami et mentor Philippe Séguin. À cet instant, quatre mois après la nomination du nouveau Premier ministre, ce politique instinctif et intuitif comprend qu'une page se tourne déjà, que la relation Élysée-Matignon prend un tour nouveau. Quant à François Fillon, pas si mécontent de la franchise de son propos, se doute-t-il que la réaction du président va être aussi vive qu'immédiate, que la foudre va s'abattre ?

Quelques instants suffisent pour que le portable du Premier ministre sonne. Il s'éloigne. Au bout du fil, le chef de l'État est furieux. Les témoins, décrivant la scène, se souviennent d'une conversation apparemment très animée. On apprendra très vite que Nicolas Sarkozy reprochait surtout à Fillon les premiers mots de la déclaration qui met Paris en ébullition. Ce « Je suis à la tête d'un État... », le président ne l'accepte pas et le lui dit clairement au téléphone. Le patron, c'est lui, et il entend le faire comprendre et le faire savoir. Sarkozy a déjà théorisé cette répartition des rôles entre le président et son Premier ministre. Dans l'esprit du chef de l'État, il n'y a aucune ambiguïté. Le président tient sa légitimité du peuple, pas le Premier ministre. L'un est élu, l'autre n'est que nommé. Sarkozy a l'habitude de dire que le Premier ministre doit garder la confiance du président alors que le président doit garder la confiance du pays, de tous les Français. Dès lors, c'est une étrange mais véritable cohabitation qui commence, une cohabitation droite-droite, une cohabitation avec quelques hauts et beaucoup de bas. Elle durera cinq longues années, rythmée par des crises, marquée par une alternance de périodes d'accalmie et de phases de tempêtes.

C'est lors d'un déjeuner de presse, un mois plus tôt jour pour jour, que le nouveau président de la République évoque pour la première fois les relations entre le chef de l'État et le Premier ministre. C'est ce jour-là, ce mardi 21 août 2007, devant des journalistes de la presse quotidienne régionale, qu'il lâche à propos du chef de son gouvernement le mot qui claque et qui fera florès : « collaborateur ». À Matignon, où la petite phrase présidentielle circule immédiatement, on hésite entre l'abattement, la surprise et la colère. Pour avoir travaillé à ses côtés durant toute la campagne, pour avoir même dirigé l'équipe qui préparait le programme présidentiel, Fillon connaissait à la fois la pratique du pouvoir du nouveau chef de l'État et la manière dont il conçoit la répartition des rôles entre le président et son Premier ministre. Il savait qu'en creux, les critiques au bazooka lancées par le ministre de l'Intérieur de Jean-Pierre Raffarin et Dominique de Villepin contre la gouvernance de Jacques Chirac, sa référence au « roi fainéant », visaient à la fois l'homme et sa conception de la fonction présidentielle, trop passive et trop lointaine à ses yeux. Fillon, qui avait compris bien avant le début de la campagne présidentielle qu'il serait nommé à Matignon tant ce choix apparaissait évident et naturel, ne pouvait ignorer qu'avec Sarkozy à l'Élysée, le pouvoir s'installerait clairement, et immédiatement, de l'autre côté de la Seine, rue du Faubourg-Saint-Honoré. Mais il est quand même étonné de cette hyperprésidence assumée. De 1995 à 1997, Chirac, on l'a vu, avait laissé une large autonomie à Juppé. De 2002 à 2005, Raffarin occupait le devant de la scène intérieure. Et dans les deux dernières années du second mandat chiraquien, de 2005 à 2007, Villepin était à la fois Premier ministre et une sorte de vice-président. Dans ses différentes et successives responsabilités, place Beauvau, à Bercy et à la tête de l'UMP, Sarkozy observait ce spectacle politique avec un mélange de scepticisme, d'amusement puis d'insolence, voire de férocité. « Je décide, il exécute », avait lancé le président le 14 juillet 2004 à propos de son ambitieux et très indépendant ministre. Recevant à la même heure quelques personnalités à déjeuner à Bercy, Sarkozy n'avait pas réussi à cacher sa colère et son envie d'en découdre. « Je n'ai pas vocation à démonter tranquillement les serrures à

Versailles pendant que la France gronde. » Le 14 juillet 2005, quelques semaines après le coup de tonnerre du « non » massif au référendum sur le nouveau traité européen, il visait ainsi explicitement un président Chirac très affaibli par cet échec spectaculaire en ironisant et en comparant le chef de l'État à Louis XVI. Pouvait-on être plus cruel avec un président en bout de course ? Sarkozy avait, ce jour-là, définitivement largué les amarres...

Ce 21 septembre 2007, alors que sa petite phrase sur « la France en faillite » circule à toute vitesse dans l'Hexagone, François Fillon envisage-t-il de présenter sa démission après l'échange téléphonique pour le moins houleux avec le président ? Apparemment pas, et franchement difficile à justifier et à expliquer à l'opinion quatre mois après sa nomination. Il sait déjà, en revanche, que rien ne sera plus comme avant. Désormais, et jusqu'à la fin du quinquennat, la méfiance sera quasi permanente entre l'Élysée et Matignon. Et parfois, c'est une véritable guerre de tranchées. Régulièrement, le mercredi, à l'issue du Conseil des ministres, Fillon revient à Matignon déstabilisé, parfois même souffrant du dos, un mal souvent psychosomatique qui, en 2008, se transformera en lombosciatique, une douleur plus vive encore que le lumbago. Il annonce d'ailleurs en privé en avoir « plein le dos ». Son entourage est convaincu que cette maladie est étroitement liée à ses rapports conflictuels avec le chef de l'État. Pendant le Conseil, il est en effet fréquent que le président parle sans détour, sans fioritures, de la gestion de tel ou tel dossier, de la réaction de tel ou tel membre du gouvernement. Et le Premier ministre n'est pas épargné.

Certes, dans le huis clos de cette réunion, la plupart des présidents de la Ve agissaient ainsi, chacun avec sa personnalité. De Gaulle avec hauteur, Pompidou avec ironie, Giscard avec agacement, Mitterrand avec distance, Chirac avec irritation, Hollande avec humour, Macron avec impatience : dans ces circonstances, et quelle que soit sa personnalité, le monarque républicain, fort de son autorité, n'hésite pas à rappeler aux ministres, et notamment au premier d'entre eux, les règles du jeu, le fonctionnement et la hiérarchie naturelle de la Ve République. Mais entre 2007 et 2012, ce rappel à l'ordre sera monnaie courante durant ces réunions hebdomadaires. Et quand ce n'est pas dans le salon Murat lors d'un Conseil des ministres, c'est dans le salon Vert, juste à côté du bureau présidentiel, que le président en exercice n'hésite pas à contredire devant ses ministres le chef du gouvernement et, quel que soit le sujet, à remettre vigoureusement de l'ordre dans le débat. Lorsqu'il apprend que, dans ce salon Vert, Sarkozy reçoit en son absence, aussi fréquemment que discrètement, le G7, un petit groupe de ministres proches du président, Fillon voit rouge, mais ne l'exprime pas publiquement. Il enrage, mais en silence. Et il avoue souvent vivre par moments un véritable calvaire. Plusieurs de ses proches conseillers lui recommandent parfois de démissionner pour préparer la suite. Car, en réalité, il y pense déjà...

Comment le tandem Sarkozy-Fillon a-t-il pu durer cinq ans ? Sur le moment, après ce premier clash de 2007, et avec le recul du temps, la question reste étrangement sans réponse tant, au fil du temps, les divergences entre les deux hommes éclataient au grand jour. Dès le printemps et l'été 2007, Fillon comprend que le chef de l'État sera soit un hyperprésident, soit un omniprésident, un choix que l'intéressé revendique et assume pleinement. « Hyperprésident ? Je ne l'ai pas été assez », s'amuse-t-il fréquemment. Le premier vrai quinquennat, c'est donc assurément celui de Sarkozy. De 2002 à 2007, Chirac prolongeait son premier mandat avec le même style, le même rythme, la même cadence. La rupture liée au quinquennat ne sera visible qu'à compter de 2007. On passe tout à coup d'un monde à un autre, presque d'un régime à un autre. Une sorte de Ve République *bis*, avec un président aux manettes matin, midi et soir, et un chef de gouvernement chargé de la mise en œuvre des arbitrages élyséens. Certes, François Fillon, très apprécié de la majorité parlementaire, obtient parfois des arbitrages favorables. Et en privé, il rappelle à chaque occasion que c'est à Matignon, et non à l'Élysée, que sont définitivement actées puis mises en œuvre les décisions gouvernementales, que la courroie de transmission entre l'exécutif et les administrations est bien rue de Varenne et non rue du Faubourg-Saint-Honoré. Des années plus tard, bien après son échec de 2017 à l'élection présidentielle, il soulignera que la relation avec Sarkozy s'est progressivement apaisée, que le président ne prenait pas réellement de décision solitaire, qu'avec le recul, faisant le bilan de cette période agitée, il souligne que les deux hommes, au-delà de rapports personnels difficiles, trouvaient toujours, ou le plus souvent, des terrains d'entente sur les dossiers les plus délicats. Mais la relation restait toujours tendue à l'extrême entre les deux hommes. Comment ce couple exécutif a-t-il donc résisté à autant de vents contraires ? C'est sans doute, tout simplement, que l'opinion publique le souhaitait. Le président et son Premier ministre l'avaient compris. Dans les moments les plus difficiles, ils ont donc mis de côté leurs divergences et occulté leurs contradictions.

Le tandem Sarkozy-Fillon, c'est une étrange cohabitation entre deux personnalités, deux caractères, deux profils, deux postures. D'un côté, un président cash, direct, présent sur tous les terrains et tous les sujets. De l'autre, celui que ses adversaires à droite surnomment méchamment « Mister Nobody », un Premier ministre plus calme, plus apaisé, plus « paysan de l'Ouest », selon ses propres termes. Le début du nouveau couple exécutif se déroule apparemment sans accroc notoire. Le Premier ministre accepte sans sourciller la décision élyséenne de faire du pavillon de la Lanterne, dans le parc du château de Versailles, une résidence présidentielle. Et la composition du gouvernement ne pose pas de réel problème. Fillon n'est pas enthousiaste, et c'est un euphémisme, sur la création du ministère de l'Immigration et de l'Identité nationale. Mais il a compris que cette décision et la nomination de l'ami du chef de l'État Brice Hortefeux dans cette fonction n'étaient pas négociables. Et puis, assez vite, dès le début du quinquennat, dans la coulisse ou parfois de façon plus notoire, une vraie lutte d'influence oppose les entourages. Notamment parce que l'une des principales innovations élyséennes à l'arrivée de Nicolas Sarkozy, c'est le rôle majeur, et surtout public, d'un certain nombre de proches du président, en premier lieu le secrétaire général.

« Ah ! Voilà l'homme le plus puissant de France ! » Ce 20 septembre 2007, à la veille de l'épisode corse, Nicolas Sarkozy accueille en ces termes ironiques l'entrée de Claude Guéant dans le salon du rez-de-chaussée de l'Élysée où le président décompresse, en compagnie de quelques conseillers élyséens et des états-majors de TF1 et de France Télévisions, après l'interview télévisée de rentrée conduite conjointement par Arlette Chabot et PPDA. J'assiste à cet épisode révélateur. Le matin même, l'hebdomadaire *Le Point* a mis à sa une la photo du nouveau secrétaire général de la présidence de la République avec ce titre ronflant et tonitruant, « L'homme le plus puissant de France ». À cette période, Claude Guéant, souvent surnommé « le Cardinal », apparaît déjà, au grand mécontentement du Premier ministre et de son cabinet, comme l'homme fort de la sarkozie. Secrétaire général de l'Élysée, c'est, depuis 1959, une fonction stratégique. Du général de Gaulle à Jacques Chirac, des personnalités éminentes se sont succédé : Geoffroy de Courcel, aide de camp du Général à Londres en juin 1940... et oncle de Bernadette Chirac, Michel Jobert, Édouard Balladur, Claude Pierre-Brossolette, Pierre Bérégovoy, Hubert Védrine, Dominique de Villepin, Frédéric Salat-Baroux, Pierre-René Lemas, Jean-Pierre Jouyet et Alexis Kohler. Tour de contrôle, vice-président, Premier ministre *bis*, chef d'orchestre ? Un véritable couteau suisse. Le secrétaire général voit tout, sait tout, contrôle tout, gère et met en musique l'essentiel des décisions, en lien direct et permanent avec le chef de l'État qu'il voit plusieurs fois par jour. Mais avec Claude Guéant, une étape supplémentaire est franchie. Car ce haut fonctionnaire, cet énarque qui a choisi la carrière préfectorale est devenu en quelques années le premier collaborateur de l'ancien maire de Neuilly. Directeur de cabinet place Beauvau et à Bercy, patron de la campagne présidentielle de 2007, il arrive à l'Élysée auréolé d'une réputation de sérieux, d'autorité et de grande proximité avec le nouveau chef de l'État. C'est lui qui est choisi pour accompagner la première dame Cécilia Sarkozy à Tripoli pour négocier la libération des infirmières bulgares quelques semaines après le début du quinquennat. Et surtout, avec le feu vert du chef de l'État, il intervient fréquemment dans les médias. Le Premier ministre n'apprécie pas, mais il n'en parle qu'allusivement au président. Un non-dit de plus. Car au fil du temps, avec des moments de grande tension et des périodes d'accalmie, les deux hommes ont appris à ne pas se connaître. Curieusement, car Sarkozy est un affectif qui aime être aimé et Fillon un timide soucieux de plaire et de convaincre, le président et le Premier ministre n'ont que très rarement échangé avec sincérité et franchise. Et peu à peu, un étrange et vrai malentendu s'est installé, alimenté par les entourages, au Palais notamment, et nourri par de fausses confidences et de réels désaccords.

Dans les médias, et notamment à la télévision, l'arrivée du duo Sarkozy-Fillon ouvre une période intense. Nicolas Sarkozy adore la télévision. Il a grandi avec les émissions des années 1970, fasciné par les artistes populaires, les grandes retransmissions sportives et les rendez-vous politiques qu'il suit, dès son adolescence, avec passion et assiduité. « Quelle chance vous avez ! »

nous glisse-t-il, fin août 2005, lorsqu'il nous reçoit à déjeuner au ministère de l'Intérieur, Patrick de Carolis et moi, le jour où nous prenons nos fonctions à France Télévisions. Patrick, PDG élu par le CSA, et moi-même, nommé directeur général chargé des programmes et de l'information par ce fidèle et talentueux ami de trente ans que je connais depuis nos débuts à TF1. Fillon, lui, à l'instar de Chirac, se méfie plutôt des médias. L'hyper-président aimant la télévision, il s'en occupe beaucoup. Davantage d'ailleurs des programmes que de l'information. Il connaît à peu près tout et tout le monde, des audiences quotidiennes aux grilles de programmes en passant par toutes celles et tous ceux, journalistes ou animateurs et animatrices, qui incarnent les chaînes publiques et privées. Il tutoie les responsables, les voit souvent, leur prodigue régulièrement des conseils, rentrant parfois dans le détail. De fait, Patrick de Carolis et moi-même devenons des interlocuteurs réguliers du président. J'ai consacré à cette période singulière l'essentiel d'un livre-dialogue avec mon frère Alain quelques mois après mon départ forcé de France Télévisions[1]. Contacts rugueux, malentendus quasi permanents, désaccords publics : de 2007 à 2010, trois ans durant, nous avons dirigé et géré France Télévisions sous le regard critique d'un exécutif omniprésent. D'autant que deux réformes importantes ont ponctué ces trente-six mois de cohabitation avec le Palais : la suppression de la publicité après

1. Alain et Patrice Duhamel, avec Renaud Revel, *Cartes sur table*, Plon, 2010.

20 heures sur les antennes de la télévision publique et la nomination des PDG de l'audiovisuel public par le président de la République. Deux réformes initiées et menées directement par l'Élysée. Matignon suivait ces réformes avec attention, mais aussi avec une grande prudence, sachant que le chef de l'État était à la manœuvre. Sur ce dossier brûlant de l'audiovisuel, François Fillon a laissé Nicolas Sarkozy occuper le devant de la scène. Trop risqué, trop dangereux, trop de coups à prendre.

Automne 2010. À dix-huit mois de l'élection présidentielle, le microcosme est en ébullition. En mars, lors des élections régionales, la majorité a vacillé en ne conservant qu'une région en métropole face à une gauche conquérante qui a dépassé 54 % des suffrages au second tour. Trois mois plus tard, en juin, Nicolas Sarkozy a fait sensation en annonçant un remaniement ministériel... pour l'automne, après l'important G20 de Séoul. Inédit, et plutôt anxiogène pour les membres du gouvernement sur lesquels la pression est forte. Le président a-t-il voulu tester leurs réactions ? S'agissait-il plutôt de mesurer les rapports de force dans la majorité, de laisser se découvrir et se révéler les ambitions ? Dès septembre, c'est un duel à distance entre François Fillon et Jean-Louis Borloo qui se déroule sous le regard étonné, et parfois incrédule, des acteurs politiques et de l'opinion. Faut-il garder à Matignon un Premier ministre quelque peu usé, mais assez populaire, au-delà des nombreuses divergences avec l'Élysée ? Convient-il, à l'inverse, de tout changer à dix-huit mois d'un grand rendez-vous présidentiel qui s'annonce déjà difficile, voire périlleux, pour le président sortant ? Deux mois durant, le combat est rude dans la coulisse, mais aussi devant les Français. Cela ressemble parfois à une partie de poker menteur. Et comme il en a l'habitude depuis le début de ce quinquennat, Claude Guéant joue sa partition dans les médias, distribuant les bons et les mauvais points. À Matignon, on se frotte les yeux. « Qui imagine le général de Gaulle laisser le secrétaire général de l'Élysée arbitrer publiquement entre deux prétendants à la fonction de Premier ministre ? » doit se dire François Fillon. Car dans une étrange interview à l'hebdomadaire *Valeurs actuelles*, Guéant joue à la fois les observateurs et les pronostiqueurs. Fillon ? Il est « fidèle, populaire et a une très bonne relation avec le Parlement ». Borloo, ministre d'État, ministre de l'Écologie depuis trois ans et quatre mois ? « Il a pour lui deux qualités. C'est un orfèvre en matière sociale, et il a l'oreille des syndicats ». Jamais, sous la Ve République, une compétition de cette nature, avec un tel enjeu, ne s'était déroulée sur la place publique entre le Premier ministre et le numéro deux du gouvernement avec la participation publique du secrétaire général de la présidence de la République. Comme Giscard en 1979, qui finalement ne changera rien, comme Mitterrand en 1984, qui remplacera Mauroy par Fabius, comme Chirac en 2005, qui nommera Villepin à Matignon après le grave échec du référendum sur l'Europe, Sarkozy sait que le moment est sans doute venu, dans le déroulé de son quinquennat, de bouleverser profondément son équipe gouvernementale et, peut-être, de renverser la table. Un choix crucial, qui pourrait déterminer le succès ou l'échec en 2007. Le chef de l'État, qui n'aime pas changer les personnalités qui l'entourent au gouvernement ou dans son cabinet élyséen, hésitera longtemps, pesant le pour et le contre, consultant en permanence. Conserver Fillon, malgré les vrais désaccords, c'est jouer la prudence, préférer la continuité et suivre la majorité parlementaire qui soutient ardemment un chef du gouvernement qui a su habilement la séduire, la consulter régulièrement et prendre en compte nombre de ses propositions. Choisir Borloo, c'est créer un nouvel élan, rééquilibrer la majorité vers le centre, mais risquer d'affaiblir le flanc droit de son électorat et mécontenter une bonne partie des 320 députés de l'UMP. Le président s'interroge vraiment. Et commence un étrange ballet, avec deux personnalités orgueilleuses. Ne voulant pas poser la question directement à Fillon, en tête-à-tête, le chef de l'État charge l'ancien maire du Havre Antoine Rufenacht, un gaulliste sincère et habile, de tester le Premier ministre, pour savoir s'il a réellement envie de rester. Jean de Boishue fait l'intermédiaire. La réponse du Premier ministre est évidemment positive. Au terme d'une longue période de tension, avec des peaux de banane de tous les côtés, Nicolas Sarkozy se résout donc à garder le même chef de gouvernement. Ils ont été très nombreux, dans son entourage, à estimer que Borloo, trop indépendant, pouvait devenir incontrôlable. Le 13 novembre, fin du suspense... et début d'un nouveau psychodrame. Le gouvernement Fillon démissionne, et le Premier ministre sortant est immédiatement chargé de former un nouveau gouvernement. En conséquence de quoi, Borloo, furieux, claque la porte. Le remaniement qui suit est large, avec des nominations significatives : Alain Juppé ministre d'État à la Défense, Michèle Alliot-Marie, ministre d'État au Quai d'Orsay, Xavier Bertrand au Travail, à l'Emploi et à la Santé. Jean-Louis Borloo, qui a très mal vécu cet interminable épisode, va longtemps laisser planer la menace d'une candidature à la présidentielle de 2012. Il n'y renoncera qu'en octobre 2011, à six mois du premier tour, estimant que le centre « n'est pas en mesure d'être présent au second tour ». Mais cette vraie fausse candidature pré-présidentielle affaiblit Sarkozy à un moment où François Hollande, large vainqueur de la « primaire citoyenne », fait la course en tête selon tous les sondages. Hors cohabitation, le président en exercice peut-il, comme le fit le général de Gaulle avec Georges Pompidou, conserver le même Premier ministre des années durant, voire tout au long du mandat ? Difficilement, au regard de l'expérience. L'usure est évidente. Le bouclier n'existe plus. Et souvent, après trois ou quatre ans à Matignon, l'ambition politique d'un Premier ministre qui lorgne déjà vers l'Élysée se confirme...

Nicolas Sarkozy a-t-il perçu l'ambition présidentielle de François Fillon ? Sans doute pas, même lorsque l'hebdomadaire *Le Point*, le 4 mars 2010, a choisi de mettre en couverture une photo du Premier ministre avec un titre provocateur, « Le président Fillon ». Présent en permanence sur tous les fronts, souvent en ligne directe avec les ministres, soucieux, comme il l'avait théorisé et expérimenté au ministère de l'Intérieur, de passer sans cesse d'un dossier à un autre, d'engager et de porter plusieurs réformes en même temps, l'omniprésident n'a pas eu le temps, ou tout simplement l'envie, d'observer l'évolution personnelle, psychologique et politique, d'un Premier ministre qui bénéficie depuis le début du quinquennat de sondages de confiance et de popularité élevés, souvent meilleurs que ceux du président. Par ailleurs, l'attitude des parlementaires UMP pèsera très lourd. En prenant appui sur une majorité parlementaire qu'il rassure, François Fillon a sérieusement pesé sur la décision présidentielle de prolonger son bail à Matignon. Étrangement, Sarkozy n'a pas mesuré à ce moment charnière la stratégie de son chef de gouvernement. Et les dix-huit derniers mois de son quinquennat, en rupture franche avec le rythme effréné des cent premiers jours, ont semblé s'étirer et s'essouffler. Depuis 2002 et le premier quinquennat, mais surtout depuis le premier vrai quinquennat, celui de 2007 à 2012, le premier couple exécutif du mandat est sans doute voué à ne pas dépasser, au gré du calendrier électoral et des rendez-vous intermédiaires, deux ans et demi à trois ans. Question de timing et de gestion du temps par un monarque républicain maître des horloges...

Cette succession de désaccords, personnels et stratégiques, entre Nicolas Sarkozy et son Premier ministre a-t-elle tout simplement pour origine une vraie divergence sur la nature et l'esprit des institutions ? Peut-être. En évoquant la suppression du poste de Premier ministre et l'instauration d'un « vrai régime présidentiel », comme il l'avait fait en juillet 2007 avant de modifier sa position quelques années plus tard, François Fillon prenait une position dont personne, en dehors d'un premier cercle très restreint, n'avait évalué la signification réelle. Pensait-il déjà, quelques semaines après son arrivée à Matignon, à un avenir présidentiel ? Nombre de ses proches le pensent. Sarkozy a-t-il interprété cette idée de rééquilibrage constitutionnel comme une approbation du nouveau style qu'il souhaitait incarner ? Dans l'affirmative, on mesure la somme des malentendus entre les deux hommes. Une fois de plus, depuis 1959, l'absence d'un dialogue approfondi entre le président et le Premier ministre avant la nomination de ce dernier apparaît lourdement préjudiciable. Quelques années plus tard, pendant la campagne de la primaire ouverte de la droite en 2016, chacun pourra mesurer l'ampleur des divergences entre l'ancien président et son ancien Premier ministre. Comment ces deux personnalités aussi différentes, et finalement peu complémentaires, ont-elles pu gouverner ensemble pendant cinq années ? Comment, et grâce à quelle mystérieuse alchimie, le couple exécutif a-t-il pu tenir si longtemps malgré de tels désaccords ? Les deux hommes ont-ils craint les conséquences politiques d'une rupture ? En dehors des trois cohabitations, jamais, depuis le face-à-face Giscard-Chirac de 1974 à 1976 et l'affrontement Mitterrand-Rocard de 1988 à 1991, un duo président-Premier ministre n'avait connu une telle discorde. Sans des institutions solides, sans une majorité compacte et tenace, ce couple exécutif bouillonnant et fébrile n'aurait jamais tenu cinq longues années...

12

François Hollande et Manuel Valls

> Nous n'écoutons d'instinct que ceux qui sont les nôtres,
> Et ne croyons le mal que quand il est venu.
>
> « L'Hirondelle et les Petits Oiseaux », I, VIII.

« C'est un massacre ! Ils les ont tous tués[1] ! » Il n'est pas encore midi, ce mercredi 7 janvier 2015. C'est au téléphone, sur le portable personnel, et crypté, de François Hollande, que l'urgentiste Patrick Pelloux, en larmes, informe le président de l'attaque terroriste qui vient de se dérouler dans les locaux de *Charlie Hebdo*. Ainsi commence le premier des moments dramatiques que devront gérer ensemble François Hollande et son Premier ministre Manuel Valls. Cinq jours durant, avec Bernard Cazeneuve à l'Intérieur, Jean-Yves Le Drian à la Défense et Christiane Taubira à la Justice, ils affronteront dans l'urgence permanente une épreuve hors norme face à une opinion publique tétanisée, en état de sidération. *Charlie Hebdo*, Montrouge, Dammartin-en-Goële, l'Hyper Cacher de la porte de Vincennes. Dix-sept victimes. L'horreur absolue. Le terrorisme islamiste a frappé tout le pays en plein cœur.

1. François Hollande, *Les Leçons du pouvoir*, Stock, 2018.

Dès midi, ce 7 janvier, Hollande et Valls se répartissent les rôles. Au président, qui suit évidemment les événements minute par minute, les arbitrages permanents pour organiser la stratégie de riposte, les contacts avec les chefs d'État et de gouvernement du monde entier et la lourde responsabilité de parler aux Français, de trouver le bon ton. Au Premier ministre la coordination des ministres en première ligne et de tous les services concernés ainsi que l'information fournie aux responsables politiques et aux groupes parlementaires de l'Assemblée et du Sénat. Dans ces circonstances, il ne peut y avoir aucun dysfonctionnement, aucune divergence, pas le moindre signe de désaccord entre l'Élysée et Matignon. De ce point de vue, le duo fonctionnera parfaitement. L'expérience de Valls au ministère de l'Intérieur sera singulièrement utile, et le président « normal » impressionnera par son sang-froid, sa lucidité et son empathie. Ces cinq jours dramatiques, cette entrée en guerre contre le terrorisme souderont réellement le couple exécutif...

31 mars 2014. Lendemain de défaite, ou plutôt de déroute électorale. La majorité a perdu 151 villes de plus de 10 000 habitants. Tout va très vite. À l'Élysée, François Hollande a compris dès la veille, en fin d'après-midi, qu'un choc politique était indispensable. Ce lundi, le rendez-vous avec son Premier ministre, Jean-Marc Ayrault, est douloureux. La journée sera agitée. Le chef de l'État hésite avant de se résoudre à changer la deuxième tête de l'exécutif. L'ancien maire de Nantes plaide sa cause. En vain. Il est furieux, ne comprend pas cette décision et accuse Valls de mettre Hollande au pied

du mur. Quant au président, il est à la fois triste de se séparer d'un Premier ministre fidèle, fiable et travailleur, et en même temps conscient qu'il ne peut éviter cette épreuve personnelle et politique. Jean-Marc Ayrault symbolisait le point d'équilibre de la majorité et assurait d'une certaine manière la cohésion des socialistes. Mais, à l'Élysée, on estime que son départ est inéluctable, que les erreurs commises durant les deux premières années du quinquennat, notamment les décisions budgétaires qui ont provoqué ce sentiment de « ras-le-bol fiscal », rendent inévitable un changement de locataire à Matignon. Quant au futur Premier ministre, il exerce une forte pression qui laissera des traces. Récit par Valls de l'entretien téléphonique avec le chef de l'État le soir des élections municipales : « Demain soir, tu annonces qu'il y a un nouveau gouvernement... - Oui, bien sûr, mais il y a les Verts... - C'est toi qui es en cause, si tu n'annonces pas un changement puissant, tu te retrouves à poil devant les Français. » « Cela a été rude[1]. » Cette difficile séparation Hollande-Ayrault, c'est le parfait remake du pénible divorce Mitterrand-Mauroy en 1984. Et comme le remplacement du maire de Lille par Laurent Fabius avait provoqué le départ des ministres communistes, l'arrivée à Matignon de Manuel Valls va entraîner une série de secousses. C'est une nouvelle phase du quinquennat, une page qui se tourne. En mars, seuls 23 % des Français étaient satisfaits du président. Ils seront

1. Gérard Davet et Fabrice Lhomme, *Un président ne devrait pas dire ça*, Stock, 2016.

18 % en avril[1]. Il est donc urgent de remonter la pente, de donner un signal fort. Ce sera le « moment Valls »...

Il a 52 ans, un appétit politique d'ogre, de l'énergie à revendre, une évidente ambition présidentielle. Deux ans et demi avant de devenir Premier ministre, il a lourdement échoué au premier tour de la primaire citoyenne organisée par les socialistes. 5,6 % contre 17 % pour Arnaud Montebourg, plus de 30 % pour Martine Aubry et 39 % pour François Hollande. Une franche défaite qu'il réussira à faire oublier après une campagne au cours de laquelle il sera omniprésent aux côtés du futur président. Les deux hommes ne sont pas intimes. Ni vraiment concurrents, d'ailleurs. Mais tout naturellement, fort de ses positions sur l'ordre et la sécurité pourtant souvent jugées iconoclastes au PS, il est nommé ministre de l'Intérieur dans le gouvernement de Jean-Marc Ayrault. Dans son bastion de la place Beauvau, il devient précieux aux yeux de François Hollande. Ses relations avec la police sont plutôt confiantes. Il apparaît loyal, actif et utile. Son positionnement social-démocrate affiché et assumé séduit nombre d'électeurs de gauche déboussolés par un début de quinquennat pour le moins contrasté. Sa sensibilité ultra-républicaine à la Clemenceau dépasse les frontières de la gauche. Sa défense sincère et acharnée de la laïcité à la française attire l'attention. Peu à peu, il s'impose, et incarne l'alternative à Jean-Marc Ayrault. Le 31 mars 2014, sa nomination ne surprend donc guère.

1. Sondage IFOP/*JDD*.

Mais le duo Hollande-Valls doit apprendre à travailler ensemble...

8 avril 2014. « Trop de souffrance, pas assez d'espérance, telle est la situation de la France. » Devant l'Assemblée nationale, le nouveau Premier ministre, avec l'accord du président qui a lu le discours avec bienveillance, ne cache pas les difficultés. Il évoque « une nouvelle étape du quinquennat » mais, à l'entendre, on a plutôt le sentiment que le mandat de François Hollande commence en ce printemps 2014. Valls est habile. Il a un vrai talent oratoire. La majorité semble conquise, à l'exception d'une dizaine de futurs frondeurs. Le nouveau Premier ministre convoque Valmy, Jaurès, de Gaulle, les héros du maquis et Pierre Mendès France. Il tient sans fioritures, et même avec une singulière insistance, un discours de vérité. Il parle de « l'exaspération quand, à la feuille de paie déjà trop faible, s'ajoute la feuille d'impôt trop lourde ». Il évoque « ces visages fermés, ces gorges nouées, ces lèvres serrées » ou encore « la peur lancinante du déclassement ». En fermant les yeux, on pourrait entendre un leader de l'opposition. En même temps, il promet un effort fiscal pour les plus modestes et s'engage à réunir une grande conférence sociale. L'exercice est plutôt réussi. 306 députés accordent la confiance à Manuel Valls. À l'Élysée, François Hollande fait savoir qu'il a apprécié le discours. Le duo exécutif semble sur les rails. Mais les premières réactions de l'opinion douchent quelques espoirs. Entre avril et septembre, la cote de confiance du chef de l'État continue de baisser, de 18 %

jusqu'à 13 % de satisfaits[1]. Celle de Valls, censé protéger et relancer le président, très élevée à sa nomination (58 % de satisfaits en avril), baisse régulièrement pour se situer à 35 % à la rentrée. Quarante points d'écart en avril, encore plus de vingt points en septembre entre les deux têtes de l'exécutif ! Inédit et clairement problématique. Le bouclier de Matignon ne fonctionne pas. Les vraies difficultés commencent...

« On peut réussir son existence sans être président de la République. » Dans le jardin d'hiver du palais de l'Élysée, ce 22 octobre 2014, la pointe d'humour du chef de l'État provoque un mélange de rires, de gêne et d'interrogations. Remettant à son Premier ministre les insignes de grand-croix de l'ordre national du Mérite, comme le veut la tradition depuis Giscard avec Chirac en 1974, et évoquant la figure de Clemenceau, qui n'a jamais été président de la République, et dont Manuel Valls ne cesse de s'inspirer, François Hollande met en réalité le doigt sur un sujet sensible, l'ambition présidentielle du locataire de Matignon. Sur le moment, Valls, surpris, sourit. Mais ses proches comprennent tout de suite qu'il apprécie modérément ce trait d'humour. Et dans l'assistance, après un moment d'étonnement, ils sont nombreux à s'interroger sur le signal envoyé par le président. Cet épisode illustre déjà la complexité et l'ambiguïté du rapport entre les deux hommes. Au lendemain des municipales, largement perdues par la majorité, Hollande a besoin de Valls. Sa nomination est une décision forte, qui ancre le gouvernement

1. Sondage IFOP/*JDD*.

sur un flanc sécuritaire, laïque et autoritaire. Mais il doit désormais compter, à ses côtés, avec un homme qui, déjà, n'exclut pas en privé, si François Hollande ne peut pas se présenter, d'être candidat à la prochaine élection présidentielle. Valls est loyal... et libre, comme le sera Édouard Philippe quelques années plus tard, mais après son départ de Matignon. En décembre 2014, Manuel Valls a planté dans le parc de Matignon un chêne fastigié, un arbre élégant, réputé pour prendre de la hauteur au fil des ans. Le Premier ministre est à la fois ambitieux et impatient. L'ambition est partagée avec le président, l'impatience, beaucoup moins. L'équilibre est donc fragile. D'autant que ce changement d'attelage au sommet de l'État s'est accompagné d'un très vaste mouvement à presque tous les étages. Les écologistes, emmenés par Cécile Duflot, quittent le gouvernement. Même si Ségolène Royal, sincèrement mobilisée sur le développement durable, rejoint la nouvelle équipe ministérielle, le départ des Verts affaiblit l'exécutif. La gauche du PS s'inquiète, avant de se cabrer puis de faire dissidence. Ce sera le véritable acte de naissance des frondeurs. Sur le moment, l'Élysée et Matignon évaluent mal ce danger, ce qui leur coûtera très cher. Parallèlement, François Hollande change de secrétaire général, un poste clé de la République. Pierre-René Lemas, un préfet de grande qualité, efficace, discret, bienveillant et cultivé, cède sa place à un vieil ami personnel du chef de l'État, Jean-Pierre Jouyet. Secrétaire d'État aux Affaires européennes dans les deux premiers gouvernements de Nicolas Sarkozy, ce qui a, sur le coup, singulièrement rafraîchi ses relations personnelles avec François Hollande, Jouyet est un grand commis de l'État, un inspecteur des Finances qui, outre son passage au Quai d'Orsay, a dirigé l'Autorité des marchés financiers et la Caisse des dépôts et consignations. Valls à Matignon, son ami Jouyet à ses côtés au Palais, le président ouvre au printemps une nouvelle phase de son quinquennat. Mais quatre mois plus tard, une grave crise politique éclate au sein même du nouveau gouvernement...

24 août 2014, Fête de la rose, Frangy-en-Bresse, Saône-et-Loire. Deux ministres en rupture de ban. Et pas n'importe lesquels. Arnaud Montebourg, ministre du Redressement productif et organisateur de ce rendez-vous politique annuel, et Benoît Hamon, ministre de l'Éducation. Avec une ironie cinglante et une réelle brutalité, Montebourg présente « la cuvée du redressement », une bouteille et une étiquette visant directement, au premier degré, le président de la République et sa politique économique et sociale. Les deux ministres veillent à souligner qu'il n'y a pas de bras de fer avec l'exécutif. Mais cette précision n'efface en rien la vigueur de leurs critiques et leur souhait d'une réelle inflexion de la stratégie gouvernementale. « Hamontebourg ». Cette formule, qui fait florès, se transforme aussitôt en cri de ralliement des frondeurs. François Hollande, aussi surpris que furieux, et Manuel Valls, toujours prêt au combat, se doivent de réagir immédiatement. La cohésion et la cohérence de l'exécutif sont à ce prix. Le Premier ministre est intraitable. Il exige la tête des ministres frondeurs. Deux jours après cette offensive de l'aile gauche de la majorité, le gouvernement est remanié. Exit Montebourg, Hamon et, victime

collatérale, la ministre de la Culture et de la Communication Aurélie Filippetti. Mais l'événement marquant de ce remaniement express, c'est évidemment l'arrivée d'Emmanuel Macron à Bercy. Cette nomination, une idée du nouveau secrétaire général de l'Élysée Jean-Pierre Jouyet, occulte presque le départ précipité des trois ministres. La surprise est totale. Macron, secrétaire général adjoint de la présidence depuis 2017, a en effet quitté l'Élysée quelques semaines plus tôt, et envisageait de créer une start-up. Dès les premiers pas du gouvernement Valls II, c'est lui qui attire la lumière. Le chef de l'État et le Premier ministre sont d'abord conquis. À 36 ans, le ministre de l'Économie, de l'Industrie et du Numérique est là pour apporter un souffle nouveau. Mais assez vite, Manuel Valls va se méfier de ce ministre omniprésent dans les médias. La popularité du Premier ministre n'en souffre pas, mais son ambition évidente dérange. Le lendemain de ce remaniement, Valls reçoit une *standing ovation* à l'université d'été du Medef. « Et moi, j'aime l'entreprise. » Ce cri du cœur, plus libéral que social, est mieux accueilli chez les patrons que dans les rangs de l'aile gauche du PS. Et Valls ne sait pas encore que sur ce terrain social-libéral, il a désormais un concurrent de taille. Très vite, au Palais, le président comprend d'ailleurs qu'il dispose à ses côtés de deux poids lourds en compétition ouverte. Ce peut être une chance, ou une opportunité. Ce sera finalement une faiblesse pour le couple exécutif...

7 janvier 2015. L'attentat contre *Charlie Hebdo*, l'assassinat d'une policière à Montrouge et la prise d'otages dans

l'Hyper Cacher de la porte de Vincennes bouleversent la France et le monde entier. Face à cette épreuve, le duo Hollande-Valls tient parfaitement le choc. Mercredi 7, jeudi 8, vendredi 9. Trois jours durant, c'est ensemble qu'ils prennent toutes les décisions. Mais quand un ordre majeur doit être donné, c'est évidemment au seul président que revient la décision. Ainsi, c'est François Hollande qui, le vendredi 9, donne son feu vert aux deux assauts simultanés, celui du GIGN contre les frères Kouachi, les auteurs de la tuerie de *Charlie Hebdo* retranchés dans une imprimerie de Dammartin-en-Goële, et celui du RAID et de la BRI contre Coulibaly, le terroriste meurtrier preneur d'otages, dans l'Hyper Cacher de la porte de Vincennes. À 17 h 30, dans le Salon doré, au premier étage du palais de l'Élysée, là où travaille le président, la tension est à son comble. Un silence de plomb. François Hollande, Manuel Valls, Bernard Cazeneuve, le nouveau ministre de l'Intérieur, et la garde des Sceaux Christiane Taubira attendent ensemble. Les images des deux sièges, à Dammartin et à la porte de Vincennes, sont diffusées, en direct, sur toutes les grandes chaînes. C'est le ministre de l'Intérieur qui reçoit les informations. Dammartin d'abord, puis l'Hyper Cacher quelques instants plus tard. Les terroristes sont neutralisés. L'émotion est palpable. Le président, le Premier ministre et les deux ministres s'étreignent. Deux jours plus tard, une cinquantaine de chefs d'État et de gouvernement défilent à Paris à l'invitation de François Hollande. Au total, les manifestations organisées dans tout le pays réunissent près de 4 millions de personnes. Dans la capitale, c'est le plus important rassemblement depuis la Libération. Dans cette épreuve, le couple exécutif, totalement solidaire, a fait face. Les interventions du président puis le discours enflammé de Valls devant l'Assemblée nationale seront très largement approuvés, et salués par les Français. L'heure est à l'union nationale... Pour combien de temps ?

17 février 2015. Triste retour à la politique et à ses divisions. Manuel Valls dégaine l'article 49.3 pour faire passer en première lecture la loi Macron sur la croissance, l'activité et l'égalité des chances. C'est l'aboutissement d'un bras de fer dont les conséquences sont alors totalement sous-estimées, à l'Élysée, à Matignon et dans la classe politique. Dans les médias aussi, où la compétition entre le Premier ministre et le ministre de l'Économie n'est pas toujours correctement évaluée par les éditorialistes. Ce texte, d'essence sociale-libérale, aurait-il été voté sans 49.3 par l'Assemblée, comme l'affirme assez catégoriquement un Emmanuel Macron qui n'a pas épargné ses efforts pour tenter de convaincre un à un les députés de la majorité ? Peut-être. Mais ni Hollande ni Valls ne veulent alors prendre le risque d'un éventuel échec parlementaire qui aurait mis au grand jour les divisions chez les socialistes. Valls souhaitait-il, en déclenchant cet article déjà considéré comme un repoussoir par la gauche de la gauche, affaiblir un rival, démontrer que Macron n'avait pas le soutien du PS ? Sans doute. Cet arbitrage du couple exécutif a-t-il, comme le confirment alors officieusement les proches du ministre de l'Économie, précipité la décision d'Emmanuel Macron de préparer activement, dans

le plus grand secret, sa candidature en 2017 ? Clairement oui. Les témoignages des amis de l'actuel président sont unanimes. Aujourd'hui encore, ce 17 février 2015 est considéré à l'Élysée comme le véritable point de départ de la surprenante cavalcade politique d'Emmanuel Macron. Vingt-six mois plus tard, le ministre de l'Économie de Hollande est élu président de la République. Personne ne l'imagine alors. Ni François Hollande, qui ne croit pas un instant à cette hypothèse. Ni Valls, qui soupçonne Macron de jouer une partition solitaire, mais qui situe plutôt son ambition présidentielle aux horizons 2022 ou 2027. Ni les frondeurs, dont on ne mesure pas encore, à ce moment précis du quinquennat Hollande, la capacité de nuisance. Quelle erreur collective d'analyse ! Cette poignée d'une quarantaine de députés socialistes aura non seulement dénoncé avec hargne la stratégie économique sociale-démocrate du successeur de Nicolas Sarkozy, une stratégie qui aura d'ailleurs facilité la baisse durable du chômage après 2017. Ces frondeurs auront aussi précipité le déclin du PS ramené, quelques mois et années plus tard, avec Benoît Hamon en 2017 puis Anne Hidalgo en 2022, à un niveau électoral qu'il n'avait pas connu depuis les petits 5 % de Gaston Defferre à la présidentielle de 1969. Carton plein. Avec le recul, cet épisode de février 2015 a sans doute sonné le glas du quinquennat Hollande et profondément dégradé la relation entre le président et son Premier ministre.

13 novembre 2015. Aujourd'hui, chacun se souvient encore de ce vendredi noir. Stade de France, terrasses,

Bataclan. L'effroi, l'épouvante. La sidération, dans l'exécutif comme chez les Français. Dans un premier temps, l'union nationale semble solide, quasiment sans fausse note. Comme en janvier après l'attentat à *Charlie Hebdo*, l'entente est parfaite entre Hollande et Valls. Face au drame et à l'urgence immédiate, les deux hommes, sans même hésiter une seconde, se répartissent les rôles à l'identique. Le président se rend sur les lieux malgré l'avis de ses services de sécurité, qui craignent que les terroristes soient encore sur place. À 0 h 18, c'est lui qui donne l'ordre de lancer l'assaut. En pleine nuit, un Conseil des ministres exceptionnel est convoqué afin de formaliser la décision de décréter l'état d'urgence. Une quinzaine de ministres sont présents. Un Conseil évidemment dramatique, avec un président qui résume la situation, dresse un premier bilan des victimes et annonce les mesures immédiatement engagées. Des ministres sont en pleurs. Le chef de l'État a la gorge serrée et la voix sourde, comme dans l'allocution télévisée qu'il a prononcée juste avant minuit. Le Premier ministre est chargé de mettre en œuvre les premières décisions et de coordonner l'action du gouvernement, tout entier mobilisé. À 9 heures, le lendemain matin 14 novembre, un conseil de défense se réunit autour du président. Il fait le point sur les premiers résultats de l'enquête. Dans les heures qui suivent, François Hollande convoque le Congrès à Versailles pour le lundi suivant 16 novembre. Un moment historique. Son discours, à la hauteur de l'épreuve que traverse le pays, est applaudi par une très large majorité des parlementaires. Mais, quelques jours plus tard, la polémique s'enflamme à propos du projet de déchéance de la nationalité pour les binationaux nés français et condamnés pour terrorisme. La majorité de gauche se fracture. Aux côtés du président, Valls tient le choc. Mais la démission fracassante de la garde des Sceaux Christiane Taubira alourdit encore le climat. Le président jette l'éponge et renonce à ce projet. Le tandem Hollande-Valls est gravement affaibli. 14 % de satisfaits pour Hollande en avril 2016, 25 % pour Valls[1]. L'« effet drapeau », qui permet de mesurer le soutien de l'opinion dans les moments dramatiques, aura été bien court. Ce désamour s'est aggravé depuis plusieurs semaines avec le débat aussi confus qu'agressif sur la loi El Khomri...

17 février 2016. Une nouvelle bataille s'est en effet engagée dès l'annonce des grandes lignes de la loi El Khomri sur le travail et la modernisation du dialogue social, qui assouplit notamment les règles de la négociation collective. Une bataille contre l'opposition, qui juge bien sûr, réflexe pavlovien, le texte insuffisant. Mais aussi, et surtout, un combat au couteau avec les frondeurs, qui décideront de s'opposer farouchement à un projet porté par une philosophie sociale-libérale qu'ils rejettent en bloc. Si Hollande et Valls sont totalement d'accord sur le fond du projet que sous-tend ce texte, s'ils partagent la même exaspération face aux frondeurs qui s'apprêtent à tailler en pièces cette réforme, ils ne consacrent pas assez de temps à fixer une ligne de conduite identique

1. Sondage IFOP/*JDD*.

sur la tactique parlementaire et sur le dialogue essentiel avec les syndicats, la CFDT en premier lieu. « Erreur de méthode et de calendrier[1] », regrettera Hollande, évoquant notamment l'insuffisance de la concertation et de la pédagogie et l'annonce prématurée du recours à l'article 49.3 de la Constitution. Dans ces conditions, le déroulé des événements n'est pas surprenant. Manifestations, polémiques en tous genres, démarche plutôt fructueuse pour recoller les morceaux avec Laurent Berger et la CFDT, tentative de dépôt d'une motion de censure par les frondeurs, confusion générale. Le texte est voté grâce au 49.3. Mais les frondeurs sont désormais ouvertement et formellement opposés au gouvernement. Compte tenu de cette accumulation d'erreurs suicidaire, la majorité est en miettes. Et le couple Hollande-Valls gravement en danger...

27 novembre 2016. « Je prendrai ma décision en conscience. » Dans une interview accordée au *JDD*, Manuel Valls ouvre la porte à une candidature à la primaire de gauche. Le Premier ministre, depuis la mi-octobre et la sortie du livre de Gérard Davet et Fabrice Lhomme *Un président ne devrait pas dire ça*[2], ne cache pas une forme d'exaspération. Mais cette fois, tout semble possible, y compris une compétition avec François Hollande si le président, qui a dû se résoudre à prendre acte de cette primaire en forme de piège, de cette étrange idée

1. François Hollande, *Les Leçons du pouvoir*, ouvr. cité.
2. Stock, 2016.

de sélection avec un chef de l'État en place, est candidat. Désormais, la crise est ouverte entre les deux hommes. Ou plutôt, une crise à trois puisque, onze jours plus tôt, Emmanuel Macron a présenté sa candidature à l'élection présidentielle après avoir démissionné du gouvernement le 30 août et créé son mouvement, En Marche, dès avril, malgré les mises en garde du couple exécutif. « Avant, ce gouvernement allait dans le mur. Maintenant, il klaxonne », me glisse au lendemain de cette déclaration du Premier ministre un proche du président, en référence à la célèbre boutade du centriste André Santini à l'époque du gouvernement Juppé. Cette situation sans précédent sous la Ve République, c'est en réalité l'offensive suicidaire des frondeurs qui en est l'élément déclencheur. À partir de là, dès lors qu'une quarantaine de députés de la majorité prenaient le risque inconsidéré de combattre l'exécutif à chaque occasion, et d'aller jusqu'à tenter de le censurer, tout devenait incontrôlable. Lucide, réaliste, conscient du risque personnel, François Hollande se résout très vite à annoncer qu'il ne sera pas candidat. Sept minutes intenses, « sans doute les plus longues de ma vie[1] », écrira Hollande, pour expliquer ce sacrifice. Là encore, une première depuis 1959. Le président a écrit son texte dans la nuit du 30 novembre au 1er décembre. Il n'en a informé auparavant que le fidèle et loyal Bernard Cazeneuve. Manuel Valls ne sera informé que quelques minutes avant l'allocution télévisée. À 20 h 07, ce 1er décembre 2016, la messe est dite.

1. François Hollande, *Les Leçons du pouvoir*, ouvr. cité.

Chacun des deux sait que le couple exécutif n'est plus qu'un fantôme, une apparence. Quelques jours plus tard, tout est consommé. Bernard Cazeneuve remplace tout naturellement Manuel Valls à Matignon.

Deux ans, huit mois et cinq jours. Comment les résumer ? L'horreur des attentats, l'ambition européenne affirmée, le virage social-démocrate assumé, la fracture de la gauche… Le vrai bilan, largement et sévèrement critiqué par ses adversaires et ses anciens faux amis politiques, les historiens le dresseront avec le recul nécessaire. Quant à François Hollande, il tirera de cette période une leçon institutionnelle, la suppression de la fonction de Premier ministre avec, pour conséquence mécanique, la fin du droit de dissolution et de la responsabilité du gouvernement devant le Parlement. Des institutions à l'américaine, un face-à-face permanent entre le président et le Parlement. Les Français y seraient-ils prêts ?

Le couple Hollande-Valls, c'est aussi l'histoire d'une occasion manquée. Sur le papier, le duo était parfaitement complémentaire. Le goût du dialogue, l'expérience du compromis et la ténacité chez Hollande, l'énergie, la prise de risque chez Valls. Dans la réalité, au lendemain d'un scrutin municipal désastreux, le handicap était trop lourd, la gauche de la majorité déjà trop en dissidence, l'opinion trop déçue, les impôts trop lourds, le chômage trop élevé, les médias globalement trop hostiles, les caractères et les ambitions des deux têtes de l'exécutif trop divergents. Et les frondeurs, rétifs et rebelles, volant d'un clash à un autre sans grands repères, ont aggravé les problèmes d'un tandem *a priori* prometteur qui les a sous-estimés et n'a pas su les convaincre que la stratégie économique et sociale était adaptée à la situation nationale et internationale. Et puis, il y a la leçon tirée de cette période 2014-2016 comme pour d'autres épisodes marquants de la Vᵉ République. Un couple président-Premier ministre connaît toujours de grandes difficultés lorsque le chef du gouvernement pense déjà à l'Élysée à plus ou moins long terme. Pompidou après 1965, Chaban-Delmas, Chirac, Rocard, Villepin, Fillon, Valls, sans doute Édouard Philippe après la crise du Covid. S'agissant des deux grands espoirs de leurs camps respectifs, Fabius, sûrement trop jeune en 1984, et Juppé, trop chahuté par les grèves de 1995, tous deux candidats potentiels selon le souhait de Mitterrand pour l'un et de Chirac pour l'autre, le scénario est particulier. Mais au-delà des différentes péripéties politiques, chacune de ces situations s'est mal terminée : un changement brutal de Premier ministre pour Pompidou, Chaban et Rocard, un clash pour Chirac en 1976, un échec législatif pour Fabius en 1993 et Juppé en 1997, un désamour personnel pour Villepin et une défaite du président sortant pour Fillon. Jusque-là, aucune exception depuis le début de la Vᵉ République. Y aurait-il alors une forme de malédiction présidentielle pour les Premiers ministres ayant l'Élysée en ligne de mire ? Seuls deux anciens chefs de gouvernement ont ensuite réussi à conquérir l'Élysée, Pompidou et Chirac. Et aucun depuis 2000 et l'instauration du quinquennat. Plus largement, au-delà de l'étrange compétition pré-présidentielle entre les deux hommes, quelle image conserver du tandem Hollande-Valls ? Une réaction d'hommes d'État au moment des tragiques attentats, une très grande difficulté à faire comprendre la nécessité et le bien-fondé des réformes économiques et sociales et, dans la dernière ligne droite, une certaine naïveté face à l'offensive désordonnée des frondeurs. Jamais, depuis les chiraquiens sous Giscard, une opposition interne n'avait eu de telles conséquences politiques. Comment expliquer que, compte tenu de leur expérience, le président et son Premier ministre n'aient pas mesuré le danger ? C'est un enseignement majeur pour les successeurs : il faut impérativement assurer la cohésion de la majorité, qu'elle soit absolue ou relative, garantir sa solidité, prendre en compte ses propositions, enrichir le dialogue. Bref, accepter, d'une certaine manière, de partager le pouvoir...

13

Emmanuel Macron et Édouard Philippe

Jupiter eut jadis une ferme à donner.
Mercure en fit l'annonce ; et Gens se présentèrent,
Firent des offres, écoutèrent :
Pendant qu'ils marchandaient ainsi,
Un d'eux le plus hardi, mais non pas le plus sage,
Promit d'en rendre tant, pourvu que Jupiter
Le laissât disposer de l'air,
Lui donnât saison à sa guise,
Qu'il eût du chaud, du froid, du beau temps, de la bise,
Enfin du sec et du mouillé,
Aussitôt qu'il aurait bâillé...

« Jupiter et le Métayer », VI, IV.

« Après avoir passé trois années à Matignon, je pense que présider et gouverner, c'est deux choses différentes. Très différentes. Et je pense que quand le président se mêle de gouverner, il se plante. Et je pense même qu'il est condamné à échouer. » Lorsque Édouard Philippe prononce ces mots, répétés à deux autres reprises durant cette interview, nous sommes le 24 mars 2021. Je l'interroge dans le cadre majestueux de la Grande Chancellerie de l'ordre de la Légion d'honneur pour un documentaire sur les cent jours[1]. Non pas ceux de Napoléon de retour de l'île d'Elbe, mais ceux théorisés par Franklin Delano Roosevelt en 1933, ces cent jours du début de mandat présidentiel, lorsque le chef de l'État, tout juste élu ou réélu, adoubé par le suffrage universel, a en principe les mains libres pour mettre en œuvre ses premières décisions. Ce 24 mars 2021, l'ancien Premier ministre est serein. Calme et déterminé. Après l'enregistrement, conscient sans doute que ces quelques phrases, soigneusement préparées, pourraient fortement gêner Emmanuel Macron pendant la prochaine campagne présidentielle, il nous demande, au réalisateur Gabriel Le Bomin et à moi-même, de les garder secrètes durant plus d'un an, jusqu'au lendemain du second tour de 2022. La diffusion de ce documentaire étant précisément prévue au moment de l'investiture, début mai 2022, nous acceptons bien volontiers, avec notre producteur Paul Rozenberg, une demande qui nous semble parfaitement légitime. Pour réaliser des documentaires politiques de cette nature, avec la plupart des principaux acteurs et des grands témoins, présidents et Premiers ministres notamment, il faut à la fois la liberté et la confiance. Durant plus d'un an, le secret sera donc bien gardé. Mais l'essentiel dans ce récit, au-delà de l'anecdote, c'est le fond du propos. Clairement, les visions respectives d'Emmanuel Macron et d'Édouard Philippe sur la répartition des rôles entre le président et le Premier ministre, sur la nature de ces deux fonctions, sont

1. Gabriel Le Bomin, *Cent jours*, France Télévisions/Zadig Productions, 2022.

sensiblement différentes. Voire divergentes. Ne faut-il pas chercher là, dans ce désaccord institutionnel, l'origine du conflit larvé, puis du divorce entre les deux hommes après 1 145 jours de travail en commun ?

24 avril 2017, 17 h 30, Paris, 99, rue de l'Abbé-Groult, QG d'Emmanuel Macron. Le bureau du futur président, au dernier étage d'un immeuble moderne, impersonnel, est accueillant. Un bureau de campagne électorale, sobre mais effervescent. Lorsque Édouard Philippe y arrive, ce lundi 24 avril, au lendemain du premier tour de l'élection présidentielle, il est encore sous le coup. Stupéfait, presque abasourdi. Un peu plus tôt, il a reçu un appel du secrétariat du candidat Emmanuel Macron. Le futur président veut le voir au plus vite. Discrètement. Ou plutôt, secrètement. L'épisode, raconté avec humour par l'intéressé, est rocambolesque. Pour ne pas être vu par les journalistes, Édouard Philippe se rend en effet au QG de Macron allongé à l'arrière d'une voiture, caché par une couverture ! Lors de ce premier rendez-vous, les deux hommes, qui ne se connaissent pas, font un large tour d'horizon, diraient les diplomates. Un dialogue informel, sans ordre du jour, pour faire connaissance. Un échange décontracté. Le courant passe bien. Et même très bien. Pas un mot de Macron sur les vives attaques lancées par Édouard Philippe au candidat du « en même temps » pendant la campagne du premier tour. Tout semble oublié. Les deux hommes se revoient quelques jours plus tard. Comme son ami Juppé, Édouard Philippe garde toujours le silence sur ses conversations avec le président. Mais

on sait quand même que, lors de ce deuxième entretien, les deux hommes évoquent déjà l'architecture institutionnelle de l'éxecutif, l'organisation et le fonctionnement du gouvernement, les rapports entre l'Élysée et Matignon. Le futur président ne propose pas encore formellement Matignon au maire du Havre. Mais celui-ci comprend vite qu'il s'agit bien de cela. D'où une réaction étrange. Après la stupéfaction des premiers jours, c'est en effet une peur panique, une véritable angoisse, une forme de vertige. Édouard Philippe ne mange presque plus. En dix jours, il perdra six à sept kilos. Seuls ses très proches sont informés. Alain Juppé, bien sûr, celui que le maire du Havre appelle toujours « le patron », mais aussi son prédécesseur à la mairie du Havre, Antoine Rufenacht, et son ami et conseiller Gilles Boyer. Si Juppé lui recommande d'accepter s'il se sent en phase avec le projet et avec l'homme, Rufenacht, plus conservateur et plus attaché à LR, est plus réticent et l'incite à la prudence. Mais Philippe n'hésite pas. Pour la première fois depuis 1959 hors cohabitation, le président tout juste élu va donc nommer à Matignon une personnalité ne faisant pas partie de son camp, et qui a même fait campagne contre lui. Bien sûr, c'est l'effet du « en même temps » macronien, la conséquence de ce « chamboule-tout » évoqué par le président du Conseil constitutionnel Laurent Fabius quand il annonce officiellement l'élection d'Emmanuel Macron le jour de l'investiture dans la salle des Fêtes de l'Élysée. Mais c'est aussi la personnalité de Macron, le goût pour la disruption, la transgression, la volonté de surprendre. À partir de ce premier rendez-vous, tout ira assez vite. Vingt jours et dix secondes. Ce sont les deux chiffres dont se souviendra longtemps Édouard Philippe. Vingt jours, c'est la durée entre le premier rendez-vous et l'annonce officielle de sa nomination à Matignon. Dix secondes, c'est le temps qu'il faut au nouveau secrétaire général de l'Élysée, Alexis Kohler, pour annoncer aux Français que le président Macron a choisi Édouard Philippe comme nouveau Premier ministre. Le maire du Havre a sans doute voulu mettre en avant ces deux chiffres dans le livre qu'il publiera neuf mois après son départ de Matignon[1] car il est sensible au tempo, au rythme, à la vitesse qui scandent la vie quotidienne à Matignon. Si le chef de l'État est, en principe, dans le temps long, même si le quinquennat a relativisé cette notion, le Premier ministre se doit à la fois de mettre en œuvre les engagements présidentiels, de coordonner l'action du gouvernement et de gérer les innombrables urgences. On l'a vu, Édouard Philippe a une conception assez traditionnelle de la répartition des rôles entre l'Élysée et Matignon. Le 15 mai, durant le déjeuner au cours duquel Macron propose officiellement Matignon à Philippe, ce sujet est largement évoqué. On comprendra vite que, pour Emmanuel Macron, il est nécessaire, là aussi, d'innover. D'où, par exemple, cette idée de nommer à l'Élysée et à Matignon une dizaine de conseillers communs afin d'harmoniser au mieux la transmission des informations entre le « Château » et la résidence du

1. Édouard Philippe et Gilles Boyer, *Impressions et Lignes claires*, JC Lattès, 2021.

Premier ministre. Mais pour l'heure, ce 15 mai 2017, alors que les médias n'en finissent plus de commenter ce qu'ils n'auraient jamais imaginé trois mois plus tôt, c'est la composition du gouvernement qui mobilise le couple exécutif. Et là, le président est en première ligne, à la manœuvre. Ce sera clairement un gouvernement Macron, à quelques rares exceptions près...

En deux jours, tout est bouclé. Sans difficulté. Sans regrets. Sans arrière-pensées. Une performance, presque un petit miracle, quand on observe depuis l'arrivée de Macron à l'Élysée, les délais, parfois interminables, pour formaliser les nominations. Durant ces deux jours, Macron et Philippe se parlent en permanence, au téléphone ou en tête-à-tête. Le seul sujet vraiment compliqué, c'est l'entrée au gouvernement de Nicolas Hulot. Le président s'en charge directement, le Premier ministre connaissant très peu l'ancien animateur d'*Ushuaïa*. D'autres présidents, Jacques Chirac notamment, auraient souhaité nommer cette figure de l'écologie dans leur gouvernement. Les conditions politiques ne s'y prêtaient pas. Cette fois, à force d'insister, après plusieurs entretiens, en lui expliquant que le moment était venu de prendre ses responsabilités s'il veut réellement peser, en lui assurant un ministère d'État, en lui promettant des moyens et des garanties, Macron parvient à le convaincre. Pour le reste, le gouvernement est à la mesure du tsunami politique provoqué par la présidentielle. Une synthèse du « en même temps », un joyeux mélange de socialistes sincères et modérés et de libéraux assumés. Des ministres qui ne se connaissent pas, ou peu. D'anciens adversaires, de nouveaux amis. Certains s'imposaient, celles et ceux qui ont soutenu Macron dès le début de sa cavalcade victorieuse comme Gérard Collomb, François Bayrou, Richard Ferrand, Jean-Yves Le Drian, Marielle de Sarnez, Marlène Schiappa. D'autres rejoignent immédiatement le président, Bruno Le Maire, Élisabeth Borne, Agnès Buzyn, Jean-Michel Blanquer. Édouard Philippe insiste pour faire entrer son ami Gérald Darmanin. Le 17 mai, le gouvernement est constitué. Vingt-deux ministres, avec une parité parfaite. Quatre seulement ont déjà participé à un gouvernement. Une équipe resserrée, un novice à Matignon, un président de 39 ans jamais élu jusque-là. Le dispositif politique est totalement inédit. Avec, très vite, les premières surprises et les premières épreuves...

Palais de l'Élysée, salon Murat, jeudi 18 mai, 11 heures. Étrange atmosphère pour le premier Conseil des ministres du duo Macron-Philippe. Il y a de l'enthousiasme, de l'appréhension et de la fébrilité. Les nouveaux ministres font connaissance. Le maire du Havre est à la fois ému mais pas trop impressionné. Le président tient à la solennité. Il rappelle les règles du jeu. « Solidarité, collégialité, confidentialité. » Plutôt classique. Et tout de suite, la feuille de route. Priorité à la réforme du Code du travail. Puis une photo de famille originale, au pied et sur les premières marches de l'escalier d'honneur. Un mois plus tard, 4 de ces 22 ministres auront déjà quitté le gouvernement. François Bayrou, Sylvie Goulard et Marielle de Sarnez après le déclenchement de l'affaire des assistants parlementaires européens du Modem, Richard Ferrand à cause de celle des Mutuelles de Bretagne. Macron et Philippe vivent très mal cette première grosse difficulté. L'ambiance devrait être euphorique dans l'exécutif. Les législatives ont été triomphales. La loi sur la moralisation de la vie politique vient d'être présentée en Conseil des ministres. Une priorité pour Macron et Bayrou, dont le soutien à un moment clé de la campagne présidentielle s'est révélé décisif. Et en juin, les sondages de popularité sont au zénith. 64 % d'opinions favorables pour Macron et pour Philippe[1]. Ces quatre départs tombent vraiment au mauvais moment. Humainement, le président est réellement touché. Il tient beaucoup à sa relation avec Bayrou. Dans cette période très sensible des cent jours, aucun arbitrage majeur ne sera rendu sans un véritable échange, parfois assez cash, avec le patron des centristes. Leur rapport est amical, solide, direct. Bayrou est l'un des rares à parler franchement au chef de l'État. Utile et nécessaire, même pour Jupiter. Ce remaniement imposé par la justice aura un avantage. L'arrivée au gouvernement, sur la recommandation insistante du Premier ministre, de Sébastien Lecornu qui deviendra, au fil du temps, une pièce importante dans le dispositif politique du président. Y compris quand il s'agira de mettre de l'huile dans les rouages entre l'Élysée et Matignon.

D'un côté, Macron le jupitérien, de l'autre Philippe le néophyte. Le courant passe bien dans les premiers mois.

1. Sondage IFOP/*JDD*, juin 2017.

Un double apprentissage. Ils apprennent à se connaître, à travailler ensemble. Ils ont de nombreux points communs : l'ENA, l'ambition, la capacité de travail et de synthèse, la boxe et l'humour, avec, sur ce point, de fortes singularités personnelles, la référence fréquente au *Père Noël est une ordure* et à Audiard pour Macron, un goût prononcé pour les imitations (très réussies) des grands dirigeants politiques, Giscard et Chirac notamment, chez Philippe. Mais au-delà, les personnalités sont vraiment très différentes. L'un, le président, est un homme affable, impatient, sûr de lui et de ses intuitions, séducteur, jovial avec son cabinet mais parfois aussi sanguin, souvent exaspéré par les freins et les pesanteurs, ce qui explique largement ses éclats de voix et ses petites phrases qui lui ont fait tant de mal. L'autre, le Premier ministre, est réfléchi, patient, minutieux, réservé, parfois enjoué, parfois distant, mais en même temps proche du terrain, fidèle, voire joyeux, avec ses collaborateurs. Le choix de l'arbre qu'il plantera dans le parc de Matignon, le pommier claque-pépins, avec la double référence à ses racines normandes et au célèbre « Mangez des pommes » de Jacques Chirac, symbolise cette personnalité originale. Chez Macron et Philippe, il y a des qualités, et des défauts, plutôt complémentaires. On le perçoit dès le début, quand il s'agit de répartir les tâches. Le président se consacrant beaucoup à son baptême du feu international, à ses premières rencontres avec Trump et Poutine, à ses nombreux rendez-vous européens, le Premier ministre a plutôt les mains libres pour mettre en œuvre la feuille de route présidentielle, la loi sur la moralisation de la vie politique et la réforme du Code du travail pour commencer. La relation est fluide avec l'Élysée, notamment avec le déjà tout-puissant secrétaire général, Alexis Kohler. Mais on relève au palais qu'il a refusé catégoriquement la nomination du directeur de cabinet que l'Élysée lui avait choisi. Il a imposé un de ses proches, Benoît Ribadeau-Dumas. Une première alerte intervient fin juin, lorsque le président informe Édouard Philippe qu'il va s'adresser au Congrès le 3 juillet, à la veille du traditionnel discours de politique générale du Premier ministre devant l'Assemblée nationale. Cette initiative, inédite sous la Vᵉ République, ne correspond pas vraiment à l'idée que Philippe se fait du partage institutionnel des rôles. Il estime que le chef de l'État se situe ainsi à la frontière du « présider » et du « gouverner ». Pour autant, il ne souhaite pas dramatiser. Selon leurs proches, les deux hommes s'expliqueront sereinement sur ce sujet qui va quand même provoquer de vives réactions dans l'opposition qui voit là l'occasion de fustiger un hyperprésident. L'affaire des APL, les aides personnalisées au logement, va, en revanche, créer un vrai trouble. Lorsqu'il apprend, au début de l'été, que le gouvernement s'apprête à baisser de cinq euros le montant mensuel de cette aide, qu'il est trop tard pour revenir sur cette mesure, Emmanuel Macron ne décolère pas. « Une connerie sans nom. » Il le dit tellement, et à tellement d'interlocuteurs, que la phrase fera le tour des ministères et des rédactions. Il fustige les technocrates responsables de cette décision. Il s'en prend à Bercy. Et il ne cache son irritation ni publiquement ni devant son Premier ministre. D'autant que l'aile gauche de sa majorité, y compris au gouvernement, monte au créneau pour mettre sévèrement en cause cette décision. Ce premier vrai désaccord sonne comme un avertissement...

Septembre 2017. La rentrée se déroule sans problème majeur. Les sondages restent plutôt favorables à l'exécutif. 45 % d'opinions favorables pour Macron, 48 % pour Philippe[1]. Mais une initiative présidentielle laisse Édouard Philippe quelque peu perplexe. Emmanuel Macron a en effet décidé de parapher des lois en direct, devant les caméras de la télévision, à l'américaine. L'objectif est triple : marquer l'importance de ces textes (moralisation de la vie publique, réforme du Code du travail...), souligner la rapidité avec laquelle ces lois sont signées et surtout, illustrer la prééminence présidentielle, rappeler à l'opinion que le chef de l'État est présent tout au long du processus institutionnel, depuis l'engagement de campagne jusqu'à la signature de la loi votée par le Parlement en passant par l'adoption en Conseil des ministres. Le chef du gouvernement n'est pas franchement enthousiaste devant cette image qui tourne sur toutes les chaînes, qui place résolument le président en première ligne. Plus tard, il fera remarquer que cet essai « a été jugé non concluant puisqu'il n'a pas été reproduit[2] ». En effet, Emmanuel Macron renoncera à rééditer cet exercice politico-télévisuel peu conforme à la tradition française. En réalité, dans cette période de rodage,

1. Sondage IFOP/*JDD*, septembre 2017.
2. Gabriel Le Bomin, *Cent jours*, doc. cité.

l'exécutif s'efforce, on le voit, de donner des signes d'innovation dans son fonctionnement, tout en respectant les règles écrites ou non écrites de la Ve République. Le « en même temps » est décidément à l'œuvre...

Réforme de la SNCF, abandon du projet d'aéroport de Notre-Dame-des-Landes. Ces mesures rythment un premier semestre 2018 sans difficulté majeure. L'harmonie règne entre l'Élysée et Matignon. Même si, parfois, le président juge souvent ces rendez-vous hebdomadaires trop technocratiques, les déjeuners élyséens du lundi avec le chef de l'État, le chef du gouvernement, le secrétaire général de l'Élysée Alexis Kohler et le directeur de cabinet de Matignon Benoît Ribadeau-Dumas rythment la vie de l'exécutif. C'est là, dans ce cénacle, que la plupart des arbitrages sont rendus. Quatre énarques, évidemment brillants, mais trop loin des réalités du pays aux yeux de plusieurs ténors de la majorité, François Bayrou et Richard Ferrand notamment. Pas assez politiques, grondent aussi ceux qui reprochent au président de disposer d'un entourage trop jeune, trop formaté, loin de la France profonde, et souffrant d'un réel handicap, le manque d'expérience. Lorsque le couple exécutif fête sa première année d'exercice du pouvoir, cette petite musique occupe bien des conversations dans la majorité et dans les médias. Les sondages restent plutôt satisfaisants. 40 % d'opinions favorables pour Macron, 42 % pour Philippe[1]. Mais en juillet, le déclenchement de l'affaire Benalla et sa gestion

1. Sondage IFOP/*JDD*, juin 2018.

politique jettent le trouble dans l'opinion et provoquent la première épreuve sérieuse du quinquennat. Le « Qu'ils viennent me chercher » un peu provocateur lancé par le président est diversement apprécié au sein même de la majorité. Tout au long de cette crise, le Premier ministre est d'une loyauté jugée exemplaire au Palais, jusqu'à fortement durcir ses relations avec Gérard Larcher et le Sénat en refusant de se rendre à une séance de questions au gouvernement à cause de l'ambiance très agressive de la commission d'enquête créée par la haute assemblée. Mais Édouard Philippe sent, et ne s'en cache pas en petit comité, que cette affaire, qu'il a quasiment découverte dans la presse, va sérieusement affaiblir l'exécutif. La rentrée va confirmer ces craintes...

Démission de Nicolas Hulot le 28 août, départ de Gérard Collomb annoncé par le ministre de l'Intérieur lui-même le 18 septembre. Les mauvaises nouvelles s'accumulent. Pour Emmanuel Macron, dont Collomb était très proche jusqu'à l'affaire Benalla qui a tendu les relations entre les deux hommes, le départ de l'ancien maire de Lyon n'est pas une véritable surprise. Pour le Premier ministre, en revanche, cette décision unilatérale tombe au mauvais moment. Et les déclarations de Collomb lors d'une passation de pouvoir polaire avec Édouard Philippe, qui assurera l'intérim jusqu'à la nomination de Christophe Castaner, n'apaisent pas le climat, loin de là. « Aujourd'hui, nous vivons côte à côte, et je crains que demain nous ne vivions face à face », lâche, sèchement, à propos des quartiers sensibles, et devant un Premier ministre glacial, un Collomb que les sondages sur les futures municipales à Lyon inquiétaient au point d'imposer son départ au chef de l'État. Un épisode qui illustre à la fois des craquements dans l'équipe gouvernementale et les effets d'un fonctionnement complexe de l'exécutif, Collomb, l'un des premiers soutiens de Macron, acceptant difficilement l'autorité de Matignon et ayant l'habitude de travailler directement avec le chef de l'État, sans filtre et sans intermédiaire. Avec Hulot, la crise est bien différente. Le président est furieux. Il en veut beaucoup à cette figure de l'écologie qui n'a pas cru utile de le prévenir avant de l'annoncer sur France Inter. À Matignon, cette démission ne surprend pas vraiment. Édouard Philippe ne cachait pas devant ses proches conseillers ses réserves sur ce ministre dont il évoquera plus tard le « calvaire[1] » gouvernemental. Mais il est parfaitement conscient, comme le président, que les départs de Hulot et Collomb révèlent, au-delà des cas personnels, de vrais dysfonctionnements. L'opinion ne s'y trompe pas. En septembre, la cote de confiance du président et de son Premier ministre baisse dangereusement. 34 % pour Macron, 29 % pour Philippe[2]. Une alerte sérieuse pour le couple exécutif...

La crise des Gilets jaunes, inédite et violente, va creuser encore le fossé entre les deux têtes de l'exécutif. La genèse et le déroulement de cette révolte subite et brutale sont

---

1. Édouard Philippe et Gilles Boyer, *Impressions et lignes claires*, ouvr. cité.
2. Sondage IFOP/*JDD*, septembre 2018.

désormais dans les mains des historiens. Mais il y a une certitude, évidente et incontestable. Personne, à l'Élysée comme à Matignon, n'a vu venir ce mouvement. Soyons d'ailleurs lucides, et modestes. Aucun média, national ou local, n'avait anticipé la forme de cette colère. Elle prend par surprise l'ensemble des acteurs politiques, y compris, dans l'extrême gauche et dans l'extrême droite, tous ceux qui vont bientôt répéter en boucle sur tous les plateaux « On vous l'avait bien dit ». Dans l'appareil d'État, sur le plan national comme à l'échelon local, la surprise est totale, amplifiée par l'écho médiatique immédiat. D'où ce sentiment de flottement des premiers jours, voire des premières semaines. Comment réagir ? Très vite, à chaud ? Avec prudence, en prenant le temps de la réflexion ? Et sous quelle forme ? En privilégiant l'autorité ou le dialogue ? À ces questions, Macron et Philippe n'ont pas vraiment la même réponse. Et leurs plus proches conseillers non plus. De part et d'autre de la Seine, on échafaude des scénarios, on met au point des plans A, B et C. L'exécutif est pris de vitesse, car la situation évolue presque quotidiennement, avec de lourdes conséquences politiques. L'Assemblée s'enflamme à chaque séance de questions d'actualité. L'opposition, dans un réflexe pavlovien, prend fait et cause pour les Gilets jaunes. Les réseaux sociaux désinforment et fantasment. Avant chaque week-end, les prévisions les plus pessimistes circulent sur l'ampleur de la mobilisation. Dans les ministères, l'inquiétude fait parfois place à une forme de panique. Dans les manifestations, on insulte le couple présidentiel, ou s'en prend même à la première dame. Le chef de l'État est très violemment pris à partie lors d'un déplacement au Puy-en-Velay. Macron et Philippe hésitent sur la stratégie. Le président, bousculé par les événements, se sent isolé dans son palais. Parmi ses proches et ses visiteurs du soir, ils sont nombreux à lui conseiller une réponse essentiellement martiale, à jouer la carte de l'autorité. Mais lui souhaiterait, en même temps, satisfaire assez vite quelques-unes des revendications des Gilets jaunes. La relation président-Premier ministre connaît alors des jours difficiles. Avec des moments de franche irritation, lorsque Macron rappelle par exemple son hostilité aux 80 km/h, une décision qu'il attribue au seul Édouard Philippe et qu'il juge responsable d'une part non négligeable du soulèvement des Gilets jaunes. Bref, ça tangue dangereusement entre l'Élysée et Matignon. C'est l'époque où, dans l'entourage du Premier ministre, certains, certes peu nombreux, commencent à parler de « l'autre » en évoquant le chef de l'État. Faute d'un consensus dans l'exécutif, où l'on balance en permanence entre deux priorités, l'ordre ou la main tendue, la réponse aux Gilets jaunes attendra donc décembre, quelques jours après les très graves affrontements du 1er décembre et le saccage de l'Arc de Triomphe. Après une longue période d'atermoiements, Emmanuel Macron tranche. Quitte à démentir sans l'ombre d'un doute ou d'une hésitation les précédentes annonces gouvernementales. La taxe carbone ? Enterrée quelques jours après l'annonce d'un moratoire par Édouard Philippe. Les tarifs du gaz et de l'électricité ? Gelés. Les nouvelles modalités du contrôle technique des véhicules ?

Suspendues pour six mois. Édouard Philippe accepte sans état d'âme de revenir sur des arbitrages récents. Il s'agit, au plus vite, et en priorité, d'éteindre l'incendie, d'apaiser le climat et de renoncer à ce qui « emmerde les Français », pour reprendre l'expression désormais légendaire de Georges Pompidou, un jour où, à Matignon, son jeune conseiller Jacques Chirac venait lui faire signer une série de parapheurs destinés à diverses administrations. Pour autant, ces premières décisions ne règlent pas tout, loin de là. Mais Macron et Philippe sont d'accord sur un point : le président doit monter au créneau, s'adresser solennellement au pays, et préparer un plan d'envergure. En quelques jours, à toute vitesse, quatre mesures sont actées par l'exécutif et annoncées le 10 décembre au soir par le chef de l'État : augmentation de 100 euros mensuels pour les salariés payés au SMIC, défiscalisation de la prime de fin d'année, exonération fiscale des heures supplémentaires et annulation de la hausse de la CSG pour les retraités dont les pensions sont inférieures à 2 000 euros mensuels. Coût total, 10 milliards d'euros environ. Et le président annonce une initiative inédite, le grand débat. Il le sait. L'issue de la crise des Gilets jaunes se jouera là, et pas seulement sur l'impact des mesures annoncées. Macron joue gros. Un échec, une nouvelle déception, et son quinquennat risque d'être mort-né...

Il ne s'en cachera pas devant ses proches. Édouard Philippe a une double réaction en découvrant le principe et les modalités de ce grand débat, une innovation imaginée en tout petit comité par le président, François Bayrou et

Alexis Kohler. Il juge cette idée intellectuellement brillante, originale, et à la hauteur de la crise. Mais il s'inquiète qu'une fois de plus le chef de l'État se retrouve tout seul en première ligne. Et il craint les frustrations que cette initiative peut engendrer. Le Premier ministre n'accompagnera jamais le président lors de ces déplacements à travers la France. De fait, entre la mi-janvier et la fin avril, Emmanuel Macron sera omniprésent, plus hyperprésident que jamais. Quinze très longues réunions publiques, durant parfois jusqu'à 7 heures d'affilée, des réponses documentées et argumentées à plus de 900 questions posées par des élus et des citoyens, 2 millions de contributions écrites, des cahiers de doléances dans plus de 16 000 communes et une conférence de presse à grand spectacle dans la salle des Fêtes de l'Élysée pour clore cette opération. La performance présidentielle est saluée. Mais que reste-t-il alors de cette violente tornade sociale et politique ? Une exaspération fiscale plus vive que jamais, une forte attente de services publics plus présents et plus efficaces, un très large souhait de réduction des inégalités et de lutte contre les privilèges, une défiance généralisée contre toutes les « élites », politiques, financières et médiatiques. Le diagnostic est partagé à l'Élysée et à Matignon. Mais les réponses à apporter sont parfois différentes. On l'observera par exemple sur l'affaire de l'ENA, Macron souhaitant la suppression de cette institution prestigieuse née après la guerre et Philippe s'efforçant le plus discrètement possible de retarder cette réforme. On mesurera surtout ces divergences lors de la première crise des retraites, car le tandem va se fissurer. Là où, depuis la campagne présidentielle, le président, qui s'y est engagé, propose une réforme systémique d'ailleurs soutenue par la CFDT de Laurent Berger, avec une suppression des régimes spéciaux, le Premier ministre, on en aura plus tard une confirmation éclatante, restera favorable à une réforme paramétrique avec un allongement de l'âge de départ à la retraite. D'où ce sentiment d'hésitation et d'incertitude au gouvernement. Les manifestations se multiplient, les réponses de l'exécutif sont souvent confuses ou approximatives. Et le 16 mars 2020, lorsque Macron suspend cette réforme en raison de la crise du Covid, ils sont peu nombreux au sein de l'exécutif à imaginer que le processus engagé pour réformer les retraites pourra reprendre sur ses bases initiales...

L'irruption de cette crise majeure et inédite du Covid va tout à la fois bouleverser le cours du premier quinquennat de Macron et fragiliser s'il en était besoin un couple Macron-Philippe déjà fissuré. Quelle stratégie ? Quelles mesures ? À quel rythme ? Qui doit les annoncer ? Sur quel ton ? Macron et Philippe s'efforcent de fixer des règles sur la répartition des rôles et la manière de communiquer avec le pays. Les premières semaines sont un peu chaotiques. Le duo exécutif tâtonne et improvise. Les arbitrages sont d'autant plus difficiles que l'opposition laisse peu de répit au gouvernement et que les réseaux sociaux passent de la dramatisation aux fake news. Accusations de retard à l'allumage, querelle sur les masques, polémique sur l'état réel des hôpitaux et des services d'urgence. Les Gaulois réfractaires s'en donnent à cœur joie. Et les experts, omniprésents dans tous les médias, ajoutent souvent à la confusion. L'union nationale n'existe réellement qu'à 20 heures, chaque soir, lorsque des millions de Français, dans les grandes agglomérations comme dans les campagnes, applaudissent légitimement les soignants. Surpris, cueilli à froid à l'exemple de tous les dirigeants, dans le monde entier, Emmanuel Macron n'a guère le choix. À crise historique réponse exceptionnelle. Dans l'urgence des premières semaines, le président et le Premier ministre en conviennent, c'est le chef de l'État qui doit intervenir, occuper le terrain. Les allocutions solennelles se multiplient. Les conseils de défense sont convoqués plusieurs fois par semaine, au grand mécontentement des extrêmes, Jean-Luc Mélenchon et Marine Le Pen. Les Français, angoissés, suivent fidèlement les rendez-vous télévisés. Plus de 35 millions de téléspectateurs, un record absolu, le 16 mars 2020 le soir du « Nous sommes en guerre » présidentiel et des premières mesures de confinement. Édouard Philippe, quant à lui, veille scrupuleusement à la mise en œuvre des multiples décisions, coordonne au mieux la communication gouvernementale et monte progressivement au créneau, organisant notamment les points de presse collectifs avec les autorités sanitaires et les ministres concernés. *A priori*, à la surface, l'harmonie règne. Dans le huis clos de l'Élysée et de Matignon, c'est un peu moins simple. Car les désaccords, d'abord feutrés, puis révélés par les médias, vont se multiplier. Ils vont porter sur à peu près tous les sujets majeurs : les modalités et le calendrier du premier plan de confinement, l'échéance du déconfinement, le rythme et le déroulement des débats parlementaires dans l'urgence, l'ampleur du « quoi qu'il en coûte », la réouverture des écoles, les dates des deux tours des élections municipales, la nature des messages envoyés aux Français. « Je n'ai pas ces grands mots », lance, agacé, le président après que le Premier ministre a évoqué le risque d'« écroulement » de l'économie française. Les deux caractères se révèlent dissemblables, voire divergents. Solennel mais optimiste, grave mais confiant sur l'évolution du virus et l'efficacité du vaccin, Macron intervient à 20 heures chaque fois que la crise sanitaire est à un tournant. Il lit quasiment toutes les études, françaises et étrangères, sur la maladie, il téléphone en permanence aux meilleurs experts, ceux qui n'interviennent pas ou peu sur les médias, il tient une sorte de journal de bord au quotidien. Très remonté contre les médecins qui se querellent et se contredisent sur les antennes de la radio et de la télévision, longtemps impressionné par la soudaineté et la vigueur de la contamination qu'il a dû lui-même affronter, il est aussi convaincu que l'opinion, inquiète et chauffée à blanc par les médias, et parfois intoxiquée par les réseaux sociaux, a besoin de messages positifs. Philippe est plus pragmatique. Prudent, n'hésitant pas à reconnaître lors de ses innombrables points de presse qu'il n'a pas de réponse sur tous les aspects du coronavirus et de ses conséquences économiques et sociales, il joue la carte de l'humilité et de la simplicité. Il met souvent en avant le principe de précaution. En juin, trois mois après le déclenchement de la pandémie, la popularité de Macron est en baisse, à 38 %. Et en hausse, à 50 %, pour Philippe[1]. Un écart toujours difficile à vivre sous la Ve République pour celui qui progresse autant que pour celui qui recule. Un mois plus tôt, le dimanche 10 mai, un incident, longtemps gardé secret, a opposé les deux têtes de l'exécutif. Le Conseil constitutionnel ne pouvant pas ou ne souhaitant pas se réunir en urgence un dimanche pour valider le texte sur le déconfinement voté formellement la veille par le Sénat avant une application immédiate le lundi suivant, le président décide de faire rédiger en urgence absolue un décret d'application. « Le pouvoir réglementaire, c'est moi[2] », aurait répondu le Premier ministre en apprenant cet arbitrage. Le choix présidentiel sera bien sûr confirmé, mais ce différend n'est pas annodin, loin de là. Les semaines qui suivront seront « un long fleuve intranquille », selon une expression qui fait florès dans les allées du pouvoir. D'abord très discrètes, les rumeurs élyséennes sur un changement de Premier ministre prennent de la consistance. Le lundi 29 juin, au lendemain de la défaite de la majorité au second tour des municipales, les images montrent le couple exécutif traverser ensemble le parc de l'Élysée pour rejoindre les membres de la Convention citoyenne pour le climat. Bien que réélu brillamment la veille maire du Havre, Édouard Philippe apparaît maussade, crispé, mal à l'aise.

1. Sondage IFOP/*JDD*, juin 2020.
2. Hervé Gattegno, « Révélations. Emmanuel Macron-Édouard Philippe : l'histoire secrète de leur divorce », *JDD*, 18 avril 2021.

Dans le premier cercle autour du chef de l'État, le nom de Jean Castex est murmuré. Nommé en avril coordinateur national chargé de la stratégie de déconfinement, l'homme rassure. Secrétaire général adjoint de l'Élysée sous Sarkozy, discret, efficace, connu pour sa fibre sociale et son goût du dialogue, il apparaît comme la solution la plus simple et la plus rapide. Le 2 juillet au soir, Macron informe Philippe que sa décision est prise. Le moment est toujours difficile. Ce jour-là, le tête-à-tête est sobre et, semble-t-il, émouvant. Les deux hommes auront gouverné ensemble 1 145 jours durant. Leur divorce était, on l'a vu, prévisible, et même inévitable. Mais il est quand même douloureux...

« Je t'aime, moi non plus. » L'un des plus proches conseillers du président résume ainsi, avec le recul, les rapports Macron-Philippe et la rupture rendue publique le 3 juillet 2020. Qu'y avait-il, au fond, d'incompatible dans les relations personnelles et politiques entre Macron et Philippe ? « Les raisons qui peuvent pousser un président à changer ou à garder son Premier ministre sont, à la vérité, un peu mystérieuses, et n'appartiennent qu'à lui[1] », écrira Édouard Philippe. Sur un plan personnel, les rapports s'étaient progressivement crispés. Avec, parfois, de l'agacement chez Philippe et de l'exaspération chez Macron. Et les entourages, comme souvent, n'apaisaient pas la situation. Mais l'essentiel n'est sans doute pas là.

1. Édouard Philippe et Gilles Boyer, *Impressions et lignes claires*, ouvr. cité.

Macron et Philippe n'avaient pas la même conception des rôles respectifs du président et du Premier ministre, de la répartition des responsabilités. Une vision clairement présidentialiste chez Macron, plus classique chez Philippe. Quand on l'interroge en privé, Emmanuel Macron est catégorique. Le huitième président de la Ve République estime que le chef de l'État, devant tout assumer en permanence vis-à-vis de l'opinion, de haut en bas, du sol au plafond, est contraint de rester en première ligne tout au long de son mandat. Pour le maire du Havre, à l'inverse, une ligne de partage doit être fixée, puis respectée. Au président de présider, au Premier ministre de gouverner. Deux regards divergents, parfois incompatibles. Dès lors, la séparation était fatale. Et dans la période qui suivra, leur relation n'excédera pas la simple politesse...

14

Emmanuel Macron et Élisabeth Borne

Ne soyez à la Cour, si vous voulez y plaire,
Ni fade adulateur ni parleur trop sincère ;
Et tâchez quelquefois de répondre en Normand.

« La cour du Lion », VII, vi.

Jeudi 16 mars 2023, 12 h 10, Élysée, salon des Ambassadeurs. Emmanuel Macron est exaspéré. Depuis plusieurs jours, il consulte tous azimuts, dans sa majorité et au-delà. Avant de trancher, il veut connaître avec précision le rapport de force. Sa réforme des retraites peut-elle être votée sans passer par le 49.3 ? Quel est très exactement, chez LR, l'équilibre arithmétique entre les partisans et les adversaires du texte ? Où en est l'ultime pointage ? Autour de lui, les avis divergent. Élisabeth Borne accepte de jouer les fusibles si les choses tournent mal. Le consensus qui se dégage ne convient pas vraiment au président, qui connaît les multiples inconvénients de ce qui apparaît dans l'opinion comme un passage en force. Mais il finit par se résoudre. Le risque est trop grand. Les résultats des élections législatives, avec une majorité très relative, le contraint à baisser pavillon. Il doit accepter que la

Première ministre engage sa responsabilité et brandisse l'article 49.3, cette disposition constitutionnelle jugée banale des années durant, jusqu'à la loi El Khomri à l'été 2016, mais désormais considérée comme un véritable épouvantail politique. Macron déteste plus que tout être mis au pied du mur et trancher dans l'urgence. Mais, ce jour-là, il ne peut l'éviter. Il le fait à contrecœur, contraint et forcé. Et il ne peut cacher son irritation. Il comptait sur Élisabeth Borne pour résoudre l'équation politique et négocier au mieux avec LR. Victime notamment de l'extrême confusion chez Les Républicains, et malgré de vrais efforts et quelques concessions, elle n'a pas réussi. La motion de censure qui suivra, la onzième en moins d'un an, échouera à neuf voix près. L'avertissement est cruel. Et une fois de plus, le couple exécutif vacille...

16 mai 2022, hôtel de Matignon. Emmanuel Macron a été réélu le 24 avril et investi le 7 mai. Il lui aura fallu vingt-deux jours après le second tour victorieux et neuf jours après la proclamation officielle des résultats pour nommer Élisabeth Borne. On en connaît les raisons. Le président veut absolument nommer une femme, comme Mitterrand en 1991 avec Édith Cresson. Mais pour le reste, il hésite. Un signe fort vers LR ? Un recentrage vers la social-démocratie ? Un nouveau visage ? Une ministre déjà expérimentée ? On le sait, son choix se porte d'abord sur une élue de terrain, Catherine Vautrin, ancienne ministre de Jacques Chirac et présidente du Grand Reims. Mais les réactions hostiles se multiplient chez les proches de Macron. Il est vrai que Catherine Vautrin était opposée au

mariage pour tous, une position franchement inacceptable pour la grande majorité des macronistes. Dans les couloirs de l'Élysée, on parle aussi de Christine Lagarde, une suggestion de Nicolas Sarkozy. Approchée, la patronne de la BCE serait restée évasive. Une sorte de non-réponse synonyme de refus. Et, comme souvent depuis l'élection présidentielle de 2017, le nom de François Bayrou est murmuré. Ce à quoi le patron du Modem répond que l'affaire des assistants parlementaires du Modem l'empêche évidemment de briguer Matignon dans l'immédiat. Par défaut, chuchote-t-on au Palais, le chef de l'État nomme donc Élisabeth Borne. Points forts : sa capacité de travail, sa connaissance très pointue des dossiers, son parcours sans faute et sans faille, de la préfectorale au gouvernement en passant par les cabinets ministériels et la présidence de la RATP, sa loyauté, sa ténacité, sa rigueur. Points faibles, une certaine raideur, une expérience plus technique et administrative que politique, un goût de l'autorité qui confine parfois, selon d'anciens collaborateurs, à l'autoritarisme. Polytechnicienne, diplômée du Collège des ingénieurs, un établissement exemplaire, qui permet à des surdiplômés en alternance d'acquérir une formation pluridisciplinaire de grande qualité, Élisabeth Borne symbolise l'excellence républicaine. Sa nomination semble naturelle, presque évidente. Emmanuel Macron s'y résout donc, mais sans enthousiasme. Il respecte sa nouvelle Première ministre, mais il n'a pas réellement d'atomes crochus avec cette personnalité si éloignée de la sienne. Ils sont complémentaires, certes. Mais si différents, avec des caractères aux antipodes...

C'est un chêne vert qu'elle plante dans le parc de Matignon, une espèce « qui saura s'adapter au réchauffement climatique... avec des feuilles persistantes et résilientes », expliquera elle-même Élisabeth Borne. Le double clin d'œil est pour le moins appuyé. La Première ministre tient en effet beaucoup à sa mission d'impulsion et de coordination sur le développement durable et la planification écologique et énergétique. Et s'agissant de son image personnelle, qui pourtant, et d'ailleurs à tort, ne la passionne pas outre mesure, elle ne cesse d'envoyer des signaux sur sa résistance, sa solidité et sa résilience. Qu'on le sache, fait-elle comprendre en permanence de manière subliminale, elle est une femme solide, sérieuse, déterminée, « inécœurable », selon ce néologisme giscardien. Les petites phrases assassines, les propos à l'emporte-pièce, ce n'est vraiment pas sa marque de fabrique quand elle s'exprime en public. Bien sûr, il lui arrive fréquemment, notamment avec son cabinet, de parler brutalement, lorsqu'elle s'agace ou s'impatiente, ce qui lui arrive assez souvent. Mais face au microcosme, qu'elle méprise, et aux mauvais coups politiciens, qui l'exaspèrent, elle veut absolument apparaître comme un roc. Ses sentiments personnels, elle les garde pour son premier cercle, très restreint, amical et familial. C'est pourquoi ses rares évocations intimes ont beaucoup impressionné. Le 16 mai 2022, lorsqu'elle s'installe à Matignon, elle dédie sa nomination « à toutes les petites filles » en leur disant « allez au bout de vos rêves ». Six semaines plus tard, le 6 juillet, à l'occasion de son discours de politique générale, elle évoque son père « qui n'est jamais vraiment revenu des camps ». Une référence émouvante à son drame personnel, à ce père, un juif résistant déporté, rescapé du camp d'Auschwitz-Birkenau, et qui se suicidera à 49 ans, en 1972, lorsqu'Élisabeth est âgée de 11 ans. Dans ces deux occasions, bien différentes, chacun pourra mesurer la sensibilité et la pudeur de la deuxième Première ministre de la Vᵉ République. On est loin du profil technocratique tant décrié dans le microcosme, y compris dans les rangs de la majorité. Pourquoi, dès lors, Élisabeth Borne donne-t-elle volontiers cette image de froideur et d'austérité ? Il y a là, jusqu'à l'Élysée, une forme de mystère, une incompréhension. Car l'absence d'empathie entre le président et sa Première ministre n'est pas une légende. Là où Macron aime manger, boire, plaisanter tard dans la nuit avec ses proches, Élisabeth Borne cultive avec excès, à l'inverse de ce qu'elle est le plus souvent en privé, l'austérité et la frugalité. « Je ne vais pas manger une entrecôte suivie d'une andouillette et de profiteroles au chocolat[1] », ironise-t-elle. Sans doute sait-elle qu'au Palais, certains s'amusent de la brièveté des déjeuners d'un couple exécutif dont les goûts et les habitudes sont si différents. À l'Élysée, on sent souvent de l'agacement. Il faut dire que, depuis mai 2022, les frictions n'ont pas manqué.

« Dans ce pays, si je ne fais pas tout moi-même... » Les plus anciens témoins et acteurs des débuts de la Vᵉ République se souviennent avec amusement, et une certaine

1. Claire Gatinois et Nathalie Segaunes, *Le Monde*, 29 septembre 2023.

nostalgie, de ce dessin de Jacques Faizant à la une du *Figaro*, caricaturant de Gaulle sur une piste d'athlétisme après la déception française aux JO de Rome, en 1960. À suivre, à voir et à écouter Emmanuel Macron, on a le sentiment que le huitième président de la Ve rejoint l'inventeur de nos institutions. Pourquoi compter sur les autres, pourquoi déléguer, pourquoi s'en remettre au gouvernement ou à la majorité présidentielle puisque les Français rendent le chef de l'État directement et personnellement comptable et responsable de tout et de rien ? Bien sûr, la question est sommaire, presque simpliste. Mais on a parfois le sentiment qu'au Palais, elle se pose réellement. Pour l'heure, en ce lendemain de présidentielle, le moment n'est pas encore venu de répartir les rôles jusque dans le détail. Le climat est maussade. Dans les premières semaines du gouvernement Borne, dès le début de cette étrange période où, loin de l'état de grâce, l'opinion semble figée et le président en apesanteur, chacun prend ses marques. La campagne législative manque de souffle. Élisabeth Borne, candidate dans son département de l'Orne, est souvent sur le terrain. Mobilisé par la guerre en Ukraine, Macron semble absent de la scène nationale. C'est l'époque du surplace, théorisée par Ludovic Vigogne[1]. Alerté par Bayrou et Ferrand, le chef de l'État, planté sur le tarmac devant le Falcon présidentiel, lance trop tardivement un appel à la responsabilité des électeurs. Un grand classique depuis toujours mais qui, cette fois, semble sans effet. Les Français lui

1. Ludovic Vigogne, *Les Sans jours*, Bouquins, 2023.

en veulent-ils de l'avoir réélu ? Peut-être, à l'issue d'un long exercice de psychanalyse nationale. Les électeurs refusent donc de lui donner carte blanche. La majorité est largement relative, avec un lourd handicap d'une quarantaine de sièges. On est davantage surpris à l'Élysée qu'à Matignon, où Élisabeth avait senti cette sorte d'apathie collective. Au soir du second tour des législatives, Macron est sous le choc. Pas besoin d'être intuitif pour comprendre, sans risque de se tromper, que le second quinquennat ressemblera à une course de haies. Il s'y prépare sans flamme et sans entrain. Avec une obsession, poursuivre les réformes coûte que coûte, et quoi qu'il en coûte. Et d'abord, réussir à faire passer sans trop de heurts la loi sur les retraites, cette « reine des réformes ». Optimiste, il croit possible de franchir l'obstacle en évitant de fracturer la société française. Élisabeth Borne est moins optimiste. Ensemble, ils évoquent souvent, durant ces premiers mois, la meilleure stratégie possible. Peine perdue. Très vite, la dure réalité s'imposera, et le duo exécutif ne sortira pas indemne de cette redoutable épreuve...

Que de malentendus des deux côtés de la Seine pendant cette séquence *horribilis* ! Sur le fond de cette réforme des retraites, les deux têtes de l'exécutif sont très largement d'accord. C'est sur la tactique parlementaire et la communication que les désaccords vont porter. Comment parvenir à convaincre les députés LR de rejoindre dans leur vote le camp majoritaire ? Macron charge sa Première ministre d'approfondir le dialogue, d'imaginer les concessions, de mettre aussi au pied du mur les députés de droite *a priori* attachés aux objectifs de ce texte. Elle y met vraiment du sien, reçoit à plusieurs reprises Éric Ciotti, clame sa volonté d'ouverture, apporte quelques modifications au projet de loi, en particulier sur le dispositif relatif aux carrières longues. Rien n'y fait. Et s'agissant de l'explication et de l'effort pédagogique, les approximations se multiplient au sein même du gouvernement.

Argumentation poussive à propos du changement de pied présidentiel sur la réforme, avec le passage du systémique au paramétrique ; cafouillage sur le nombre de bénéficiaires d'une pension minimum de 1 200 euros mensuels ; confusion sur l'impact financier de la réforme pour les femmes : les ministres s'expriment dans le désordre et sont trop nombreux à parler et à commenter. Élisabeth Borne remet régulièrement de l'ordre dans la communication gouvernementale, mais l'impopularité de la réforme est telle que l'exercice de pédagogie est quasiment inaudible. Au Palais, l'entourage du président ironise et s'agace à haute voix. Le feuilleton sur le 49.3 ajoute presque quotidiennement à l'imbroglio général. Macron s'impatiente. Il aimerait s'exprimer lui-même, monter en première ligne, mais la répartition des rôles a été actée. Impossible d'en changer au milieu du gué. Et le contexte global, les casserolades à chaque déplacement officiel, l'ampleur des manifestations, la polémique politique permanente et le climat éruptif à l'Assemblée n'incitent pas l'exécutif à changer brutalement de stratégie. Quelques jours après le vote définitif du texte et le rejet *a minima* de la motion de censure, le moment est venu de parler. Le chef de l'État choisit les journaux de 13 heures, un créneau *a priori* efficace, moins solennel, plus proche. Mais le message a du mal à passer. « J'espère qu'elle y parviendra » : concluant ainsi l'objectif assigné à la Première ministre d'élargir la majorité, Macron sème un peu le trouble. On a connu, et entendu, plus mobilisateur et plus encourageant dans la bouche d'un chef de l'État. D'autant qu'en même temps, *Le Point* évoque une petite phrase au vitriol qu'aurait prononcée le président : « Vous n'avez pas voulu de Catherine Vautrin, vous m'avez vendu Élisabeth Borne comme une perle rare, et voilà où on en est[1] ! » Stupéfaction générale. Mais aussitôt, l'Élysée rassure Matignon. Le message transmis à la Première ministre est clair mais sobre : le chef de l'État est inquiet, il juge la situation politique très préoccupante, mais Élisabeth Borne garde sa confiance. Et le président compte sur elle pour cadrer et préciser le travail gouvernemental avant le 14 Juillet, dans ces « cent jours d'apaisement », cette échéance très contraignante fixée par l'Élysée. Pourtant, d'autres épisodes vont alimenter un étrange climat dans le couple exécutif...

Lorsque Élisabeth Borne déclare, dans une interview à l'Agence France-Presse, qu'elle n'entend plus utiliser l'article 49.3 en dehors des textes financiers comme elle a été contrainte de le faire sur les retraites, Emmanuel Macron répond un peu plus tard « qu'il n'est pas responsable des interviews à l'AFP de la Première ministre ». Lorsqu'elle évoque le respect d'une « période de convalescence »

1. Paul Barcelone, *Le Point*, 23 mars 2023.

après la crise des retraites et la nécessité de « redonner un cap au pays », l'entourage du président fait savoir que le cap a été fixé dans la récente interview télévisée sur TF1 et France 2. Et lorsqu'elle parle, en réponse à la question d'un journaliste de Radio J, d'un Rassemblement national « héritier de Pétain », le chef de l'État note en Conseil des ministres qu'il convient d'éviter « les mots des années 1990 qui ne fonctionnent plus ». Il n'en faut pas davantage pour que les états-majors politiques s'agitent fébrilement et pronostiquent une crise ouverte au sommet de l'État. C'est dans cette ambiance singulière que survient, le 27 juin, le drame de Nanterre. La mort de Nahel, un adolescent de 17 ans tué par un policier après un refus d'obtempérer, provoque une poussée de fièvre immédiate et des nuits d'émeutes dans de très nombreuses villes. Aussitôt, le couple exécutif se serre les coudes, se coordonne et harmonise au mieux les prises de parole dans le gouvernement et la majorité. On oublie les désaccords, les susceptibilités et les couacs de communication. Dans l'épreuve, l'Élysée et Matignon vont, dix jours et dix nuits durant, tenter d'éteindre l'incendie qui menace de se propager…

Comment, avant même de pouvoir tirer les leçons d'une séquence aussi violente, faire les bons choix, arbitrer et balancer en permanence entre l'autorité et le dialogue, l'ordre à tout prix et la main tendue ? Emmanuel Macron connaît l'histoire, ses retournements et ses surprises. Il a beaucoup lu, et réfléchi, sur les grands mouvements de société, ces moments où tout peut basculer, où la moindre erreur peut se révéler fatale. D'où sa prudence, lui qui hésite rarement à monter au front quand l'actualité l'impose. Élisabeth Borne, de son côté, analyse cette révolte avec une relative sérénité dans une période pour le moins explosive. La Première ministre a ses capteurs. Discrètement, sans faire de bruit, elle réunit régulièrement pour dîner, en modifiant à chaque fois le panel, une petite dizaine de maires, édiles de petites, moyennes ou grandes villes, et de sensibilités différentes, à l'exception de représentants du RN et de LFI. Ainsi, avec ces échanges qu'elle apprécie vraiment, à partir de ces fréquentes remontées du terrain, assez loin des polémiques politiciennes, elle pense mesurer l'inquiétude, les interrogations et les souffrances ressenties par les Français. « Un cerveau clair et des nerfs d'acier », recommandait Giscard lorsqu'une crise éclatait. Emmanuel Macron et Élisabeth Borne s'efforcent de suivre cette recommandation du siècle dernier. Au cœur de la révolte, qui surprend l'exécutif par sa violence et la diversité des quartiers et des communes concernées, ils se parlent en permanence, imposant aux ministres la discrétion et l'humilité. Ils ne veulent rien décider « à chaud », repoussant à plus tard les leçons d'un embrasement que personne n'avait vu venir. Méthode Coué ? Sans doute. Mais aussi le signe d'une très forte inquiétude. S'agit-il du symbole de la « décivilisation », ce terme inventé par un grand intellectuel allemand du XXe siècle et utilisé par le président après un échange avec des sociologues, dont le talentueux Jérôme Fourquet ? Trop tôt pour tirer des conclusions hâtives. Le président choisit de donner du temps au temps. Un réflexe mitterrandien presque inévitable au moment où l'évidence de son impopularité s'impose. 29 % de satisfaits en juillet pour le président, 30 % pour la Première ministre[1]. C'est dans ce climat, au lendemain des émeutes, que le chef de l'État doit trancher. La perception de son second mandat va peut-être se jouer en quelques jours. Doit-il remplacer Élisabeth Borne et procéder à un chamboule-tout ? Faut-il privilégier le changement ou la continuité ? Il y réfléchit depuis des semaines, en réalité, depuis la fin du feuilleton des retraites. Le moment est venu de décider. Il déteste arbitrer sous la pression, au pied du mur. Mais là, il ne peut plus attendre...

Vendredi 14 juillet, samedi 15, dimanche 16, lundi 17. Le temps s'étire, interminable pour le gouvernement, et accessoirement pour les journalistes. Et long, très long, pour Élisabeth Borne et pour Gérald Darmanin. Le ministre de l'Intérieur mène campagne depuis plusieurs mois. D'abord discrètement, puis plus ouvertement, notamment dans les médias. Il entretient de bonnes relations avec le président. Ils s'échangent de bons mots, des citations d'Audiard et des souvenirs cinématographiques. Ils s'amusent en ironisant sur tel ou telle, sur les bons et les moins bons élèves, ministres ou parlementaires. Bref, le courant passe entre les deux. Mais l'ancien maire de Tourcoing n'ignore pas que la loyauté et le sens de l'humour ne suffisent pas pour accéder à Matignon. Il faut aussi des résultats, de l'efficacité

1. Sondage IFOP/*JDD*, juillet 2023.

et une image porteuse, qui apporte un plus au président. De ce point de vue, Darmanin, très soutenu auprès du président par Nicolas Sarkozy, semble avoir autant d'atouts que de handicaps. Place Beauvau, où le ministre est activement soutenu par les syndicats de police, les chiffres de l'insécurité restent plutôt décevants. La lutte anti-terroriste a obtenu de vrais résultats, mais il est toujours difficile de communiquer sur des attentats déjoués. Par ailleurs, les accusations de viol et d'abus de faiblesse dont il a été l'objet il y a plusieurs années se sont certes terminées par un non-lieu en appel pour l'une, la plaignante ayant annoncé son intention de se pourvoir en cassation, par un classement sans suite pour l'autre. Mais ces enquêtes très médiatisées ont, sans doute, laissé des traces. Sa nomination à Matignon présente, au total, des avantages et des inconvénients. Macron pèse et soupèse. Lors de tête-à-tête récents, le ministre a eu le sentiment que le président le testait, l'interrogeant par exemple sur le fonctionnement et l'organisation du gouvernement. Le 14, la tendance est au changement. À partir du 15, à la continuité. Les personnalités les plus influentes auprès de Macron, toujours Bayrou et Ferrand en tête, plaident pour le maintien d'Élisabeth Borne, même s'ils ne partagent pas toujours son style, son art et sa manière de gouverner. Le dimanche 16, la cheffe de gouvernement, soulagée, est informée de l'arbitrage présidentiel en sa faveur. Un peu plus tard, Macron appelle un Darmanin furieux, qui a déjà compris quelle était la décision. La dernière interrogation concerne la communication. Matignon souhaiterait une annonce formelle, quelque peu solennelle. L'Élysée préfère banaliser, espérant éviter un trop-plein de débats et de commentaires. Le 17 en fin de matinée, c'est donc par une communication minimaliste et lapidaire que la présidence livre l'information. Les médias le savaient déjà, Matignon ayant annoncé plus tôt dans la matinée l'arrivée du nouveau directeur de cabinet d'Élisabeth Borne. Tout ça pour ça ? Peut-être. Mais derrière ce qui peut apparaître comme un non-événement, cette séquence dit beaucoup du couple exécutif formé par Emmanuel Macron et sa Première ministre. Et des relations président-chef de gouvernement sous la Ve République, plus particulièrement depuis le début du XXIe siècle et l'accélération du rythme de la vie politique. En effet, le rapport président-Première ministre passe en permanence du chaud au froid. On en aura une nouvelle confirmation quelques mois plus tard, à partir du 7 octobre, après les tueries terroristes du Hamas contre Israël. Macron se consacre presque totalement à cette grave crise internationale et à ses conséquences en France, notamment la multiplication gravissime des actes antisémites : le 12 novembre, alors qu'il publie une lettre aux Français et choisit de ne pas se rendre au début de la grande marche, c'est Élisabeth Borne qui défile en tête de l'impressionnante foule rassemblée pour dénoncer, avec force, l'antisémitisme. Pour le reste, il laisse sa Première ministre gérer les dossiers en cours : le débat budgétaire avec son cortège de 49.3 ; l'annonce du plan anti-émeutes et les mesures gouvernementales sur la ville, cent jours après les violences urbaines du début de l'été ; la délicate gestion du procès

Dupont-Moretti devant la Haute cour de justice qui se termine par une relaxe du Garde des Sceaux : et bien sûr l'immigration, avec des débats enflammés sur fond de désaccord notoire entre Élisabeth Borne et Gérald Darmanin et avec le coup de théâtre du 11 décembre, le camouflet infligé au gouvernement et au ministre de l'Intérieur par des oppositions qui votent une spectaculaire motion de rejet. Autant de sujets sur lesquels l'Élysée et Matignon ne sont pas toujours en phase, alors que la majorité parlementaire se fissure. D'où, en cette fin d'année 2023, ce sentiment de flottement dans l'exécutif...

Où se situe le tandem Emmanuel Macron-Élisabeth Borne dans l'histoire de ces couples qui gouvernent la France depuis 1959 ? À la réflexion, on pense au tandem du Giscard-Barre. Le profil est proche, pour les présidents comme pour les hôtes de Matignon. Résolument réformateur et européen pour Giscard et Macron, compétent et expérimenté pour Raymond Barre et Élisabeth Borne. Le style est voisin. Moderne et très présidentiel pour le troisième et le huitième président de la Ve République, sobre, voire dépouillé, pour leurs Premiers ministres. Singulièrement proches, donc. Entre l'Élysée et Matignon, cette complémentarité n'est pas nécessairement synonyme d'harmonie. Mais c'est une condition de la longévité et de la réussite du duo exécutif. Voilà sans doute pourquoi, finalement, Macron a choisi de ne pas changer de Premier ministre. Tout au long de cette séquence de juillet 2023, le couple exécutif a d'ailleurs plutôt mieux fonctionné qu'on ne l'imagine généralement. Bien sûr, on l'a bien compris, les caractères sont si différents que l'empathie réciproque n'est pas vraiment au rendez-vous. Et il arrive au président Macron de se montrer sévère avec sa Première ministre. Pas assez politique, trop sérieuse, presque austère, regrette-t-il souvent en privé. Mais il la juge aussi loyale, travailleuse, sachant distinguer l'essentiel et l'accessoire, le court et le moyen terme. À l'occasion du remaniement gouvernemental qui suit la reconduction d'Élisabeth Borne, il se félicite qu'elle partage totalement sa décision de mettre en orbite, en le nommant à l'Éducation nationale, un Gabriel Attal qui devient d'un coup le grand espoir des macronistes. Le président est également impressionné par la résilience de sa Première ministre. Et il lui arrive même de se féliciter franchement de ses rares incursions sur le terrain politique, comme cette flèche assassine et efficace contre Jean-Luc Mélenchon et ses proches au lendemain de l'étrange, et très critiquée – y compris dans son camp –, prise de position du leader Insoumis après les massacres terroristes barbares du Hamas contre Israël. « Ambiguïtés révoltantes », lance Élisabeth Borne après que Mélenchon a renvoyé dos à dos, au lendemain du 7 octobre, le bourreau et la victime et refusé, contre toute évidence, de qualifier le Hamas de mouvement « terroriste ». La Première ministre a appris à ferrailler et à batailler. À l'Assemblée, elle rend désormais coup pour coup aux oppositions. A-t-elle réussi à élargir durablement sa majorité très relative, comme le lui demandait Macron ? Non, et on l'a vu sur l'immigration, mais la mission n'est-elle pas impossible ? Tient-elle suffisamment ses ministres ambitieux et remuants,

Darmanin et Le Maire, qui piaffent à l'approche de 2027 ? Pas vraiment, mais comment trouver le bon curseur entre l'autorité et l'autoritarisme ? Parvient-elle à garantir la cohésion de sa majorité parlementaire, entre une aile droite déterminée et une aile gauche entreprenante ? Plutôt oui, sans toutefois en assurer durablement l'harmonie. Et surtout, car c'est aussi une condition du bon fonctionnement d'un couple exécutif, protège-t-elle suffisamment le président ? Sans doute pas, mais le quinquennat pousse désormais tout chef de l'État à se tenir résolument en première ligne, prenant tous les coups et assumant ainsi tous les risques. Comment qualifier, au bout du compte, le couple Emmanuel Macron-Élisabeth Borne ? « Fonctionnel », affirme sans hésiter un proche du président. Pragmatique ? Rationnel ? Vis-à-vis de l'Élysée, jusqu'à la crise ouverte le 11 décembre par le vote de la motion de rejet sur l'immigration, la Première ministre avait peut-être trouvé le bon équilibre. Loyale, mais tenant à son autonomie dans la mise en œuvre des réformes ; ferme, mais sachant reculer quand l'arbitrage élyséen est rendu ; à l'écoute des intuitions et des idées du chef de l'État, mais s'efforçant de canaliser l'ardeur présidentielle. Bref, fiable, une vraie qualité aux yeux du président Macron. Jusqu'à quand ce couple singulier tiendra-t-il ? Jusqu'au moment où le chef de l'État, menacé d'impuissance politique, voire de paralysie, avec sa majorité relative à l'Assemblée, hanté par la crainte d'un quinquennat immobile, décidera d'engager une nouvelle, et décisive, étape de son second mandat. Fin 2023, après le feuilleton à rebondissements sur la loi immigration, ils étaient nombreux, à l'Élysée et au gouvernement, à parier sur une fin prochaine de ce vingt-cinquième couple président-Premier ministre de la Ve République. Mais depuis le début de son mandat, Emmanuel Macron nous a réservé bien des surprises...

Épilogue

Il y a bien longtemps que je souhaitais raconter ces souvenirs, ces deux ou trois choses que je sais d'eux, de ces présidents et de ces Premiers ministres, de ces couples qui nous gouvernent depuis le début de cette Ve République si décriée mais si solide, critiquée à droite comme à gauche, mais toujours vivante. La meilleure preuve de l'efficacité de la Constitution, c'est François Mitterrand, son adversaire historique d'alors, qui l'a donnée. Relisez, car c'est aussi une œuvre littéraire de grande qualité, le fameux *Coup d'État permanent* écrit à l'encre acide, la plume trempée dans le fiel, par le Mitterrand des années 1960, celui qui pourfendait le Général, abhorrait tout ce que le gaullisme représentait et haïssait cette monarchie républicaine dont il devint pourtant une nouvelle incarnation. Cette impressionnante mutation personnelle et politique de François Mitterrand symbolise à elle seule l'itinéraire imprévu et singulier d'une République dont j'ai eu le privilège de vivre, de 1969 à aujourd'hui, parfois au jour le jour, parfois d'un peu plus loin, les soubresauts et les convulsions, les coups de blues et les déprimes, les jours heureux et les drames, les bouleversements et les secousses, les sursauts et les crises, les succès et les échecs.

Le lundi 28 avril 1969, je déjeunais en famille chez mes parents, dans cette grande maison du Perreux-sur-Marne, près de Paris, où, avec mes quatre frères et sœurs, j'ai passé mon enfance et mon adolescence. La veille, le Général avait perdu ce référendum dont on se demande toujours aujourd'hui s'il s'agissait, ou non, d'une opération suicide, d'une manière très gaullienne de tirer sa révérence après l'épreuve douloureuse d'un Mai 68 dont il n'avait compris ni les origines ni les ressorts. Comme il l'avait annoncé avant le scrutin dans l'hypothèse d'une défaite, de Gaulle avait fait savoir par un bref communiqué au milieu de la nuit qu'il cessait d'exercer ses fonctions. « Cette décision prend effet à midi », concluait sobrement ce texte historique adressé à la presse à 0 h 11. Dans toute la France, au-delà des sensibilités politiques, l'émotion était considérable. Ma mère, une femme de gauche sincère, avait voté non par conviction. Elle admirait le de Gaulle de juin 1940 mais retenait de ces dernières années crépusculaires l'image d'un président vieillissant et déconnecté. Mon père, un médecin proche des chrétiens-démocrates, avait aussi voté non, jugeant le Général « usé et fatigué », cette formule qu'utiliserait Jospin pour qualifier Chirac pendant la campagne présidentielle de 1995. J'avais aussi voté non, sans enthousiasme, mais en souvenir de Mai 68. Non par militantisme politique, car si, pendant les « événements », je ne passais pas mes nuits sur les barricades, je pensais, avec ma bande d'étudiants en sciences économiques, qu'il était grandement temps d'ouvrir les fenêtres, de moderniser la société, d'adapter les mœurs, de laisser les jeunes vivre leur vie le plus librement possible. Du côté de mes frères et sœurs, un oui et deux non, dont celui de notre aîné, Alain, déjà journaliste politique, admirateur sincère, lui aussi, comme toute la famille, du de Gaulle de Londres mais, comme son dirigeant préféré de l'époque, le socialiste Pierre Mendès France, critique du de Gaulle de l'Élysée. Je brise avec amusement un tabou en révélant ce vote d'Alain, qui a toujours refusé de faire connaître ses choix électoraux, même dans le cercle familial. Parlant avec lui chaque jour ou presque depuis plus de cinquante ans, je crois savoir, ou deviner, ce qu'il a voté dans les grands scrutins. Mais le secret est bien gardé. Bref, dans la famille, cinq non et un oui. Et, comme dans beaucoup de familles françaises, la même unanimité, ce lundi 28 avril sans de Gaulle, pour ressentir un malaise, exprimer des regrets, se sentir un peu groggy, comme si une catastrophe était intervenue, comme s'il allait nous manquer quelque chose. C'est ce jour-là, je m'en souviens, que je commençai à m'intéresser vraiment, et de près, à la vie politique, à sa complexité, à ses surprises, à ses enjeux, à ses aventures humaines, à ses joies les soirs de victoire et à ses passions tristes les lendemains de défaite. Six mois plus tard, je rentrais au service de la recherche de l'ORTF. Puis très vite, par chance et par hasard, à l'occasion de la réforme de l'information télévisée lancée par le Premier ministre Jacques Chaban-Delmas, j'intégrais la rédaction de la deuxième chaîne. J'ignorais alors que j'aurais, plus de cinquante ans durant, le privilège rare de croiser d'abord, de connaître ensuite, ces monstres sacrés de la politique, ces grands fauves qui ne cesseront de me fasciner et de me passionner…

Ils m'ont tous impressionné, présidents, Premiers et Premières ministres, avec leurs qualités et malgré leurs défauts. Trop jeune pour avoir eu la chance de croiser de Gaulle, j'ai connu les sept autres présidents et la quasi-totalité des chefs et cheffes de gouvernement. À l'Élysée, Georges Pompidou, son regard sombre, son intelligence aiguë, sa politique industrielle volontariste, sa réaction d'homme blessé et d'homme d'honneur face à l'innommable affaire Marković, et cette étrange et attachante complexité, conservateur sur les mœurs et pourtant si moderne lorsqu'il imagine Beaubourg et quand il évoque, citant Éluard, dans un grand moment télévisuel de pudeur, de sensibilité et d'émotion, l'affaire Gabrielle Russier ; Valéry Giscard d'Estaing, ses fulgurances réformatrices, ses premiers pas, ces cent jours salués sur presque tout l'échiquier politique, sa vision européenne, sa (vraie) timidité, ce singulier mélange entre un réel attachement aux traditions et un vrai modernisme, ses combats pour la condition féminine, son face-à-face (permanent) avec Chirac, sa difficulté à accepter sa défaite de 1981 ; François Mitterrand, sa culture, ses (trop grandes) qualités de stratège et de tacticien, son autorité naturelle, ses sincérités successives, son talent d'orateur, sa volonté (obsessionnelle) de tenter de se réinventer un passé peu glorieux ; Jacques Chirac, sa bienveillance (apparente), son goût pour le terrain et le contact, sa détestation (obsédante) pour VGE et les giscardiens (à l'exception notable de Jean-Pierre Raffarin), sa dissolution boomerang et son référendum raté, ce magnifique discours du 17 juillet 1995 sur la rafle du Vél d'Hiv, le panache du « non » à la seconde guerre du Golfe ; Nicolas Sarkozy, son énergie, son appétit politique, sa facilité à aimer puis détester (et vice versa), son goût pour les décisions (trop) rapides, sa fascination (excessive) pour la télévision, sa passion du pouvoir, sa façon de balayer les « affaires » d'un revers de main, sa capacité (forcenée) de convaincre ; François Hollande, sa réaction d'homme d'État face au terrorisme, son humour décapant, son amour (exagéré) des médias, son positionnement social-démocrate assumé, sa réforme (un peu tardive) du mariage pour tous, ses frondeurs, l'élégance de son retrait ; Emmanuel Macron, sa cavalcade électorale de 2017, le choix de la *Neuvième symphonie* le soir de sa victoire et du « *command car* » le jour de l'investiture pour remonter les Champs-Élysées, sa volonté (immodérée) de séduire, ses petites phrases (inopportunes), sa double victoire par KO contre Marine Le Pen lors des deux débats télévisés, son ambition européenne, sa sidération au Puy-en-Velay lorsqu'il est confronté à la haine et à la violence pendant la crise des Gilets jaunes, ses « Nous sommes en guerre » clémencistes pendant la pandémie, sa douloureuse réforme des retraites, son vibrant appel à l'unité nationale après l'agression du Hamas contre Israël.

Et puis, à Matignon, Jacques Chaban-Delmas, son talent, son empathie, son discours sur la nouvelle société, son fair-play de (grand) sportif, cette façon de répondre avec légèreté et humour aux questions les plus difficiles, sa sérénité (triste) en quittant ses fonctions ; Raymond

Barre, sa bonhomie, son rejet des démagogues et des populistes, ses propos (affligeants) le soir de l'attentat antisémite de la rue Copernic, sa (vraie) rigueur, sa (fausse) austérité, son goût (immodéré) pour le choux farci ; Pierre Mauroy, son admiration (lucide) pour Mitterrand, son attachement (authentique) au monde ouvrier, sa manière (feutrée) de s'inquiéter des risques de dérives budgétaires, sa sincérité ; Michel Rocard, sa vision et ses envolées, sa méfiance (légitime) vis-à-vis de Mitterrand, ses coups de menton (surjoués) pendant la première guerre du Golfe, sa passion pour les dossiers difficiles ; Édith Cresson, victime expiatoire d'un incroyable machisme, ses colères contre ses (faux) amis socialistes, sa stratégie industrielle ambitieuse, son parler (trop) cash ; Alain Juppé, son volontarisme (fâcheux) sur la réforme des régimes spéciaux, son affection pour Chirac, son réformisme bien tempéré, son embarras (réel) sur l'opportunité de la dissolution de 1997, cette (fausse) raideur qui cache une sensibilité à fleur de peau ; Lionel Jospin, sa gauche plurielle, son goût permanent pour la synthèse, son éthique (protestante), sa bataille institutionnelle avec Chirac, sa décision immédiate de quitter la vie politique en apprenant son élimination au premier tour en 2002, puis de s'y tenir ; François Fillon, sa surprise (relative) en découvrant l'hyperprésidence Sarkozy, son admiration (bien compréhensible) pour Philippe Séguin, sa résistance face aux coups de boutoir de ses concurrents pour Matignon, sa mauvaise humeur (régulière) à l'issue des Conseils des ministres, ses envies (fréquentes) de démission ; Jean-Marc Ayrault, sa rectitude, sa loyauté envers Hollande, sa gestion (laborieuse) du « ras-le-bol fiscal », son humilité (non calculée), sa tristesse (authentique) quand il quitte Matignon ; Manuel Valls, son amour (sans pareil) pour les valeurs républicaines, sa laïcité non négociable, son discours à l'Assemblée après les attentats de janvier 2015 ; Édouard Philippe, son élégance anglo-saxonne, son admiration (émouvante) pour Pompidou, Giscard et Juppé, sa facilité (rare) à rendre des arbitrages ; Jean Castex, sa modestie, ses points de presse (efficaces) pendant la pandémie, son refus de rester à Matignon après la réélection de Macron. Au total, de 1959 à aujourd'hui, autant de faits d'armes que de défaites collectives, autant de succès éclatants que d'échecs retentissants, autant de progrès que de reculs pour la société française.

Que reste-t-il aujourd'hui de tous ces souvenirs, si lointains mais si présents ? Quelques flashs. Des instantanés. Des Premiers et Premières ministres infatigables puis épuisés, énergiques puis à bout de souffle. Des présidents euphoriques ou déprimés, allègres ou abattus. Du bonheur et des épreuves. Georges Pompidou à Reykjavik pour un sommet franco-américain, souffrant le martyre mais debout, au-delà du courage ; son Premier ministre Pierre Messmer, le regard bleu horizon, lançant aux Français, en regardant la caméra au fond des yeux, « Qu'ils la bouclent ! » lorsque je lui demande pour le JT de TF1 quel conseil il peut donner aux automobilistes ayant désormais l'obligation d'attacher leur ceinture de sécurité ; Raymond Barre amaigri et harassé après neuf jours d'hospitalisation et contraint, pour rassurer les Français sur sa santé, de parcourir à pied le grand parc de Matignon en répondant à mes questions pour une (trop) longue interview ; Valéry Giscard d'Estaing à son domicile, après le 10 mai 1981, ému mais combatif, obsédé par la « trahison » de Chirac et s'interrogeant sur les raisons d'une défaite qu'il qualifie de « non-victoire » ; Michel Rocard, dans la salle à manger de Matignon, impatient, bouillant, regrettant la difficulté structurelle de mettre rapidement en œuvre les réformes, et ajoutant, propos prémonitoire, que ces lenteurs administratives éloignent durablement les Français de la politique ; Édith Cresson, toujours (à juste titre) ulcérée par les attaques misogynes qui la visaient, puis évoquant (amusée) ses deux meilleurs souvenirs de Première ministre, le jour où elle est nommée... et le jour où elle quitte Matignon ; François Mitterrand, le promeneur, croisé au Champ-de-Mars, quelques semaines avant sa mort, le visage presque transparent, marchant à tout petits pas, soutenu par son dernier médecin, le docteur Tarot, et me souhaitant « bonne chance pour la suite » d'une voix blanche, presque inaudible ; Jacques Chirac dans la salle des Fêtes de l'Élysée, ému aux larmes, heureux comme il ne l'a peut-être jamais été, annonçant à l'assistance la naissance de son petit-fils Martin à l'occasion d'une remise de décorations ; Nicolas Sarkozy tout juste élu, assis sur un canapé dans le Salon doré où, faisait-il remarquer, l'avait précédé le général de Gaulle, joyeux et impressionné, et me lançant, les yeux embués, « Tu as vu où je suis ? J'y suis arrivé ! Je vais tout changer en cinq ans, et puis après, je ferai d'autres grandes choses ! » ; François Hollande dans le salon d'angle de l'Élysée, là où il aimait recevoir, disert et souriant, parlant de la solitude présidentielle et de l'enfermement au Palais, soulignant la difficulté pour un chef de l'État d'entendre « les bruits de la ville », comme disait de Gaulle ; Emmanuel Macron déjeunant sur la terrasse ensoleillée de l'Élysée à la fin de la crise du Covid, concentré, vérifiant d'abord que les convives étaient bien vaccinés, puis expliquant que le président étant, quoi qu'il arrive, comptable de tout aux yeux des Français, de l'essentiel au moindre détail, était contraint de rester en permanence en première ligne...

Un dernier mot. Il est de bon ton de vilipender les dirigeants, de pointer leurs défauts davantage que leurs qualités, de mettre en cause leur sens des responsabilités et de l'intérêt général, de contester leur autorité, voire leur légitimité. À les avoir observés et côtoyés, avec leurs erreurs et leurs réussites, cette critique régulière, souvent systématique, parfois presque pavlovienne, me semble parfois justifiée mais souvent exagérée. Présidents et Premiers et Premières ministres sont des boucs émissaires confortables. « Comment voulez-vous gouverner un pays où il existe deux cent cinquante-huit variétés de fromages ? » a lancé en privé, un jour de grande lassitude ou de haut chagrin, le général de Gaulle, qui ne cessait de pourfendre les corporatismes. Cinquante années plus tard, Emmanuel Macron, frappé par la frilosité des Français face aux réformes, a évoqué publiquement, sur le même registre, les « Gaulois réfractaires au changement ». Même analyse. Constat identique. Et si, à un demi-siècle de distance, par-delà leurs différences majeures, ces deux présidents avaient vu juste ?

Remerciements

À Muriel Beyer, pour son amitié, sa fidélité, ses intuitions et son autorité bienveillante,

À Laurent Nunez et Marc Decoudun, pour leur disponibilité et leur efficacité,

À Nolwenn Lavigne, Sarah Dubriont et Camille Tomasicchio, pour leur professionnalisme,

Aux présidents de la République et aux Premiers ministres que j'ai eu le privilège de rencontrer,

À Nathalie, qui a trouvé le temps, entre deux livres, quatre émissions et trois éditos, de m'accompagner et de me livrer des conseils tendres et éclairés,

À mes fils, dont les réactions franches et avisées m'ont singulièrement aidé,

À mes sœurs Martine et Dominique, lectrices inspirées et indulgentes,

À mon frère Alain, l'aîné et probablement le meilleur d'entre nous, pour nos dialogues permanents et ses jugements lumineux,

À mon frère Jean-François, dont la présence affectueuse et les opinions politiques tranchées me manquent...

Bibliographie non exhaustive

Philippe Alexandre, *L'Élysée en péril*, Fayard, 1969.
Jacques Attali, *Verbatim I, II* et *III*, Fayard, 1995, 1997, 1998.
Édouard Balladur, *Le pouvoir ne se partage pas. Conversations avec François Mitterrand*, Fayard, 2009.
Jean de Boishue, *Anti-secrets*, Plon, 2015.
Jacques Chaban-Delmas, *L'Ardeur*, Stock, 1975.
Jacques Chirac, *Mémoires. Chaque pas doit être un but*, Nil, 2009.
Jacques Chirac, *Le Temps présidentiel*, Nil, 2011.
Michèle Cotta, *Ma Cinquième*, Bouquins, 2023.
Édith Cresson, *Histoires françaises*, Éditions du Rocher, 2006.
Gérard Davet, Fabrice Lhomme, *Un président ne devrait pas dire ça*, Stock, 2016.
Jean-Louis Debré, *Quand les politiques nous faisaient rire*, Bouquins, 2021.
Alain Duhamel, *Emmanuel le Hardi*, Éditions de l'Observatoire, 2020.
Alain Duhamel, *Le Prince balafré*, Éditions de l'Observatoire, 2023.
Alain et Patrice Duhamel, *Cartes sur table*, avec Renaud Revel, Plon, 2010.
Patrice Duhamel, Jacques Santamaria, *Les Flingueurs*, Plon, 2014 ; Pocket, 2015.
Patrice Duhamel, Jacques Santamaria, *Élysée, coulisses et secrets d'un palais*, Plon, 2017 ; Pocket, 2022.

Pierre Favier, Michel Martin-Roland, *La Décennie Mitterrand*, Tome 3, Le Seuil, 1997.
Christian Fouchet, *Les lauriers sont coupés*, Plon, 1973.
Jean Garrigues, *Élysée contre Matignon. Le couple infernal*, Taillandier, 2022.
Charles de Gaulle, *Mémoires d'espoir*, Plon, 1970.
Yves de Gaulle, *Un autre regard sur mon grand-père*, Plon, 2016.
Franz-Olivier Giesbert, *Jacques Chirac*, Le Seuil, 1987.
Franz-Olivier Giesbert, *La Belle Époque*, Gallimard, 2022.
Valéry Giscard d'Estaing, *Le Pouvoir et la vie*, Compagnie 12, 2004.
Louis Hausalter, Agathe Lambret, *L'Étrange Victoire*, Éditions de l'Observatoire, 2022.
François Hollande, *Les Leçons du pouvoir*, Stock, 2018.
Jean-Paul Huchon, *C'était Rocard*, L'Archipel, 2017.
Jean-Noël Jeanneney, *Le Rocher de Sustën*, Le Seuil, 2020.
Lionel Jospin, *Lionel raconte Jospin. Le sens d'une vie*, Le Seuil, 2010.
Alain Juppé, *Entre nous*, Nil, 1996.
Alain Juppé, *Mon Chirac. Une amitié particulière*, Taillandier, 2020.
Emmanuel Macron, *Révolution*, XO Éditions, 2016.
Pierre Mauroy, *Ce jour-là*, Michel Laffont, 2012.
Pierre Péan, *Une jeunesse française*, Fayard, 1994.
Alain Peyrefitte, *C'était de Gaulle*, Tome III, Fayard, 1994.
Édouard Philippe, Gilles Boyer, *Impressions et Lignes claires*, JC Lattès, 2021.
Claude Pompidou, *L'Élan du cœur*, Plon, 1997.
Georges Pompidou, *Pour rétablir une vérité*, Flammarion, 1982.
Georges Pompidou, *Lettres, notes et portraits*, Robert Laffont, 2012.
Michel Rocard, *Si la gauche savait. Entretiens avec Georges-Marc Benamou*, Robert Laffont, 2005.

Bibliographie non exhaustive

Éric Roussel, *Georges Pompidou*, JC Lattès, 1994.
Raymond Tournoux, *La Tragédie du général*, Plon *Paris Match*, 1967.
Ludovic Vigogne, *Les Sans-jours*, Bouquins, 2023.

Table

Composition et mise en pages
Nord Compo à Villeneuve-d'Ascq

CET OUVRAGE
A ÉTÉ ACHEVÉ D'IMPRIMER
SUR ROTO-PAGE
PAR L'IMPRIMERIE FLOCH À MAYENNE
EN JANVIER 2024

N° d'impression : 103970
Imprimé en France